THÉATRE COMPLET

DE

BEAUMARCHAIS

RÉIMPRESSION DES ÉDITIONS PRINCEPS

AVEC LES VARIANTES DES MANUSCRITS ORIGINAUX
PUBLIÉES POUR LA PREMIÈRE FOIS

PAR

G. D'HEYLLI ET F. DE MARESCOT

TOME TROISIÈME

(La Folle Journée, ou le Mariage de Figaro)

IMPRESSION PAR D. JOUAUST

PARIS
ACADÉMIE DES BIBLIOPHILES

—

M DCCC LXX

THÉATRE COMPLET

DE

BEAUMARCHAIS

ACADÉMIE DES BIBLIOPHILES.

DÉCLARATION.

« Chaque ouvrage appartient à son auteur-éditeur. La Compagnie entend dégager sa responsabilité personnelle des publications de ses membres. »

(Extrait de l'article IV des Statuts.)

JUSTIFICATION DU TIRAGE :

Vélin.	2	exemplaires.
Parchemin.	4	—
Papier de Chine.	15	—
Papier Whatman.	15	—
Papier vergé.	489	—
	525	exemplaires.

N°

LE MARIAGE DE FIGARO

SUZANNE

Madame, il est charmant.

Acte II Scène 6.

Publié par Furne et Cie

NOTICE
SUR LA FOLLE JOURNÉE

OU LE MARIAGE DE FIGARO.

I

LA JOURNÉE DU 27 AVRIL 1784.

Le mardi 27 avril 1784, les abords du Théâtre-Français offraient le spectacle d'une animation inusitée, dont les recueils du temps nous ont gardé le tableau curieux et fidèle.

La Correspondance littéraire *de Grimm*, les Mémoires secrets, l'Année littéraire *de Fréron*, vont, tour à tour, nous fournir les détails pittoresques que nous allons essayer de réunir. La représentation de la Folle Journée *fera longtemps, en effet, époque dans l'histoire des grandes luttes au théâtre, et l'on peut dire que jamais pièce n'excita à un si haut point la curiosité du public. Cette comédie, qui était la grande, l'unique préoccupation du temps où elle fit son apparition, qui absorbait l'esprit de tous, qui était commentée, discutée, portée aux nues ou vilipendée sans réserve par ceux-là mêmes qui n'en connaissaient à peine que le titre, fut, dans toute l'acception du mot, un véritable événement.*

a

Dès huit heures du matin la foule assiégeait les portes du théâtre, et peu de temps après Mme la duchesse de Bourbon envoyait ses valets de pied attendre au guichet la distribution des billets, distribution indiquée pour quatre heures seulement. Le portique de la Comédie fut en quelque sorte, dans cette journée épique, une véritable arène dans laquelle triomphèrent tour à tour la force brutale, la ruse patiente et l'adresse de chacun. Panem et circences! s'écriaient jadis les Romains; Du pain et Figaro!... tel fut ce jour-là, rapporte Fréron, le cri des Parisiens. Tous les rangs se confondaient dans cette foule tumultueuse animée d'une même idée, venue là dans un seul but. Les Cordons bleus coudoyaient les Savoyards, et l'on vit de jeunes gentilshommes couverts de sueur, haletants de fatigue, qui, pour ne pas sacrifier le plaisir d'entendre Figaro, laissèrent murmurer leurs entrailles à jeun; d'autres, debout et sans quitter leur poste, dévoraient à la hâte un aliment grossier. Quel prologue à la comédie qui allait se jouer sur la première scène du monde que ce spectacle de la rue! Quelle persistance, quel désir inouï d'assister à une pièce dont l'histoire, pleine de péripéties diverses et de longues luttes, était dans la bouche de tous! Que sont aujourd'hui, à la porte de nos théâtres, certaines bousculades qualifiées de queues auprès de cet envahissement de la Comédie et de ses abords par une foule peut-être dix fois supérieure au nombre de places disponibles dans la salle! Le besoin de voir ce Figaro si ardemment attendu empêchait les plus sages mêmes de raisonner. On était accouru se presser, s'entasser en vue d'une seule chose : entrer dans la salle, écouter la pièce, afin de pouvoir dire un jour : J'y étais! Les hommes n'eurent pas seuls en cette occasion le privilége et la faiblesse de cette folie. Des femmes de qualité, oubliant toute décence et toute pudeur, s'enfermèrent dès le matin dans les loges des actrices, y dînèrent, et se mirent sous leur puissante protection dans

*l'espoir d'entrer les premières. Plus d'une duchesse s'estima
ce jour-là trop heureuse de trouver dans les balcons, qui
n'étaient pas alors, paraît-il, la place des femmes comme il
faut, un méchant petit tabouret à côté des Duthé, des Car-
line et des autres belles débordées de l'époque, lesquelles déjà,
on le voit, jouissaient du privilége singulier d'assister aux
premières représentations des œuvres importantes*[1].

*La garde fut dispersée, les portes enfoncées, et des grilles
de fer, n'y pouvant résister, furent brisées par les efforts des
assaillants.*

Scudéri, écrit Fréron, se vantait d'avoir attiré à la représentation d'une de ses pièces un tel concours de spectateurs que
quatre ou cinq portiers du théâtre furent étouffés sur place. M. de
Beaumarchais n'a pas eu cette bonne fortune, mais en revanche
que sa vanité littéraire (car enfin l'auteur le plus modeste ne
laisse pas que d'en avoir) a dû être flattée du spectacle de cette
foule ardente et tumultueuse!

*Pendant cette agitation extraordinaire de la foule agglo-
mérée aux abords de la Comédie, Beaumarchais, pour sa
part, était, on se l'imagine aisément, assailli de demandes
de billets. Les Princes du sang, les Princes de la famille
Royale, peu soucieux, en cette occurrence, de leur rang,*

---

[1]. La fièvre du public fut telle, que bien avant le lever du rideau il sentait
déjà le besoin de manifester son enthousiasme. A son entrée dans la salle,
M. le bailli de Suffren fut applaudi avec transport. La dame Dugazon, rétablie
d'une honteuse maladie et qui ne s'était pas encore montrée au spectacle, par-
tagea l'ovation faite au bailli.
(*Mémoires secrets*, T. XXV, p. 256.)

Sur la maladie de la Dugazon, voir la *Correspondance littéraire secrète*
de Métra, T. XVI, p. 103, de la réimpression faite à Londres en 1787. L'é-
dition originale de cette correspondance, parue d'abord par fascicules de huit
pages petit in-8, est si rare que la Bib. Imp. n'en possède même pas la collection complète.

et délaissant pour cette fois grandeurs et dignités, se jetaient à sa tête, s'offraient à lui pour assurer le succès de la pièce et servir de battoirs. Les amateurs et curieux ordinaires de spectacles venaient d'autre part en foule supplier l'auteur, promettant de s'adjoindre aux Princes du sang pour faire triompher l'œuvre nouvelle.

Voilà, tels que les dépeignent tous les recueils de l'époque, l'aspect de la foule et l'état des esprits le jour de la première représentation de la comédie de Beaumarchais.

Ce tableau a tenté d'être l'écho fidèle de cette folle journée en même temps que le résumé de tout ce qui a été écrit, par ceux qui ont pu y assister, sur cette représentation à jamais mémorable[1].

II

CONCEPTION DE LA COMÉDIE DE LA FOLLE JOURNÉE.
LECTURE ET RÉCEPTION AU THÉATRE-FRANÇAIS. — LUTTE
DE BEAUMARCHAIS AVEC LE ROI ET LES CENSEURS[2]
(1781-1784).

Avant de dire quel fut le résultat de cette première représentation du Mariage de Figaro, avant de parler des bravos frénétiques, des critiques acerbes, méritées ou injustes, qui accueillirent la pièce, nous allons raconter jusque dans ses moindres détails la lutte qu'eut à soutenir l'auteur pour faire représenter son œuvre. Cette lutte montrera vives et fla-

---

1. La Harpe, dans sa *Corresp. litt.* avec le comte Schovalow, nous donne un dernier détail qui a bien son importance : on ne sortit du théâtre qu'à *dix heures du soir*, ce qui était alors quelque chose de tout à fait inusité. (Lettre CCVI.)

2. Nos sommaires, on le verra, sont loin d'être le résumé complet des matières contenues dans nos chapitres.

grantes les qualités essentielles de Beaumarchais : une aptitude véritablement unique à toutes choses, une ambition sans limites, une audace implacable, une persévérance farouche qui devait faire s'écrouler devant elle les obstacles quels qu'ils fussent[1]. *Elle fera voir en même temps l'acharnement futile et imprudent, la frivolité poussée jusqu'à l'excessif de cette cour de Louis XVI que devait, peu d'années après, ébranler si tristement le souffle énergique et sanglant de la Révolution.*

Terminée en 1778, *la comédie de la Folle Journée fut lue et reçue au Théâtre-Français à la fin de l'année* 1781. *Nous allons dire sur quels documents nous basons l'exactitude de ces deux dates, qui constituent d'ailleurs un fait entièrement nouveau.*

La première est confirmée par une lettre de Beaumarchais à M. Lenoir, lieutenant de police, lettre intitulée comme il suit : « *Monsieur Lenoir est supplié de vouloir bien commu-« niquer cette observation aux personnes qui n'aiment point « le* Mariage de Figaro *parce qu'il est trop gai*[2] ». *Cette lettre-observation paraît positivement avoir été écrite par Beaumarchais en* 1782, *après la lecture du manuscrit de la Folle Journée, faite en présence du Roi à Versailles. Elle commence de cette façon :* « *Il y a quatre ans que le Mariage de « Figaro repose en paix dans le portefeuille de l'auteur ; il « n'était point du tout pressé de le montrer au public*[3]. » *On peut donc, en face de cette affirmation précise de Beaumarchais, reporter à l'année* 1778 *la date de l'achèvement de sa comédie.*

---

1. « Ma vie est un combat », dit le Mahomet de Voltaire. Ces paroles, Beaumarchais, plus que qui que ce soit, a pu se les appliquer.

2. Ce document, dont M. de Loménie n'a pas eu, croyons-nous, connaissance, se trouve aux archives de la Comédie-française et fait partie des précieux manuscrits de Londres.

3. Nous aurons, dans la suite de notre travail, l'occasion de citer longuement cette lettre intéressante.

C'est encore une lettre de Beaumarchais[1] qui fixe à la fin de l'année 1781 la date de la lecture et de la réception du Mariage de Figaro à la Comédie-française. Il n'est pas fait, dans cette lettre, mention du mois pendant lequel elle a été écrite[2]. La voici :

. . . . . 1781.

Pour m'accomoder aux règlements de la Comédie-française sur le droit de nommer deux acteurs à la lecture de mon ouvrage, je prie Mlle Doligny et M. Fleury de vouloir bien être mes deux patrons. Mais si je suivais mon vœu, je désirerais que toute la Comédie qui partagera dans le produit de mon ouvrage fut admise au droit de juger sa lecture. Je serai samedi 29, à dix heures précises, à la Comédie-française, parce que la pièce est longue.

CARON DE BEAUMARCHAIS.

Beaumarchais ne dit pas que cette longue pièce est celle de la Folle Journée, *mais, outre qu'il est impossible qu'il soit là question d'une autre œuvre, la présence de Mlle Doligny et celle de Préville, réclamées par lui, le prouvent aisément. On a pu voir au tome premier[3] de cette édition que dès 1779 Beaumarchais avait mis Mlle Doligny en possession du rôle de la comtesse Almaviva, et on lira plus loin la lettre écrite à Préville sous l'impression de la joie orgueilleuse*

---

1. *Revue rétrospective*, T. VII, 2me série, p. 458.
2. M. de Loménie (*Beaumarchais et son temps*, T. II, note de la p. 293) pense que la réception de l'ouvrage eut lieu dans les derniers mois de l'année 1781. Aux preuves avancées par lui en faveur de cette opinion, nous ajoutons celle-ci qui nous semble concluante. MM. Moline et Friedel, auteurs d'un drame intitulé : *la Discipline militaire du Nord*, drame joué le 12 novembre 1781, voyant dans la lecture du *Mariage de Figaro* une espèce de concurrence, étaient venus consulter Beaumarchais. Celui-ci écrivit alors, et sa lettre est datée du 1er octobre 1781, aux Comédiens-français pour leur dire qu'il ne voulait être l'objet d'aucune faveur, et qu'on voulut bien donner à ces messieurs le tour de lecture auquel ils avaient droit. (*Revue rétr.* T. VII, p. 458.)
3. P. 213.

que ressentit l'auteur de la Folle Journée à la nouvelle que sa pièce, après mille obstacles vaincus, pouvait enfin être représentée.

Préville devait jouer tout d'abord le rôle de Figaro, mais, vieux, usé, et n'ayant plus assez de confiance dans ses propres forces pour créer un rôle de cette importance, il le céda à Dazincourt, se contentant, plutôt que de compromettre la pièce, du simple rôle de Brid'Oison, et donnant ainsi à Beaumarchais une preuve de sincère amitié. C'était donc ceux qu'il croyait devoir être les deux soutiens du sort de sa comédie dont Beaumarchais réclamait la présence à la lecture de son ouvrage.

La pièce lue, elle fut reçue par acclamation. C'est Beaumarchais qui prend soin de nous l'apprendre dans un long et curieux mémoire adressé en 1784 au baron de Breteuil. Ce mémoire, écrit par Beaumarchais après que sa comédie venait d'être censurée pour la quatrième fois, contient l'interminable récit des luttes et des oppositions rencontrées par l'auteur de la Folle Journée. Nous l'avons trouvé aux Archives de la Comédie-Française[1], à l'état de brouillon, et bien plus complet, bien plus détaillé que celui qui a été à la disposition de M. de Loménie pour son précieux et inestimable ouvrage sur Beaumarchais et son temps. Ce mémoire, avec la lettre à M. Lenoir dont nous avons déjà parlé, nous fournira tous les détails qui vont suivre; les correspondances et les chroniques du temps nous en donneront d'autres. Nous nous en rapporterons toutefois bien plutôt à Beaumarchais lui-même qu'à des écrits rarement en sa faveur et souvent inexacts par parti pris, « car « lui seul, comme l'écrivait Grimm[2], sait tout ce « qu'il a eu à faire pour réussir dans une si haute entre- « prise »

1. Manuscrits de Londres.
2. T. XII, p. 105.

— VIII —

Une fois la pièce reçue, Beaumarchais pria M. Lenoir, le lieutenant de police[1], de lui nommer un censeur. Redoutant sans doute les indiscrétions ou de secrètes inimitiés, il demanda, comme une grâce particulière, que « la pièce ne fût lue par aucune autre personne ». L'avenir devait justifier ces craintes de l'auteur, déjà fondées plus qu'on ne saurait se l'imaginer à cette époque même. Voici ce que nous lisons en effet dans la lettre-observation adressée à M. Lenoir :

Il est bon que Monsieur Lenoir soit instruit que longtemps avant qu'il nommât un censeur au Mariage, un homme de la Cour, et qui a l'honneur d'être de la société de la Reine, avait appris à l'auteur que l'on faisait croire à Sa Majesté que la pièce était rejetée par les censeurs de la police et qu'elle ne serait jamais jouée. On ajoutait même à la Reine que cette pièce était scandaleuse et faite exprès contre la religion, le gouvernement, les bonnes mœurs, les Parlements, tous les états de la vie, et que la vertu, comme on pouvait bien s'en douter, était opprimée dans cet ouvrage exprès pour y faire triompher le vice.

Allons, mes bons amis de cour[2].

Il est bon aussi d'instruire M. Lenoir que plus de deux ans avant que l'auteur lui eût remis sa pièce, on proposait à Paris, dans les soupers, de gager cent à deux cents louis qu'on empêcherait bien de jouer l'ouvrage. Il y a donc depuis long temps un armement formé pour faire croire à ceux qui ne connaissent pas cette pièce, qu'elle est une œuvre infâme et digne de la réprobation du gouvernement.

1 Lenoir fut lieutenant de police à deux reprises : de mai 1774 à mai 1775, puis du 14 juin 1776 au 11 août 1785. De Crosne lui succéda.
2. Allusion à ce vers du *Misanthrope* de Molière :

Allons, ferme ! poussez, mes bons amis de cour. Etc.

(Acte II, scène v.)

Nous croyons pour notre part à cette affirmation de Beaumarchais, à cette dénonciation d'une cabale formée à l'avance. Avant d'être lue aux acteurs, la pièce l'avait été à diverses reprises chez son auteur. Elle était connue déjà, et même quelques privilégiés avaient pu avoir entre les mains le manuscrit de la Folle Journée *ou une copie de ce manuscrit. De là étaient nés des bruits, des indiscrétions. De ce qu'elles avaient appris de la pièce, certaines personnes pouvaient augurer qu'elle ne serait pas jouée, l'affirmer, et, allant plus loin encore, mettre autant d'acharnement à gager que la comédie ne verrait jamais la rampe qu'elles devaient plus tard employer d'intrigues pour la faire représenter.*

Le lieutenant de police Lenoir voulut bien promettre à Beaumarchais « que ni secrétaire, ni commis, ni aucune « autre personne ne toucheraient le manuscrit, et que la « pièce serait censurée dans son cabinet. »

Coqueley de Chaussepière, chargé par Lenoir de ce travail, prit connaissance de la pièce, fit quelques retranchements et proposa l'approbation[1]. *Une autorisation aussi facilement accordée fit naître certaines craintes dans l'esprit du lieutenant de police Lenoir. Il crut que dans la circonstance présente et avec les bruits qui couraient de toutes parts, il était de son devoir d'en déférer au Roi*[2]. *Bientôt Beaumarchais apprit avec désespoir que, « par une complai- « sance peut-être forcée, sa pièce avait été lue dans toutes « les soirées de Versailles. »*

---

1. Il avoue, dit Beaumarchais en parlant du censeur Coqueley, qu'il ne voit aucun danger d'en permettre la représentation en retranchant seulement le mot *Ministre* d'une plaisanterie, et adoucissant un jugement qui a l'air de ceux de Salomon (il devrait ajouter ou de Sancho Pança); qu'au reste la pièce lui a paru pleine de gaieté, très-bien écrite; que les personnages y parlent comme ils doivent, selon leur état, et qu'il la croit très-propre à attirer à la Comédie, qui en a grand besoin, beaucoup de spectateurs et par conséquent de recettes. (Lettre-observation à M. Lenoir.)

2. *Histoire de la Censure théâtrale en France,* par Vict. Hallays-Dabot,

b

— x —

C'est par l'entremise de Mme Campan que le Roi et la Reine prirent connaissance de la pièce.

Je reçus un matin, dit Mme Campan dans ses mémoires [1], un billet de la Reine qui m'ordonnait d'être chez elle à trois heures, et de ne point venir sans avoir dîné, parce qu'elle me garderait fort longtemps. Lorsque j'arrivai dans le cabinet intérieur de Sa Majesté, je la trouvai seule avec le Roi; un siége et une petite table étaient déjà placés en face d'eux, et sur la table était posé un énorme manuscrit en plusieurs cahiers. Le Roi me dit : « C'est la comédie de Beaumarchais, il faut que vous nous la lisiez. Il y aura des endroits bien difficiles à cause des ratures et des renvois. Je l'ai déjà parcouru, mais je veux que la Reine connaisse cet ouvrage. Vous ne parlerez à personne de la lecture que vous allez faire. »

Je commençai. Le Roi m'interrompait souvent par des exclamations toujours justes, soit pour louer, soit pour blâmer. Le plus souvent il se récriait : « C'est de mauvais goût ; cet homme ramène continuellement sur la scène l'habitude des concetti italiens. » Au monologue de Figaro, dans lequel il attaque diverses parties d'administration, mais essentiellement à la tirade des prisons d'Etat, le Roi se leva avec vivacité et dit : « C'est détestable, cela ne sera jamais joué ; il faudrait détruire la Bastille pour que la représentation de cette pièce ne fût pas une inconséquence dangereuse. Cet homme joue tout ce qu'il faut respecter dans un gouvernement. »

Certes le Roi avait porté le jugement auquel l'expérience a dû ramener tous les enthousiastes de cette bizarre production. « On ne la jouera donc point, dit la Reine ? — Non certainement, répondit Louis XVI, vous pouvez en être sûre. »

Chose étrange ! détail inconnu qui contraste singulièrement avec les paroles amères du Roi, Beaumarchais

---

p. 127. Paris, Dentu. Mme Campan dit que c'est le Roi qui voulut de lui-même juger un ouvrage qui occupait autant la société, et qu'il fit demander au lieutenant de police le manuscrit du *Mariage de Figaro*. Le fait nous paraît vraisemblable.

1. T. I, p. 278.

avait composé sa comédie « uniquement pour amuser
« le Roi et la Reine de France. Il n'avait voulu en faire
« l'hommage à personne, avant que Leurs Majestés en eussent
« eu le premier divertissement [1]. » On vient de voir combien
peu il avait réussi et comme il est difficile quelquefois de
satisfaire les grands. Louis XVI devait quelques années
après revenir sur une immuable décision; il devait un jour,
poussé à bout, sollicité par tous, avoir cette faiblesse et
commettre cette « inconséquence dangereuse ».

Jugeant comme il le faisait l'œuvre de Beaumarchais, le
Roi s'en exagérait assurément l'importance, et ce n'est pas,
comme on a voulu le dire souvent, l'autorisation de jouer le
Mariage de Figaro qui a causé même indirectement la chute
de la royauté [2]. Il ne faut pas attribuer à Beaumarchais des
intentions qu'il n'avait pas, qu'il ne pouvait avoir et qu'il
répudiait, ce qu'on ignore, de toutes ses forces.

C'est une erreur véritable de voir un parti pris de déni-
grement, une intention de destruction là où il n'y avait que
la pensée de faire une critique énergique des travers et des
abus d'une époque.

Dans la lettre adressée à M. Lenoir sous forme d'observation, lettre dont nous avons déjà parlé à diverses reprises,

---

1. *Lettre-observation à M. Lenoir.* Voyez aussi au T. VI, p. 381, des *Œuvres de Beaumarchais* (édition de 1809), une lettre supplique adressée au Roi en 1784.

2. Voyez l'*Histoire de la Littérature française du moyen âge aux temps modernes* de E. Geruzez, p. 527. M. A. Dumas fils lui-même a soutenu, non sans talent, cette thèse exagérée. Nous lisons en effet, dans une lettre adressée par lui à M. Sarcey et publiée par *le Gaulois* du 1er juillet 1869, la phrase suivante : « Enfin, si Beaumarchais, en jetant *le Mariage de Figaro* au nez
« de son époque, n'a pas aidé au mouvement des idées et des faits extérieurs
« au théâtre; s'il n'a pas été révolutionnaire et émeutier comme un journaliste
« ou un tribun, comme Camille Desmoulins ou Mirabeau, je reconnais avec
« vous que je ne sais pas ce que je dis. » M. A. Dumas fils a un grand et réel talent, il a toujours su fort bien ce qu'il disait, seulement... *Errare humanum est.* M. E. Berger, dans son étude sur Beaumarchais, a eu, lui aussi, le tort de dire que *le Mariage de Figaro* était un précurseur du 14 juillet et peut-être du 10 août. Quelle exagération!

Beaumarchais défend avec ardeur son œuvre ; il écarte toutes les intentions malveillantes qu'on voulait y voir dans des termes curieux à connaître :

L'auteur, en comparant tous les morceaux analogues aux siens, tirés des pièces de théâtre qu'on joue librement depuis un siècle, établira devant Sa Majesté[1] que dans ses critiques légères, qui ne sont point des satires, mais sans lesquelles la comédie n'est qu'un amusement d'enfant, il a été le plus modéré des auteurs dramatiques, puisque ce n'est qu'à travers des flots de gaieté qu'il s'est permis de faire jaillir un peu de morale et de raison qu'on a bien de la peine à faire avaler aux hommes.

Le jour où Beaumarchais fut atteint par ce qu'il nommait « la proscription de la Cour » inaugura pour lui une ère de succès nouveaux. Tout le monde voulut à son tour avoir ce privilège que s'était arrogé le Roi, et connaître cette comédie subversive dont la représentation équivalait à la destruction de la Bastille. « Je fus condamné de nouveau, dit Beaumar-« chais, à des lectures sans nombre[2]. » Les plus grands seigneurs vinrent tour à tour frapper à la porte de l'auteur de cette œuvre qui leur était cependant si peu favorable ; il n'y eut pas un salon où l'on ne voulut l'entendre lire à Beaumarchais lui-même. La chose prenant des proportions inattendues, Beaumarchais composa pour la circonstance une

---

1. Beaumarchais, en écrivant cette lettre, ne croyait pas encore que sa pièce était connue du Roi. Il attribuait au seul entourage de Louis XVI la cause du refus de laisser jouer sa comédie, et demandait « la permission de « faire une lecture de l'ouvrage devant Leurs Majestés avec le commentaire. » Il ajoutait : « L'auteur se propose de tenir cette singulière conduite, parce « qu'étant un homme libre, honnête et ferme qui ne veut rien tenir de per-« sonne, il se trouve malheureusement du caractère de son chat, le plus doux « animal du monde, mais qui ne peut s'empêcher d'égratigner lorsqu'on « lui marche sur la patte, avec un dessein prémédité de lui faire du mal. »

2. Ces lectures se multipliaient à un tel point, par la complaisance calculée de l'auteur, que chaque jour on entendait dire : J'ai assisté ou j'assisterai à la lecture de la pièce de Beaumarchais. (*Mémoires de Madame Campan*, t. I, p. 277.)

*préface dont il faisait précéder la lecture de sa comédie, et
qui dut souvent paraître un peu crue aux oreilles timorées
qui étaient forcées de l'entendre. Voici cette préface telle
qu'on la lit en tête du manuscrit de* la Folle Journée *conservé à la Bibliothèque Impériale*[1]. *Elle s'y trouve à deux
reprises, la première fois sous ce titre* : Préliminaire de la
lecture ; *la seconde sous cet autre* : Avant-propos de la
lecture.

*Nous allons donner la seconde version. Elle diffère assez
de la première, mais nous paraît être la pensée définitive de
l'auteur :*

Avant de commencer ma lecture, Mesdames, permettez que
je vous raconte un fait qui s'est passé sous mes yeux. Un jeune
auteur, soupant dans une maison, fut invité à lire un de ses ouvrages dont on parlait beaucoup dans le monde. On employa
jusqu'à la cajolerie, il résistait. Quelqu'un prit de l'humeur et
lui dit : « Vous ressemblez, Monsieur, à la fière coquette, refusant
à chacun ce qu'au fond vous brûlez d'accorder à tous. » — « Coquette à part, lui répondit l'auteur, votre comparaison est plus
juste que vous ne pensez. Les belles et nous avons souvent le
même sort, celui d'être oubliés après le sacrifice. La curiosité
pressante qu'inspire un ouvrage annoncé ressemble en quelque
sorte aux désirs fougueux de l'amant. Mais à peine avez-vous
obtenu des belles et de nous ce que vous souhaitiez avec ardeur,
que vous nous forcez à rougir d'avoir trop peu d'appas pour
vous fixer. Nous devons donc repousser également le trompeur
encens des flatteries et ces précoces douceurs qui se changent
en critiques aussitôt que nous nous sommes livrés. Nous enfantons avec douleur, vous n'avez, vous, que les jouissances, et
tout cela ne peut vous désarmer. Soyez plus justes ou ne demandez rien. Dans une injure consommée, partout le coupable
est timide ; ici, c'est l'offensé qui n'ose lever les yeux. Mais pour
que rien ne manque au parallèle, après avoir prévu les suites de
ma demande, inconséquent, faible comme les belles, je vous

---

[1]. Ce manuscrit est catalogué sous le n° 12544. Nous en reparlerons dans
la suite.

lirai mon fol ouvrage. » Il le lut, on le critiqua. J'en vais faire autant et vous aussi.

Lue de toutes parts, chez la princesse de Lamballe par l'entremise du duc de Fronsac, ou, plus tard[1], *chez la maréchale de Richelieu devant une assemblée de prélats « qui n'y voyaient pas un mot dont les bonnes mœurs pussent être blessées », réclamée par tous comme une insigne faveur, la comédie du* Mariage de Figaro *n'excitait pas partout le même enthousiasme. « Toutes les fois, dit Beaumarchais,*
« *qu'on voit un parti, bientôt il s'en forme un second, et*
« *l'ouvrage ainsi débattu reste équivoque jusqu'à ce qu'il*
« *soit totalement jugé au théâtre : c'est ce qui m'est arrivé.*
« *Autant de partisans que de détracteurs.* Verba et voces !
« *et puis rien.* »

M. *le comte et* Mme *la comtesse du Nord*[2], *qui arrivèrent à Paris au mois de mai* 1782, *devaient nécessairement, étant connu leur goût pour tout ce qui se rattachait à la France, réclamer la faveur d'une lecture de la comédie de la* Folle Journée. *Beaumarchais prévoyait ce désir, et comptait peut-être sur leur approbation pour vaincre la résistance du Roi. Son attente ne fut pas trompée. Le grand-duc désira voir Beaumarchais pour lui entendre lire sa pièce, et cela en dépit de La Harpe, qui venait chaque jour chez le comte du Nord, dit la baronne d'Oberkirch*[3], « *verser des flots de bile sur tous ses confrères.* »

Grimm, en cette circonstance, engagea fort l'auteur de la Folle Journée *à ne pas refuser la faveur qu'on sollicitait*

---

1. Cette lecture chez la maréchale de Richelieu n'eut lieu, en effet, que le 30 mai, après celle faite chez le comte du Nord et dont nous parlerons plus bas.

2. Le grand-duc de Russie, qui fut plus tard Paul Ier, et la grande-duchesse.

3. *Mém. de la baronne d'Oberkirch*, T. I, p. 213. (Paris, 1856.)

de lui[1] ; le fait est d'autant plus étrange, qu'il devait dans la suite lui faire presque un crime de son consentement. La baronne d'Oberkirch, qui estimait autant Beaumarchais qu'elle méprisait le pédant La Harpe, nous apprend[2] que la lecture du Mariage de Figaro chez le comte du Nord « intéressa beaucoup ».

Beaumarchais voulut exploiter une aussi haute approbation, ainsi que les autres succès qu'il avait recueillis, en faveur de la représentation de sa pièce[3]. Il tenta une démarche auprès du garde des sceaux, M. de Miromesnil, mais celui-ci ne voulut même pas le recevoir. Le garde des sceaux lui ayant

---

1. Voyez l'ouvrage de M. de Loménie, T. II, p. 301.
2. *Mémoires*, T. I, p. 224.
3. La lettre suivante, écrite par Beaumarchais à son ami de La Porte, secrétaire de la Comédie-Française, dans un moment de froideur sans doute, car elle est fort cérémonieuse en comparaison des autres, prouve que l'auteur de *la Folle Journée* était plein d'espoir dans le succès des démarches qu'il allait entreprendre.

A M. DE LA PORTE.

Paris, ce 22 mai 1782.

Je vous remercie, Monsieur, de l'avis que vous me donnez sur *le Mariage de Figaro*. Entraîné dans ce moment par les objets les plus sérieux, j'avais fermé la boutique des simples amusements ; mais quand le terme est venu d'accoucher d'une pièce devant le public, il faut, ma foi, ranger cette opération parmi les affaires graves, car il y va de la vie ou de la mort de l'enfant conçu dans le plaisir. Les Comédiens, mes accoucheurs, sont donc tous prêts ; un censeur qui m'a tâté le ventre à Paris a dit que ma grossesse allait bien. Quelques praticiens de Versailles ont prétendu depuis que l'enfant se présentait mal : on l'a retourné. Mais, puisque nous sentons enfin les premières mouches, occupons-nous donc de mettre au monde mon second enfant comique. Ma première censure rend la seconde infiniment aisée, puisqu'il ne s'agit que de faire approuver ou improuver les changements. Je vais donner huit ou dix jours aux plus pressées affaires de mon cabinet, et puis je m'occupe à peu près tout entier des rêveries de mon bonnet de nuit. J'apprends dans le moment que M. le comte du Nord fait l'honneur à mon ouvrage de désirer d'en voir la représentation ; si tout cela est vrai, malgré les dégoûts que j'ai dévorés sur cette gaieté, je suis prêt à vaincre les autres, et il ne tiendra pas à moi que l'espérance de la Comédie sur cet ouvrage ne soit pas tout à fait trompée.

J'ai l'honneur, etc.,

CARON DE BEAUMARCHAIS.

(*Revue rétrospective*, T. VII, p. 463.)

fermé sa porte, Beaumarchais, qui voulait « *vaincre enfin la
« sourde persécution qu'essuyait son ouvrage depuis que, fort
« invité et beaucoup trop honnête, il avait consenti d'en faire
« quelques lectures devant certains importants*[1], » *se tourna
de nouveau vers M. Lenoir, lequel, par ses fonctions,
se trouvait à la tête de la police des spectacles. Il lui écrivit
une longue lettre, reproduite par M. de Loménie*[2], *et dans
laquelle il lui exposait que, pressé par les Comédiens, il
était urgent, le tour de sa pièce étant venu, que l'autorisation de la représenter lui fût accordée. Il ajoutait que la
pièce lui ayant été demandée pour l'impératrice Catherine II,
par l'entremise du prince Yousoupoff, premier chambellan
du comte du Nord, il se trouvait, pour répondre, dans le
plus grand embarras.*

*Ce désir de représenter chez elle une comédie interdite en
France n'était pas exprimé pour la première fois en cette
circonstance par l'Impératrice de Russie. La lettre-observation adressée à M. Lenoir nous apprend en effet que le
comte Bibikoff, chambellan de Catherine II et directeur des
spectacles de sa Cour, avait déjà tenté auprès de Beaumarchais une pareille démarche*[3]. *Nous y lisons encore que
Beaumarchais ne s'était décidé à lire aux Comédiens-français
sa pièce que sur leur vive insistance, sur celle des théâtres
des Princes ou de société, et enfin sur les demandes réitérées
des directeurs de province et des spectacles étrangers. Le
comte de Bibikoff s'était donc, au nom de Catherine II,
trouvé au nombre des solliciteurs lors de l'interdiction pro-*

---

1. *Lettre-observation à M. Lenoir.*
2. T. II, p. 304.
3. Voici que nous lisons encore au T. I, p. 184, de *la Police de Paris dévoilée* : « Cependant M. Bibikoff prévient, le 14 mars 1782, M. de Beaumarchais que sa Majesté, sa Très-Auguste souveraine, désire *les Noces de Figaro*, comme l'ouvrage le plus étonnant qui soit sorti de sa plume ingénieuse ; le prie de les lui envoyer avec toutes les instructions, pour qu'elles ne perdent rien de l'absence de l'auteur, qui a la réputation de faire plus de plaisir en lisant une pièce qu'on en peut goûter à la représentation même. »

noncée par le Roi. M. de Loménie observe que les hardiesses de Figaro offraient peu de dangers à la Cour de Russie. Il faut admettre pourtant que là où l'abus existe, il est toujours imprudent de le faire remarquer. Après avoir proposé d'éditer Voltaire, après avoir été la protectrice dévouée et éclairée des plus illustres philosophes du XVIIIe siècle, la grande Catherine voulait encore accueillir sur le théâtre de sa Cour les saillies redoutées en France de la comédie du Mariage de Figaro. *Malgré une pensée aussi généreuse, aussi élevée, qui fait un instant oublier ce qu'il y a pu avoir de bas et de honteux chez celle qui en a eu l'initiative, il faut nous féliciter de ce que ce soit sur une scène française qu'ait été entendu au théâtre le premier cri du droit méconnu et de la justice écrasée par le privilége. Une comédie comme celle de* la Folle Journée, *une satire si vive, si hardie, écrite par une plume aussi essentiellement française, ne devait pas servir aux applaudissements de l'étranger.*

En présence de la nouvelle insistance de Beaumarchais, M. Lenoir voulut bien tenter une démarche auprès de M. de Miromesnil. Il obtint que la pièce serait examinée de nouveau, et la censure de la Folle Journée *fut cette fois confiée à Suard. Voici ce qu'écrivait à Lenoir M. de Miromesnil, en lui renvoyant le manuscrit de Beaumarchais :*

Vous pouvez dire à l'auteur qu'il se garde bien de la faire imprimer ailleurs pour en introduire les exemplaires en France. Recommandez à M. Suard d'être de la plus grande exactitude, et assurez-le qu'il sera soutenu. C'est un homme sage, de bon esprit, et qui connaît le véritable bon goût, et je suis fort aise que vous me l'ayez proposé pour la censure des pièces.

MIROMESNIL.

Ce 19 juin 1782[1], au soir.

---

1. M. de Loménie, T. II, note de la p. 321, ne sait où placer la censure de Suard qui opinait à l'interdiction. « Le fait de cette censure n'est pas douteux, dit-il, si l'on s'en rapporte aux papiers de Beaumarchais ou aux *Mémoires*

Suard s'étant vivement prononcé contre la comédie de la Folle Journée, Beaumarchais remit tristement son ouvrage en portefeuille, « avec l'approbation d'un censeur en
« arrière, le blâme de la Cour en avant, et le vœu du public
« impatienté de voir son attente abusée. »

Un an après, en juin 1783, encore irrité des refus qu'il venait de subir, mais non découragé, Beaumarchais, absorbé par vingt affaires différentes, reçut tout à coup une demande à laquelle, après tout ce qui s'était passé, il était assurément loin de s'attendre. « Des personnes dont je respecte les de-
« mandes, dit-il[1], ayant désiré donner une fête à l'un des
« frères du Roi[2], voulurent absolument qu'on y jouât le
« Mariage de Figaro. » *Beaumarchais accéda sans difficulté à cette requête inopinée, n'y mettant qu'une seule et unique condition : la pièce serait jouée par les Comédiens-français,*
« auxquels, dit Mme Campan[3], les protecteurs de Beaumar-
« chais ou plutôt de son ouvrage, comptant réussir dans le
« projet de le rendre public, avaient, malgré la défense du
« Roi, fait distribuer les rôles du Mariage de Figaro. »

Grimm nous apprend[4] *qu'en cette occasion la pièce dut être jouée tour à tour dans les Petits Appartements, ensuite à Trianon, à Choisy, à Bagatelle, à Brunoy. Quoi qu'il en soit, le mystère qu'on en faisait prouve suffisamment que l'on avait agi sans aucune permission du Roi, et que l'on*

---

de Garat sur Suard. » Nous avons assigné à la censure de Suard sa vraie place, en citant cette lettre du garde des sceaux, extraite de l'ouvrage de Pierre Manuel, intitulé : *La Police de Paris dévoilée* (2 vol. in-8°. Paris, l'An second de la liberté). On la trouve à la p. 184 du T. Ier. Elle porte la date du 19 *janvier* 1782, mais c'est une erreur qui se rectifie d'elle-même, puisque l'auteur nous dit que c'est après la lecture chez la maréchale de Richelieu (30 *mai* 1782) que le garde des sceaux renvoya *la Folle Journée* au Magistrat des théâtres.

1. *Mémoire au baron de Breteuil.*
2. Le comte d'Artois.
3. *Mémoires*, T. Ier, p. 279.
4. *Corresp. litt.*, T. XI, p. 398.

avait tout à redouter des indiscrétions. Les répétitions se firent dans le plus grand secret, sur le théâtre des Menus-Plaisirs[1] *; il y en eut douze ou quinze*[2]*, et le jour de la représentation fut enfin fixé au vendredi 13 juin. Les* Mémoires secrets *l'annoncent dans ces termes :*

Tous les grands, tous les Princes, tous les ministres, toutes les jolies femmes, sont avertis par des billets[3] avec une figure gravée de Figaro dans son costume, et l'auteur se flatte que la Reine même honorera le spectacle de sa présence. Du reste il est si attaché à son ouvrage qu'il n'en veut rien retrancher, qu'il y veut conserver toutes les ordures les plus grossières dont il est rempli. Elles doivent, à son gré, en faire le succès, et au jugement des connaisseurs impartiaux elles fatigueront enfin, par la longueur excessive de la pièce, dont la représentation sera de trois heures au moins[4].

Il n'était bruit à la Cour que de la pièce qu'on allait jouer; il en fut même question dans les carrosses du Roi, s'il faut nous en rapporter à Grimm. « Il n'y avait, ajoute-t-il[5], que « M. Lenoir, lieutenant de police, et M. le maréchal de « Duras, premier gentilhomme de la chambre, qui n'avaient

---

1. L'hôtel des Menus-Plaisirs, situé rue Bergère, se composait de vastes cours et bâtiments destinés au service de l'Opéra. Ces bâtiments contenaient des magasins de machines, de décorations, et un théâtre où se faisaient les répétitions des pièces qui devaient être jouées sur celui de l'Opéra. Sous Napoléon Ier cet hôtel reçut une autre destination : on y plaça le Conservatoire de musique. En 1781, après l'incendie de l'Opéra, la scène des Menus-Plaisirs fut disposée pour y donner des représentations régulières, et pour y faire jouer les acteurs de ce grand spectacle ; mais comme elle était trop petite, on dut renoncer à ce projet.
2. *Mém. secrets*, T. XXIII, p. 5.
3. Rayés à la Malbrough, dit Grimm.
4. Dans l'ouvrage de J.-B. Colson, intitulé le *Répertoire du Théâtre-Français*, ouvrage traitant surtout de la partie matérielle du théâtre, la durée de *la Folle Journée* est fixée à deux heures quarante-cinq minutes. De nos jours, la comédie de Beaumarchais forme d'ordinaire, à elle seule, le spectacle de toute une soirée.
5. T. XI, p. 398.

« *pas l'air d'être dans le secret de la fête.*— «*J'ignore, disait*
« *le matin même M. Lenoir, par quelle permission l'on*
« *donne ce soir la pièce de M. de Beaumarchais aux*
« *Menus-Plaisirs; ce que je crois bien savoir, c'est que le*
« *Roi ne veut pas qu'on la joue...*» M. Lenoir était bien ren-
seigné. Le jour même de la représentation, entre midi et une
heure, M. le duc de Villequier envoya aux Menus-Plaisirs et
à la police un ordre exprès du Roi qui signifiait à tous les
acteurs de la pièce qu'ils eussent à s'abstenir de jouer, à
peine d'encourir l'indignation de Sa Majesté[1]. Lorsque le
courrier qui portait cet ordre arriva, la salle était déjà
presque garnie, et les rues qui aboutissaient à l'hôtel des
Menus encombrées de voitures. « *Toutes les espérances*
« *déçues, dit Mme Campan*[2], *excitèrent le mécontentement à*
« *un tel point que les mots d'oppression, de tyrannie, ne*
« *furent jamais prononcés, dans les jours qui précédèrent la*
« *chute du trône, avec plus de passion et de véhémence. La*
« *colère emporta Beaumarchais jusqu'à lui faire dire : Eh*
« *bien! messieurs, il ne veut pas qu'on la représente ici, et*
« *je jure, moi, qu'elle sera jouée, peut-être dans le chœur*
« *même de Notre-Dame!* » Beaumarchais a-t-il réellement
proféré cette insolente menace? Nous en doutons, et nous
partageons entièrement à ce sujet les hésitations de M. de
Loménie[3].

La pièce cette fois encore ne fut pas jouée, et il en coûta
dix ou douze mille livres à Beaumarchais, qui paya tous les
frais exigés par les répétitions de son œuvre. Le Roi s'était
fait un malin plaisir de n'apporter son interdiction qu'au
dernier moment. Beaumarchais garda le silence devant
l'ordre de Louis XVI, négligeant de percer les mystères de
l'intrigue dont il était victime. Dans son Mémoire au baron

1. *Mém. secrets*, T. XXIII, p. 7.
2. *Mémoires*, T. Ier, p. 280.
3. T. II, p. 307.

de Breteuil, il borne à ces simples mots ses récriminations :
« *Je ne sais vraiment quelle intrigue de Cour, alors solli-*
« *citée, obtint enfin la défense expresse du Roi de jouer la*
« *pièce aux Menus-Plaisirs, ou plutôt, si je le sais, je crois*
« *inutile de le dire à qui le sait beaucoup mieux que moi.*
« *J'ai encore une fois remis, ajoute-t-il, la pièce en porte-*
« *feuille, attendant qu'un autre événement l'en tirât.* »

Les prévisions de Beaumarchais étaient justes. Sa persévérance et ses efforts devaient être bientôt couronnés par le plus grand et par le plus mérité des succès. Moins de trois mois après l'interdiction du Roi, la comédie de la Folle Journée *fut demandée de nouveau à son auteur par le duc de Fronsac. Celui-ci n'était pas un inconnu pour Beaumarchais, ayant précédemment servi d'intermédiaire auprès de lui lors de la lecture de* la Folle Journée *chez la princesse de Lamballe. Il s'agissait cette fois encore d'une fête à donner au comte d'Artois ; la représentation du* Mariage de Figaro *devait en être le plus brillant attrait. Beaumarchais était absent de Paris et occupé en Angleterre d'affaires de commerce,* « *d'affaires graves,* » *dit-il dans son Mémoire au baron de Breteuil. S'étant en vain présenté chez lui, à Paris, le duc de Fronsac écrivit à l'auteur du* Mariage de Figaro *la lettre suivante*[1] :

A Paris, ce 4 septembre 1783.

J'espère, Monsieur, que vous ne trouverez pas mauvais que je me sois chargé d'obtenir votre agrément pour que le *Mariage de Figaro* soit joué à Genevilliers; mais il est vrai que quand j'ai pris cette commission je vous croyais encore à Paris. Voici le fait. Vous saurez que j'ai cédé pour quelques années ma plaine et ma maison de Gennevilliers à M. de Vaudreuil. M. le comte d'Artois y vient chasser vers le 18, et Mme la duchesse de Polignac avec sa société y viennent souper. Vaudreuil m'a consulté pour leur donner un spectacle, car il y a une salle assez jolie, et

---

1. *Beaumarchais et son temps*, T. II, p. 308.

je lui ai dit qu'il n'y en avait pas de plus amusant que *le Mariage de Figaro*, mais qu'il fallait avoir l'agrément du Roi. Nous l'avons eu, et je suis vite accouru chez vous, que j'ai été fort étonné et fort affligé de savoir bien loin. La pièce est bien sue, comme vous savez ; nous donneriez-vous votre agrément pour qu'elle fût jouée ? Je vous promets bien tous mes soins pour qu'elle soit bien mise. M. le comte d'Artois et toute sa société se font la plus grande fête de la voir, et certainement ce serait un grand acheminement pour qu'elle fût jouée peut-être à Fontainebleau et à Paris. Voyez si vous voulez nous faire ce plaisir là. Pour moi, en mon particulier, j'en ai le plus grand désir, et vous prie de me faire vite, vite réponse. Qu'elle soit favorable, je vous en prie, et ne doutez point de ma reconnaissance ni des sentiments d'estime et d'amitié avec lesquels je serai toujours, Monsieur, votre très-humble et très-obéissant serviteur.

Le Duc de Fronsac.

Cette lettre fut suivie de vingt autres plus pressantes encore.

Il me vient, dit Beaumarchais[1], lettres et courriers. Il faut *le Mariage de Figaro*. Point de salut sans Figaro. C'est encore une fête pour le frère du Roi. Si vous n'arrivez pas promptement, on jouera la pièce sans vous, les Comédiens ayant leurs rôles. Je reviens à Paris, et tout en rendant grâce de la préférence j'objecte les défenses du Roi. L'on se charge obligeamment d'en obtenir la levée.

Ces lettres, ces courriers dont Beaumarchais se plaint d'être accablé, peignent à merveille cette société frivole et insouciante qui avait su cependant, quelques années auparavant, animée d'un sublime enthousiasme, fonder, avec le plus pur et le plus généreux de son sang, la liberté d'un peuple[2].

---

1. *Mémoire au baron de Breteuil.*
2. On pourrait ajouter pour le plus grand profit de Beaumarchais. La guerre d'Amérique, en effet, fut pour lui l'objet de spéculations que nous ne qualifierons que d'*heureuses* pour n'en pas dire davantage.

Le Roi, parce qu'il avait défendu la pièce de Beaumarchais et interdit un plaisir convoité depuis des années à cause de son interdiction même, était devenu presque un ennemi : les mots de tyrannie *et d'*oppression *avaient été prononcés contre le plus faible des Princes. Cœur excellent, âme ouverte à tous les sentiments, Louis XVI, qui ne sut jamais être Roi, n'avait pas besoin d'être circonvenu à ce point pour accorder une permission qu'il devait bientôt donner contrairement aux résolutions les plus énergiques qu'il se figurait avoir prises.*

Pressé de toutes parts, Beaumarchais accourut à Paris[1], *consentant, cette fois encore, à une demande partie de si haut et faite avec une telle insistance. Il réclama pour toute condition qu'il lui fût permis de faire censurer de nouveau son ouvrage.*

On me trouve, dit-il[2], un peu bégueule à mon tour, et l'on va jusqu'à dire que je fais le difficile uniquement parce que l'on me désire. Mais comme je voulais absolument fixer l'opinion publique par ce nouvel examen, je tins bon, et le sévère historien M. Gaillard, de l'Académie française, me fut nommé pour censeur par le magistrat de la police. La pièce approuvée de nouveau[3], je portai la précaution jusqu'à prévenir qu'elle ne

---

1. Mᵐᵉ Lebrun, dans ses *Souvenirs* (T. Iᵉʳ, p. 146; Paris, in-8°, 1835), prétend que Beaumarchais devait avoir cruellement harcelé M. de Vaudreuil pour parvenir à faire jouer sur le théâtre de Gennevilliers une pièce aussi inconvenante. On a vu où se trouve la vérité.

2. *Mémoire au baron de Breteuil.*

3. M. de Loménie, T. II, p. 313 de son ouvrage, cite par erreur et sans preuves bien certaines, il l'avoue lui-même, le rapport de Coqueley de Chaussepière pour celui de Gaillard. L'erreur est évidente, car on a pu voir plus haut, à la note 1 de la page ix, l'extrait du rapport de Coqueley tel qu'il se trouve cité par Beaumarchais dans sa *Lettre observation* écrite à M. Lenoir en 1782, et alors qu'il ignorait même que sa pièce était connue du Roi. M. de Loménie, qui avoue de bonne grâce qu'il peut s'être trompé en cette occasion, est d'autant plus excusable que nous savons, par expérience, à quel point il est difficile de se reconnaître dans les innombrables notes, lettres ou manuscrits laissés par l'auteur de *la Folle Journée*. L'ouvrage de M. de Loménie nous a été trop précieux pour ne pas éloigner de notre esprit toute critique malveillante par parti pris.

devait pas être jouée pour la fête sans que j'eusse avant la parole expresse du magistrat que les Comédiens-français pouvaient la regarder comme appartenant à leur théâtre, et j'ose ici assurer que cette assurance me fut donnée par M. Lenoir, qui certainement croyait tout fini comme je dus le croire moi-même.

On verra, dans la suite, que M. Lenoir s'était trop avancé et que la victoire de Beaumarchais n'était pas encore un fait accompli. La note suivante[1], *écrite en remercîment à Beaumarchais par M. de Vaudreuil, si on la joint à l'assurance positive fournie par M. Lenoir, donnait cependant à l'auteur de* la Folle Journée *quelque droit de croire que la lutte était enfin terminée :*

Le comte de Vaudreuil a eu l'honneur de passer chez M. de Beaumarchais pour le remercier de la complaisance qu'il veut bien avoir de laisser jouer sa pièce à Gennevilliers. Le comte de Vaudreuil a saisi avec empressement cette occasion de rendre au public un chef-d'œuvre qu'il attend avec impatience. La présence de Monseigneur le comte d'Artois et le mérite réel de cette charmante pièce détruiront enfin tous les obstacles qui avaient retardé la représentation, et conséquemment le succès. Le comte de Vaudreuil désire vivement pouvoir faire bientôt lui-même tous ses remercîments à M. de Beaumarchais.

Ce lundi 15 septembre 1783.

Le Mariage de Figaro *fut, avec autorisation spéciale du Roi, représenté le 27 septembre sur la scène de Gennevilliers.*

Gennevilliers, dit Mme Lebrun[2], n'était nullement pittoresque. Le comte de Vaudreuil avait acheté[3] cette propriété en

---

1. *Beaumarchais et son temps* T. II, p. 316.
2. T. Ier, p. 145.
3. C'était simplement une location. Voyez plus haut, page XXI, la lettre du duc de Fronsac.

grande partie pour Monseigneur le comte d'Artois, parce qu'elle renfermait de beaux cantons de chasse, et l'avait embellie autant qu'il était possible. La maison était meublée dans le meilleur goût, quoique sans magnificence. Il s'y trouvait une salle de comédie petite, mais charmante, dans laquelle ma belle sœur, mon frère, M. de Rivière et moi, nous avons joué plusieurs opéras-comiques avec Mme Dugazon, Garat, Cailleau et Laruette[1].

Plus loin[2], *Mme Lebrun, avec très-peu de partialité et beaucoup d'acrimonie, rend compte de la représentation de Gennevilliers; elle fait suivre son récit d'une anecdote qui n'est guère en faveur de Beaumarchais, et qui prouve suffisamment que la personne de l'auteur du* Mariage de Figaro *lui était fort peu sympathique.*

Le dernier spectacle, dit-elle, qui fut donné dans la salle de Gennevilliers, fut une représentation du *Mariage de Figaro* par les acteurs de la Comédie-française. Je me rappelle que Mlle Sainval jouait la comtesse, Mlle Olivier le page, et que Mlle Contat était charmante dans le rôle de Suzanne. Dialogue, couplets, tout était dirigé contre la Cour, dont une grande partie se trouvait là, sans parler de la présence de notre excellent Prince. Chacun souffrait de ce manque de mesure, mais Beaumarchais n'en était pas moins ivre de bonheur. Il courait de tous côtés comme un homme hors de lui-même, et comme on se plaignait de la chaleur, il ne donna pas le temps d'ouvrir les fenêtres et cassa tous les carreaux avec sa canne, ce qui fit dire après qu'il avait doublement cassé les vitres. Le comte de Vaudreuil dut se repentir d'avoir accordé sa protection à l'auteur du *Mariage de Figaro*. Peu de temps après cette représentation, Beaumarchais lui fait demander un rendez-vous qu'il obtient aussitôt, et il arrive à Versailles de si bonne heure que le comte venait à peine de se lever. Il parle alors d'un projet de finance

---

1. Ces deux derniers artistes étaient retirés du théâtre à l'époque où écrivait Mme Lebrun.
2. T. Ier, p. 146.

qu'il vient d'imaginer et qui devait lui rapporter des trésors ; il finit par proposer à M. de Vaudreuil des sommes considérables s'il veut se charger de faire réussir l'affaire. Le comte l'écoute avec le plus grand calme, et quand Beaumarchais a tout dit : « Mon-« sieur de Beaumarchais, lui répond-il, vous ne pouviez venir dans « un moment plus favorable, car j'ai passé une bonne nuit, j'ai « bien digéré, jamais je ne me suis mieux porté qu'aujourd'hui ; « si vous m'aviez fait hier une pareille proposition, je vous aurais « fait jeter par la fenêtre. »

Mme *Campan, dont le beau-père eut la faveur d'assister à cette fête où l'on n'entrait que par billets*[1], *relate dans les termes suivants*[2] *le fait de cette représentation de* la Folle Journée.

Peu de temps après (l'interdiction du Roi), on insinua dans le monde la résolution que Beaumarchais avait enfin prise de supprimer tous les passages de son ouvrage qui pouvaient blesser le gouvernement, et, sous prétexte de juger les sacrifices faits par l'auteur, M. de Vaudreuil obtint la permission de faire jouer ce fameux *Mariage* à sa maison de campagne. M. Campan y fut invité ; il avait entendu plusieurs lectures de l'ouvrage et n'y trouva pas les changements annoncés. Il en faisait la remarque à plusieurs personnes de la Cour qui lui soutenaient que l'auteur avait fait tous les sacrifices prescrits ; chacun venait à son tour l'en entretenir. M. Campan fut si étonné de ces assertions sur une chose évidemment fausse, qu'il leur répondit par une phrase de Beaumarchais lui-même dans son *Barbier de Séville*, et, prenant le ton de Bazile, leur dit : « Ma foi, Messieurs, je ne « sais pas qui l'on trompe ici, tout le monde est dans le secret. » On en vint alors au fait, et on lui demanda avec instance de dire positivement à la Reine que tout ce qui avait été jugé répréhensible dans la comédie de Beaumarchais en avait disparu. Mon beau-père se contenta de répondre que sa position à la Cour ne le mettant pas dans le cas d'articuler son opinion que dans l'occasion où la Reine lui en parlerait la première, il n'en dirait

---

[1]. *Mém. secrets*, T. XXIII, p. 176.
[2]. *Mém. de Mme Campan*, T. Ier, p. 280.

son sentiment que si elle lui demandait. La Reine ne lui en parla pas.

Malgré les critiques de quelques-uns, en dépit d'appréciations injustes par parti pris, la représentation de Gennevilliers fut un succès dans la véritable acception du mot[1]. *On retrouvera dans les variantes que nous publions certaines crudités qui durent singulièrement choquer certaines oreilles, tandis qu'elles en réjouissaient d'autres aussi bien par leur violence que par la nouveauté d'une hardiesse qui était tout à fait en dehors de l'esprit de cette époque.*

Joué sur la scène de Gennevilliers, Beaumarchais pouvait croire prochain le moment où le Mariage de Figaro *allait enfin faire son apparition sur le théâtre plus vaste de la Comédie-française; il entendait déjà les applaudissements de cette foule pour laquelle sa comédie avait été écrite. Au dire même du Roi, il allait avoir en dernier lieu plus de crédit que M. le garde des sceaux. Malgré tant de probabilités naturelles, tout n'était pas fini, on le verra, et, pour arriver au but désiré, Beaumarchais dut encore batailler de toute les forces de son énergie. Son Mémoire adressé au baron de Breteuil va nous initier aux dernières phases de cette lutte dont le dénoûment devait bientôt surgir à la satisfaction de tous, et procurer au public un plaisir que le Roi avait voulu un instant réserver aux seuls courtisans de Gennevilliers.*

A mon grand étonnement, écrit Beaumarchais, et pour prix de ma complaisance, de nouvelles et sourdes objections sortirent contre l'ouvrage du plaisir même qu'il avait fait à Gennevilliers. Résolu de les apaiser, je demandai de nouveaux censeurs à M. Lenoir, qui voulut bien me répondre alors que la pièce ayant été censurée et approuvée deux fois, M. le garde des sceaux pensait que le tribunal de censure et l'auteur étaient par-

---

[1]. Les *Mémoires secrets*, peu portés en général à soutenir Beaumarchais, assurent que la pièce eut un très-grand succès.

faitement en règle[1]; qu'il ne restait plus qu'à lever la défense de jouer donnée par le Roi le jour des Menus-Plaisirs, et que lui, M. Lenoir, avait eu l'honneur d'en écrire à Sa Majesté. Deux mois après, ce magistrat m'instruisit que le Roi avait daigné repondre : qu'il y avait, disait-on, encore des choses qui ne devaient pas rester dans l'ouvrage; qu'il fallait nommer encore deux nouveaux censeurs, et que l'auteur le corrigerait d'autant plus facilement, qu'on disait que la pièce était longue. M. Lenoir eut la bonté d'ajouter, qu'il regardait cette lettre du Roi comme une levée de la défense de jouer la pièce aussitôt après l'examen des nouveaux censeurs, et je fus consolé. Mais tout ce bruit, toutes ces variantes, ces ordres, ces contr'ordres, et l'adoption et la proscription, avaient tellement effarouché les censeurs que beaucoup n'ont pas voulu seulement ouvrir le manuscrit : car en ce pays comme dans les autres, loin de tendre la main au malheureux disgracié, tout le monde le fuit de crainte de glisser avec lui dans la fosse. Enfin, à force d'instances réitérées de M. Lenoir et de supplications de ma part, M. Guidi s'est pourtant laissé aller jusqu'à promettre qu'il lirait le manuscrit, non pas comme censeur, uniquement comme un homme importuné de la demande, qui depuis trente ans n'avait pas mis le pied au spectacle et que son genre de vie et d'opinions rendait, disait-il, moins propre que tout autre à cet examen dramatique.

Quand on ne peut pas avoir ce qu'on aime, il faut bien tâcher d'aimer ce qu'on a. Mais comment y parvenir avec un censeur qui refusait sèchement de communiquer avec moi? Un quatrième censeur a été nommé par M. Lenoir et par moi. Vivement sollicité d'en accepter l'ennui, M. Desfontaines, auteur dramatique lui-même, et plus poli que le troisième censeur, a bien voulu me faire part de son approbation, de sa censure, et de ses retranchements, auxquels je me suis soumis sur tous les points. Mais comme il en a remis quelques uns à la décision du Ministre, je vous supplie, Monsieur le baron, de m'accorder l'honneur et la faveur d'une courte audience à ce sujet. De quatre censeurs qui m'ont recherché, épluché, trois ont exigé des changements que j'ai faits, leur approbation était à ce prix. Le

---

1. Beaumarchais, en ne relatant que deux censures, semble ne pas vouloir faire mention de celle de Suard, la seule d'ailleurs qui lui avait été défavorable.

troisième n'a pas voulu me dire un mot de son opinion, et l'on dit qu'elle m'est contraire.

En cet état, ne sachant plus s'il reste ou non des obstacles à la représentation d'une gaieté devenue pour ainsi dire si triste et si contrariante, j'attends vos derniers ordres en vous assurant qu'aucune affaire, aussi grave qu'elle fut, ne m'a coûté autant de peines et de travaux que le plus léger ouvrage qui soit jamais sorti de ma plume; et, s'il est vrai qu'il ne se fait nul bon mariage en ce pays sans de grandes oppositions, en lisant le détail vous avouerez que si l'on juge de la bonté d'un mariage par ses obstacles, aucun n'en a tant éprouvé que *le Mariage de Figaro*.

Je suis, etc.

(1784.)

La censure de Desfontaines était des plus favorables à Beaumarchais et se terminait par quelques conseils qui ne durent pas être du goût de tous les collègues du censeur royal. Il réclamait en effet pour les auteurs dramatiques une liberté presque illimitée : « C'est à celle dont jouissait « Molière, dit-il en terminant son rapport, que nous devons « la morale dont ses pièces sont remplies. Ses caractères se- « raient-ils aussi énergiques qu'ils le sont, si on lui eût im- « posé la loi de n'en offrir que l'esquisse[1]? »

Malgré le rapport favorable de Bret, chargé, lui aussi, d'examiner la pièce, malgré les approbations successives des censeurs qui l'avaient précédé, d'inexplicables scrupules envahirent encore l'esprit du baron de Breteuil, celui du garde des sceaux et du lieutenant de police lui-même. Sur la demande expresse de Beaumarchais, un tribunal composé des éléments les plus divers fut constitué pour juger en dernier ressort cette comédie que Louis XVI avait daigné déclarer « injouable ». *Le compte rendu de cette réunion suscitée*

---

1. Voyez *Beaumarchais et son temps*, T. II, p. 323.

par l'auteur de la Folle Journée *se trouve tout au long dans la lettre suivante*[1] *qu'il adressa au Roi en* 1784 :

> Voulant justifier de plus en plus un ouvrage aussi injustement attaqué, l'auteur a supplié M. le baron de Breteuil de vouloir bien former une espèce de tribunal composé d'académiciens français, de censeurs, de gens de lettres, d'hommes du monde et de personnes de la Cour, aussi justes qu'éclairées[2], qui discuteraient en présence de ce ministre le principe, le fond, la forme et la diction de cette pièce, scène par scène, phrase par phrase, et mots par mots. M. le baron de Breteuil, qui a daigné assister à ce dernier examen rigoureux, peut rendre compte à Votre Majesté de la docilité avec laquelle l'auteur, après avoir subi sans se plaindre toutes les corrections qu'il avait plu aux trois censeurs de faire à sa pièce avant de l'approuver, a retranché de nouveau jusqu'aux moindres mots dont ce tribunal de décence et de goût a cru devoir exiger la suppression.
>
> L'auteur a, de plus, prouvé à l'assemblée que sa pièce était tellement dans les grands et vrais principes du théâtre comique, qu'il faudrait aujourd'hui proscrire du spectacle plus de soixante pièces qui en font la gloire et le plaisir, si l'on s'opposait aux représentations de la sienne, plus remplie de saine critique et de vraie moralité qu'aucune de celles de ce genre qui se jouent aux Français.
>
> L'ouvrage étant en cet état, l'auteur se joint aux artistes pour supplier Votre Majesté d'en permettre la représentation.
>
> Depuis longtemps les Comédiens-français sont privés d'ouvrages qui leur donnent de grandes recettes; ils souffrent, et l'excessive curiosité du public sur *le Mariage de Figaro* semble leur permettre un heureux succès. Cependant l'auteur désire que la première représentation de cet ouvrage, qui attirera un grand concours, soit donnée au profit des pauvres de la capitale.
>
> De votre Majesté,
>
> Je, etc.
>
> CARON DE BEAUMARCHAIS.

1. *Œuvres de Beaumarchais*, éd. de 1809, T. VI, p. 581.
2. Les personnes présentes à cette réunion étaient : Lenoir, Miromesnil, Gaillard le censeur, Champfort, Rulhières et le baron de Breteuil.

Cette séance d'examen provoquée par Beaumarchais eût peut-être à jamais compromis le succès pour lequel il luttait depuis 1782, si le résultat lui en avait été défavorable. Il n'en fut rien heureusement, et le baron de Breteuil, délivré enfin de ses craintes imaginaires, cessa de s'opposer à l'autorisation sollicitée. Les protecteurs de l'auteur de la Folle Journée *s'attaquèrent vivement aux derniers scrupules du Roi ; Beaumarchais lui adressa la supplique que nous venons de citer, faisant agir d'autre part auprès de Louis XVI les influences qu'il jugeait les plus puissantes.*

Nous ne pouvons, en présence de ces tentatives désespérées de Beaumarchais en faveur de son œuvre, ajouter foi à certain récit fait par les Mémoires secrets *et duquel il résulterait que dans les derniers jours de février 1784, Beaumarchais avait fait annoncer, sans autorisation aucune, la représentation prochaine de* la Folle Journée. *Il aurait commis là une imprudence réelle qui eût détruit sans utilité le résultat de ses démarches. Les* Mémoires secrets, *à la date du 7 mai 1784, rapportent encore que deux ans auparavant, à une personne qui lui objectait la défense du Roi de laisser jouer le* Mariage de Figaro, *Beaumarchais avait répondu : « Si ce n'est que cette raison, monsieur, ma pièce sera jouée. »*

Pas plus que le premier, pas plus que bien d'autres de même nature, ce récit n'est vraisemblable. Ce propos impertinent ne peut avoir été tenu par l'auteur de la Folle Journée, *trop habile, trop homme de Cour, pour avoir laissé jamais échapper une phrase d'une semblable insolence et qui aurait pu d'ailleurs attirer sur lui les plus sanglantes représailles.*

Harcelé et circonvenu de toutes parts, convaincu, sur des rapports perfides, qu'une chute dérisoire attendait l'œuvre de Beaumarchais, le Roi céda en levant l'interdit qui pesait sur la pièce, et en prouvant une fois de plus, sans que toutefois la chose causât le moindre étonnement, qu'il n'était pas assez maître de sa propre autorité pour persister quand même et contre tous dans un refus qu'il avait deux années auparavant formulé de la façon la plus énergique.

C'est en mars 1784 que Beaumarchais vit enfin sa persévérance, qui n'avait pas failli un seul instant[1], couronnée par la victoire la plus juste mais aussi la plus disputée. Il se souvint, dans la joie de son triomphe, de son vieil ami Préville, et lui annonça par la lettre suivante[2] l'heureux résultat de cette lutte de quatre années :

Paris, le 31 mars 1784.

Nous nous sommes trompés tous les deux, mon vieil ami. Je tremblais que vous ne quittassiez le théâtre à Pâques, et vous, vous étiez dans l'opinion que *le Mariage de Figaro* ne pouvait pas se jouer.

Mais il ne faut jamais désespérer de garder un acteur que le public adore, ni de voir vaincre un auteur courageux qui croit avoir raison et que l'on ne dégoûte pas par les dégoûts. J'ai, mon vieil ami, le BON du Roi, le BON du ministre, le BON du lieutenant de police; il ne nous manque plus que le vôtre pour avoir un beau tapage à la rentrée. Allons, mon ami, c'est bien peu de chose que ma pièce; mais la voir au théâtre est le fruit de quatre ans de combats; voilà ce qui m'y attache. Quel mal ils ont fait, ces méchants ! Deux ans plus tôt mon ami Préville aurait assuré le succès de mes cinq actes; aujourd'hui le charme qu'il répandra sur un moindre rôle fera bien regretter qu'il ne joue pas le premier[3].

On me conseille l'étude et la répétition sans éclat, et nous

---

1. La baronne d'Oberkirch, T. II p. 316 de ses Mémoires, rapporte les paroles suivantes comme ayant été dites en sa présence par Beaumarchais à la duchesse de Bourbon : « Quand je veux une chose, madame, j'y arrive toujours. C'est mon unique pensée, je ne fais pas un pas qui ne s'y rapporte. C'est pour moi une question de temps ; je finis par réussir, et alors je suis deux fois satisfait : et par la réussite de mon désir, et par la difficulté vaincue! »

2. *Beaumarchais et son temps*, T. II, p. 324. Cette lettre a été vendue 46 fr. en 1858 à la vente d'Henneville. (N° 221 du Catalogue)

3. Voyez plus haut, p. VII.

sommes convenus d'agir, mais sans rien dire. Dazincourt et Laporte se sont chargés d'écrire à tout le monde, en recommandant le silence, afin que notre bonne fortune ne finisse pas encore une fois par en devenir une de capucin.

Je vous salue, vous honore et vous aime.

BEAUMARCHAIS.

La première représentation de la Folle Journée *eut lieu le mardi 27 avril 1784. La recette fut de 5,698 livres 19 sols*[1], *et le succès de la pièce immense. Ceux que la lecture du manuscrit avait choqués affectèrent, sans aucun doute, du haut de leurs loges, la plus froide réserve; mais le peuple, aux sentiments duquel s'adaptait si bien cette comédie, qui pensait tout bas ce que Figaro disait tout haut, le peuple, hésitant d'abord, s'enhardit peu à peu, battit des mains avec frénésie, et signa par des bravos prolongés cette énergique revendication de ses droits et de ses prérogatives les plus chers.*

Nous avons dit dès le commencement ce que fut cette

---

1. Voici, d'après le registre de l'année 1784, conservé aux Archives de la Comédie-française, le détail de la recette de cette première représentation :

17 premières loges à	6 places,	612 livres.		
6 id.	5 id.	180 id.		
28 secondes loges à	4 id.	420 id.		
11 id.	3 id.	123 id.	15 sols.
6 troisièmes loges à	6 id.	90 id.		
4 id.	4 id.	40 id.		
2 id.	8 id.	40 id.		
2 petites loges à	24 livres,	48 id.		
2 id.	7 id. 10 sols.	15 id.		
83 galeries à	4 id.	332 id.		
377 premières places à	6 id.	2262 id.		
11 secondes places à	3 id.	33 id.		
438 parterres assis à	2 id. 8 id.	1051 id.	4 id.
1 troisième place à	2 id.	2 id.		
300 paradis à	1 id. 10 id.	450 id.		
		5,698 livres 19 sols.		

*journée du 27 avril 1784, et, si nous nous en rapportons à
M. de Loménie, Beaumarchais nous fournira lui-même ce
que nous appellerons le mot de la fin :* « *Il assistait au tumulte
« occasionné par sa comédie, au fond d'une loge grillée, entre
« deux abbés avec lesquels il venait de faire un joyeux re-
« pas, et dont la présence lui avait paru indispensable afin
« de se faire administrer, disait-il, en cas de mort, des
« secours très-spirituels*[1]*.* »

III

CONSÉQUENCES DU SUCCÈS DE LA COMÉDIE DE LA FOLLE JOURNÉE.
SATIRES CONTRE BEAUMARCHAIS. — MANŒUVRES DE SUARD.
BEAUMARCHAIS A SAINT-LAZARE. — SA RÉHABILITATION.
(1784-1785.)

*Nous verrons tout à l'heure comment la critique du
XVIII*[e] *siècle accueillit l'œuvre de Beaumarchais*[2]*, nous
jugerons les appréciations qu'on en a faites dans la suite; il
nous faut auparavant, et le plus brièvement possible, faire
l'historique des représentations de la Folle Journée et parler
des épreuves nouvelles qui attendaient encore Beaumarchais.
Il n'en avait pas fini avec les cabales et la jalousie.*

---

1. *Beaumarchais et son temps*, T. II, note de la p. 325. Le fait est peut-être vrai, car voici ce qu'on lit dans la *Corr. litt. secrète* de Métra, à la date du 20 oct. 1784 : « Ces jours derniers, il y avait un dîner de quarante ecclésiastiques de campagne chez le curé d'Orangis, village à cinq lieues de Paris; au dessert, et dans la vérité du vin, ils sont tous convenus qu'ils étaient venus à Paris voir cette pièce. » (T. XVII.)
2. Beaumarchais, raconte Métra, disait : « Qu'il était possible que son ouvrage tombât. » On rapporta ce propos à Monsieur, frère du Roi, qui répondit : « Ils le feront réussir, et ils croiront avoir gagné une bataille contre le gouvernement! » (*Corr. litt. secrète*, T. XVII, p. 87.) Monsieur parlait juste, ce nous semble : le Roi fut vaincu et la pièce triompha.

Sa situation, son succès, l'éclatante victoire qu'il était parvenu à remporter, le désignaient d'avance aux traits les plus sûrs de l'envie. Cette victoire il la devait aussi bien à la position brillante qu'il avait su se créer qu'à l'énergie qu'il ne cessa de déployer un seul instant. Il n'avait pas été étranger, on le sait, à la politique française pendant la guerre des États-Unis; il avait été mêlé aux questions les plus graves de l'administration ou des finances de son époque, et, au milieu des plus sérieuses préoccupations, il passait son temps à répondre à des solliciteurs de tous genres. Celui-ci lui demandait de l'argent, celui-là des conseils, et le tableau de cette incessante persécution subie par l'auteur du Mariage de Figaro *est dépeint, dans l'ouvrage de M. de Loménie, sous les aspects les plus divers et les plus curieux. Nous n'y ajouterons que deux traits, demeurés inconnus, mais dignes d'être cités. Les deux requêtes que l'on va lire ne durent pas, en effet, être les moins bizarres de celles dont était sans cesse assailli Beaumarchais.*

La première est d'un sieur « Du Bois de Posanges »; elle est postérieure à la représentation de la Folle Journée. *La voici :*

Cédez à mon impatience
Et faites cesser mon malheur;
En vous seul est mon espérance,
Entre vos mains est mon bonheur.
Souffrez donc que je vous répète
Combien je desire vous voir
Mon âme est toujours satisfaite
En vous rendant quelque devoir.
Dans l'attente d'une visite
Dont se flatte toujours mon cœur,
Il espère, désire et palpite;
Hâtez cet instant de bonheur.
Sans cesse au ciel je fais des vœux
Pour prolonger votre carrière,

Pour le soutien du malheureux,
Il écoutera ma prière.

Du Bois de Posanges.

J'ose toujours, Monsieur, vous attendre avec la plus vive impatience, vous seul pouvez combler mes vœux. Hâtez donc mon bonheur, ne me laissez pas languir davantage dans la perplexité la plus affreuse. Accordez moi la grâce que je vous demande, et j'en serai reconnaissant jusqu'à mon dernier soupir.

*Pension de Mme Marie de Sainte-Colombe,
Chemin de Picpus, la troisième porte cochère à main droite.*
Le 26 août 1784.

Cette étrange missive, dans laquelle les mauvais vers le disputent à la platitude de la prose, est écrite sur une immense feuille de papier; on dirait vraiment un placet présenté à un Roi ou à un Ministre.

La deuxième requête n'est pas datée; elle est entièrement en vers. C'est un enfant de sept ans qui parle, et il termine ainsi :

Mon cœur est jeune, il est sincère,
Mais en écoutant un enfant,
Jugez des sentiments du père[1].

Ces deux grotesques élucubrations de solliciteurs aux abois, jointes à toutes celles rapportées par M. de Loménie, à toutes celles qui ne nous sont pas parvenues[2], prouvent que Beaumarchais, avant comme après la représentation du Mariage de Figaro, jouissait d'une situation réellement importante et qui ne contribua pas peu à l'heureux résultat des démarches

---

1. Ce document et celui qui le précède sont tirés des Manuscrits de Londres, conservés aux Archives de la Comédie-Française.
2. Nous avons encore trouvé, dans les manuscrits de Londres, nombre de vers adressés à Beaumarchais par d'enthousiastes admirateurs de son talent. L'un, le sieur de Château-Lyon, se disant « petit-cousin de Rabelais »,

qu'il ne cessa de faire pendant quatre années avec une infatigable persévérance. *En même temps que le public, juge impartial et souverain de la comédie de Beaumarchais, lui prodiguait les applaudissements les plus vifs, les rivaux de l'auteur de* la Folle Journée *faisaient pleuvoir sur lui les épigrammes les plus grossières. Le jour de la seconde représentation*[1], *au moment où on allait lever la toile, un bras s'avança du haut des quatrièmes loges, et fit voler une multitude de feuilles légères; chacun en saisit une. C'était une prétentieuse épigramme bien injurieuse contre l'auteur et sa pièce; le succès n'en fut pas moins général. M. de Langeac passa pour être l'auteur de cette platitude, que l'on retrouve tout au long dans la* Correspondance littéraire de Grimm[2]; *la voici:*

> Je vis hier, du fond d'une coulisse,
> L'extravagante nouveauté
> Qui, triomphant de la police,

dans une pièce intitulée : *les Poëtes comiques*, dépeint ainsi Beaumarchais :

> Le fils de Molière est trouvé,
> Le signe paternel sur son front est gravé[*].
> Beaumarchais!.. foule aux pieds la rage
> De tes odieux ennemis!
> Jamais manquas-tu de courage?
> Ce sont les grands talents que la sottise outrage!
> Sois toujours suivi par les Ris,
> Et cent fois au théâtre assemble tous les ris.

1. *Œuvres de Beaumarchais*, édit. de 1809, T. VII, p. 147.
2. T. XII, p. 110. Elle se retrouve encore dans la *Corr. secrète* de Métra en même temps que dans toutes les *Chroniques* plus ou moins *scandaleuses* de la fin du XVIIIe siècle. Un certain V. de C., s'il faut en croire Métra, composa lui aussi une longue chanson contre Beaumarchais, laquelle finissait de cette manière un peu... risquée :

> On connaît de ces duchesses
> Qui se livrent à leurs laquais :
> Qui même ont eu Beaumarchais!

[*] *Vis comica.*

Profane des Français le spectacle enchanté:
Dans ce drame effronté chaque acteur est un vice :
  Bartholo nous peint l'avarice,
  Almaviva le séducteur,
  Sa tendre moitié l'adultère,
  Et Double-Main un plat voleur;
  Marceline est une mégère,
  Bazile un calomniateur;
Fanchette l'innocente est trop apprivoisée,
Et le page d'amour, au doux nom Chérubin,
 Est, à vrai dire, un fieffé libertin
Protégé par Suzon, fille plus que rusée.
Pour l'esprit de l'ouvrage, il est chez Brid'oison.
 Mais Figaro?... Le drôle à son patron
  Si scandaleusement ressemble,
  Il est si frappant, qu'il fait peur;
Et pour voir à la fin tous les vices ensemble
Le public en chorus a demandé l'auteur.

Le trait est insultant, mais le reste de la pièce, il faut l'avouer, bien au-dessous de l'ordinaire. Beaumarchais se contenta simplement de retoucher l'épigramme et de la remanier à l'avantage de son œuvre et de sa propre personne.

Le jour de la quatrième représentation, raconte Grimm[1], on en a jeté par son ordre quelques centaines d'exemplaires des troisièmes loges dans le parterre; il avait eu soin de le garnir de tous ses amis, à qui il avait annoncé que ce jour verrait éclore la cabale la plus violente contre son innocent ouvrage. L'épigramme censée jetée par ses ennemis a été déchirée par les spectateurs, l'auteur de l'épigramme demandé à grands cris et condamné d'une voix unanime à Bicêtre.

Nous trouvons la riposte habile et aussi spirituelle que l'attaque avait su l'être peu. Beaumarchais revint plus tard, dans sa préface de la Folle Journée, *sur cette déloyale manœuvre et la flétrit comme elle le méritait. Nous pourrions,*

[1]. T. XII, p. 111.

après l'épigramme attribuée au chevalier de Langeac, en citer bien d'autres à la suite[1]*, car les attaques contre Beaumarchais se multipliaient chaque jour en même temps que grandissait le succès de* la Folle Journée. *Le président Dupaty lui ayant écrit qu'il avait à mener des personnes suspectes, une mère et sa fille, à une représentation de* Figaro, *et lui ayant demandé une loge bien cachée, Beaumarchais répondit qu'il n'avait nulle considération pour des femmes qui se permettent de voir un spectacle qu'elles jugent malhonnête. Cette réponse, que Grimm trouve impertinente, courut Paris pendant huit jours.*

D'abord, dit-il[2], on la disait adressée à M. le duc de Villequier, ensuite à M. le duc d'Aumont. Elle a été, sous cette forme, jusqu'à Versailles, où on l'a jugée comme elle méritait de l'être, d'une impertinence rare : elle a paru d'autant plus insolente que l'on n'ignorait pas que de très grandes dames avaient déclaré que si elles se déterminaient à voir le Mariage de Figaro, ce ne serait qu'en petite loge. Les plus zélés protecteurs de Beaumarchais n'avaient pas osé entreprendre de l'excuser. Après avoir joui de ce nouvel éclat de célébrité, soit qu'il le dût à ses propres soins ou à ceux de ses ennemis, M. de Beaumarchais s'est vu obligé d'annoncer publiquement que cette fameuse lettre n'a-

---

1. Une pièce, en même temps qu'au Théâtre-Français celle du *Mariage de Figaro*, attirait à l'Opéra la foule : c'était celle des *Danaïdes*. On fit alors l'épigramme suivante, rapportée par les *Mém. secrets* à la date du 14 mai 1784 :

>Pour les deux nouveautés de Paris idolâtre,
>Excitant des bravos l'incroyable fureur,
>Moi je déserterais à jamais le théâtre :
>L'une me fait pitié, l'autre me fait horreur.

La *Corr. litt. secrète* de Métra (T. XVI, p. 212) rapporte la même épigramme avec quelques variantes.

2. *Corresp. litt.*, T. XII, p. 118. La prétendue lettre de Beaumarchais est rapportée dans les *Mém. secrets* à la date du 18 juillet 1784. Elle est d'une insolence rare, et Beaumarchais avait trop d'esprit et d'expérience pour écrire quoi que ce soit de pareil.

vait jamais été écrite à un duc et pair, mais à un de ses amis dans le premier feu d'un léger mécontentement.

Quand on eut bien la preuve que la lettre incriminée avait été adressée à un magistrat, on cessa de s'indigner. Un homme de Cour était sans doute bien au-dessus d'un président au Parlement !

Au chœur des mécontents, au cortége des insulteurs qui suit toujours le triomphateur quel qu'il soit, il manquait une voix : celle de l'homme qui n'avait cessé de s'opposer à la représentation de la pièce, celle de Suard, « le plus veni-« meux des censeurs ». Elle ne resta pas longtemps silencieuse, et s'éleva bientôt injuste et mordante sans aucune mesure. Le fait est signalé par Garat dans ses Mémoires sur la vie et les écrits de Stuard[1], *dans les* Mémoires secrets, *dans la* Correspondance littéraire *de Grimm en même temps que dans les* Essais de Mémoires *sur son mari attribués à la veuve de Suard. La version donnée par ce dernier ouvrage sur le fait qui nous occupe nous paraissant plus complète, nous allons citer le passage qui s'y rapporte :*

A la réception de M. le marquis de Montesquiou[2], M. Suard, qui était directeur de l'Académie, fut chargé de lui répondre. Ce discours étant par sa nature plus rempli de mouvement eut plus de succès encore que celui de sa réception ; il renfermait aussi une satire indirecte contre la pièce de Beaumarchais. Le Prince royal de Suède, depuis Roi[3], que M. Suard avait déjà vu chez le maréchal de Beauveau, s'approcha de lui à la fin de la séance et lui dit : « Vous nous avez traités un peu vivement et

---

1. T. II, p. 296.
2. Voyez les *Mém. secrets* à la date du mardi 15 juin 1784. C'est par erreur que la *Corresp. litt.* fixe cette cérémonie à la date du 5 juin : le comte de Haga n'arriva en effet à Paris que le lundi 7.
3. Il fut roi sous le nom de Gustave III et voyageait alors sous le nom du comte de Haga. (Voyez les *Mémoires de la baronne d'Oberkirch.*)

peut-être avec raison. Mais, ajouta-t-il en riant, je suis si inaccessible à la raison que je vous quitte pour aller entendre Figaro pour la troisième fois [1]. — Beau fruit de mon sermon, mon Prince, » dit Suard [2].

Quelques jours avant l'inconvenante sortie de Suard faite en pleine Académie contre Figaro, la pièce avait causé un semblant d'émeute sur le boulevard. Le fait est rapporté comme il suit par les Mémoires secrets, *à la date du 11 juin 1784.*

Ces jours derniers, un marchand d'ariettes étant monté à la portière de deux dames qui se promenaient sur le boulevard, leur propose d'acheter des ariettes, entre autres du *Mariage de Figaro*. Deux officiers qui étaient sur le devant rejettent avec dédain ces ariettes, disant qu'ils ont vu la pièce une fois et que cela leur suffit. Un quidam passait, il s'arrête, les apostrophe et les injurie à l'occasion de leur mauvais goût de mépriser ce qui cause l'engoûment de tout Paris; les officiers, furieux, descendent pour donner des coups de canne à l'insolent qui persiste à leur reprocher leur ignorance. Grand tumulte, la garde arrive, le quidam est traduit devant le commissaire, est obligé de décliner son nom : il se trouve que c'est le portier du sieur Beaumarchais. On allait le conduire en prison, lorsque les plaignants intercèdent pour lui. Le commissaire, dont le devoir aurait été toujours de faire constituer prisonnier le délinquant, le relâche et se contente de le faire conduire sous bonne escorte chez son maître, auquel il fait enjoindre de veiller avec plus d'attention sur ses valets et d'empêcher qu'ils n'insultent les honnêtes gens.

En dépit des envieux, en dépit des attaques les plus vio-

---

1. La *Corresp. litt.* de Grimm, les *Mém.* de la baronne d'Oberkirch, mentionnent un fait curieux touchant la représentation de *la Folle Journée* à laquelle assista le comte de Haga pour la première fois. Il arriva tard, paraît-il, et le premier acte étant joué presque en entier. Le public applaudit le comte de Haga à tout rompre, et il exigea que la pièce fût recommencée, ce dont le Prince se trouva très-reconnaissant. On répéta jusqu'à l'ouverture.

2. *Essais de Mémoires sur M. Suard*. Paris, 1820, p. 133.

lentes et les plus injustes, le succès de la comédie de la Folle Journée *allait croissant et s'affermissant par les recettes les plus brillantes. En présence d'un résultat bien au-dessus de tout ce qu'il avait espéré, Beaumarchais voulut répondre à ses ennemis par une pensée aussi noble, aussi touchante, qu'avait été vile et méprisable la malveillance à laquelle il n'avait, un seul instant, cessé d'être en butte.*

Dans une lettre écrite au Journal de Paris *à la date du 12 août 1784, l'auteur de* la Folle Journée *annonçait son intention de créer en faveur des mères nourrices un Institut de bienfaisance auquel il consacrerait tout son* Figaro. « *C'est,* « *ajoutait-il, de l'argent qui m'appartient, que j'ai gagné* « *par mon labeur à travers des torrents d'injures imprimées* « *ou épistolaires.* » *Ce projet, que les ennemis de Beaumarchais qualifièrent naturellement de spéculation et de réclame, alla droit au cœur de tous et trouva chez les Comédiens-français eux-mêmes un écho charitable et désintéressé. Voici la prière que leur adressait Beaumarchais le lundi 20 septembre 1784; on verra de quelle façon ils y répondirent.*

A Messieurs les Comédiens-français.

Mesdames et Messieurs,

Si nul mariage avantageux ne se fait sans opposition, aucun aussi ne se prolonge heureusement sans qu'on en fête la quarantaine : c'est ce que je propose aujourd'hui. Vous m'avez tous félicité sur mon projet de bienfaisance en faveur des mères qui nourrissent, plusieurs d'entre vous, même, ont désiré d'y concourir; permettez que j'en offre un moyen qui vous fera beaucoup d'honneur et n'affligera que vos ennemis. Malheur à qui réjouit les siens! Le public en belle humeur nous a donné quarante-neuf bonnes représentations du *Mariage de Figaro*[1], donnons la cinquantième aux pauvres mères, et quand

---

1. Beaumarchais fait erreur sur le nombre des représentations de sa comé-

les doux fruits de leur fécondité seront ranimés par vos dons, alors ces vers d'un jeune homme plein de talent, et qui n'est pas assez connu, s'adresseront à chacun de vous :

> Rien n'échappe à ton caractère,
> Nous te voyons, au même instant,
> Prodiguer des plaisirs au père
> Et donner du lait à l'enfant [1].

Enfin tout le monde sait, et nous ne pouvons nous dissimuler que nous avons eu le malheur de scandaliser M. Suard et l'abbé Aubert. Rachetons ce triste péché par les plus riantes aumônes; annonçons nous-mêmes au public, un peu coupable aussi, que nous recevons au nom des pauvres mères ce que les spectateurs voudront bien ajouter au prix de leur place; et que Dieu bénisse nos critiques en préservant de nous les mœurs de M. Suard et de l'abbé Aubert.

J'ai l'honneur d'être, etc.

CARON DE BEAUMARCHAIS.

Les Comédiens-français répondirent dès le lendemain par la lettre suivante à cette charitable invitation :

A. M. DE BEAUMARCHAIS.

21 septembre 1784.

Monsieur,

Vous n'avez pu douter que nous n'acceptassions avec grand plaisir le projet de contribuer à un acte de bienfaisance. En conséquence le produit de la cinquantième représentation du

---

die. A la date du lundi 20 sept. 1784, *le Mariage de Figaro* avait été joué quarante-six fois.

1. Nous n'avons pu retrouver l'auteur de ce quatrain qui nous semble, contrairement à l'opinion de Beaumarchais, des plus plats. Il est sans doute de quelque flatteur illettré et peut prendre place à côté des poésies citées plus haut.

Mariage de Figaro sera versé dans la caisse que vous destinez au soulagement des mères qui nourrissent.

Nous avons l'honneur d'être, Monsieur[1], etc.

Florence, Dazincourt,
Semainiers.

Cette cinquantième représentation de la Folle Journée, *donnée au bénéfice de l'œuvre patronnée par Beaumarchais, eut lieu le samedi 2 octobre 1784 ; la recette, dont le total est contrôlé dans les registres de la Comédie française par le sieur Vanhove, fut de 6,397 livres 2 sous*[2]. *Une particularité curieuse se rattache à cette représentation, et ce sont les* Mémoires secrets *qui nous la font connaître. On y lit ce qui suit à la date du 3 octobre 1784 :*

Hier il s'est trouvé à la cinquantième représentation du *Mariage de Figaro* presque autant de monde qu'à la première. L'auteur y avait ajouté en effet quelques couplets relatifs à la circonstance, d'une grande platitude, ce qui n'a pas empêché qu'on ne les applaudît avec transport et qu'on ne criât *bis*.

En criant bis, *le public montrait plus de goût et surtout d'indulgence que ne le font les* Mémoires secrets. *Des couplets improvisés à la hâte ne pouvaient pas être, on le pense bien, une œuvre irréprochable. Il n'en était pas besoin d'ailleurs, et la pensée qu'avait eue l'auteur de la* Folle Journée *suffisait amplement pour lui concilier l'approbation unanime de tous les gens de cœur. Nous trouvons les couplets en question cités dans les* Mémoires secrets *à la date du 4 octobre 1784.*

---

1. Cette lettre et celle qui la précède se trouvent au T. VII (2ᵉ série) de la *Revue rétrospective*, p. 465 et 466.
2. Cette générosité, dit Métra, de part et d'autre est bien louable, sans être fort dangereuse pour les circonstances. (T. XVII, p. 51.)

Après le premier couplet chanté du vaudeville ordinaire, Suzanne et le sieur Figaro se sont fait des mines, et la première a commencé sur le même air, en s'adressant au public :

> Pour les jeux de notre scène
> Ce beau jour n'est point fêté ;
> Le motif qui nous ramène,
> C'est la douce humanité.
> Mais quand notre cinquantaine
> Au bienfait sert de moyen,
> Le plaisir n'y gâte rien.

Ensuite Figaro a chanté :

> Nous, heureux cinquantenaires
> D'un hymen si fortuné,
> Rapprochons du sein des mères
> L'enfant presqu'abandonné.
> Faut-il un exemple aux pères ?
> Tout autant qu'il m'en naîtra,
> Ma Suzon les nourrira.

Suzanne a repris :

> Mon ami, je ne sais guère
> Quel devoir sera plus doux :
> Comme épouse et comme mère
> Mon cœur les remplira tous.
> Entre l'enfant et le père
> Je partagerai l'amour,
> Et chacun aura son tour.

Enfin l'on a invité Brid'Oison à donner du sien. Il a fait plusieurs charges, puis il a bien voulu déclarer son avis en cette matière :

> Que d'plaisir on trouve à rire,
> Quand on n'voit de mal à rien !
> Que d'bonheur on trouve à se dire :
> L'on m'amuse et j'fais du bien !
> Que d'belles choses on peut écrire
> Contre tant d'joyeux ébats,
> Nos criti....iques n'y manq'ront pas !

*Brid'Oison prévoyait juste, et bientôt l'épigramme sui-
vante*[1] *vint s'ajouter à toutes celles qui couraient déjà sur
Beaumarchais :*

> Rien de bon ne vient des méchants,
> Leurs bienfaits sont imaginaires :
> Tel Beaumarchais, à nos dépens,
> Fait des charités meurtrières.
> Il paie un lait aux enfants
> Et donne du poison aux mères!

*Malgré les railleries calomnieuses qui vinrent l'assaillir
en cette circonstance, Beaumarchais ne cessa de s'employer,
et de toutes les forces de sa prodigieuse activité, à cette
œuvre charitable dont il avait eu la louable initiative. Le
15 décembre 1787*[2], *il faisait de nouveau appel à la générosité des Comédiens-français en faveur de la ville de
Lyon, qui, la première et la seule encore à cette époque,
possédait un Institut en faveur des pauvres mères nourrices.
Trois années plus tard, en avril 1790, il envoyait 6,000 livres à cet établissement, et recevait dans une lettre citée
par M. de Loménie*[3] *les remercîments des plus respectables
et des plus considérables habitants de la ville.*

*En attendant qu'une attaque plus sérieuse vînt priver
tout à coup de sa liberté l'auteur de* la Folle Journée, *les
épigrammes et les critiques contre son œuvre allaient leur
cours, montrant ainsi bien au vif la futilité et le peu de sérieux de cette époque qui aimait à dépenser son esprit,
quand elle en avait, en quatrains acérés ou en triolets ga-
lants. Comme on se plaignait du cours régulier qu'avaient
les représentations de* Figaro *et qu'elles ne semblaient pas*

---

1. *Mém. sec.,* 12 oct. 1784.
2. *Œuvres de Beaumarchais,* édit. de 1809, T. VII, p. 58.
3. T. II, p. 363.

devoir se terminer de sitôt, ces récriminations firent naître la boutade suivante :

> Pourquoi crier tant haro
> Sur l'éternel Figaro ?
> Chez nous la *Folle Journée*
> Doit être au moins d'une année[1].

Un mois environ après que ce quatrain eut couru les coulisses et les ruelles, la comédie de la Folle Journée *avait maille à partir avec un nouvel ennemi, le clergé. Le souvenir de cette particularité vraiment piquante et peu connue nous a été conservé par ce passage des Mémoires secrets*[2].

Le mandement de Mgr l'Archevêque de Paris pour permettre l'usage des œufs dans le carême étant d'usage et de style en quelque sorte n'avait pas d'abord attiré la curiosité; mais il devient très recherché, aujourd'hui qu'on est instruit qu'il contient des détails fort intéressants sur diverses choses, telles que les courtisanes, les mauvais livres, les spectacles des boulevards, *le Mariage de Figaro*, désigné à ne pouvoir s'y méprendre...

Beaumarchais se vengea de cette attaque de la seule manière qu'il fallait. A ces bizarres récriminations qui n'étaient pas beaucoup à leur place, il faut en convenir, dans un mandement de carême, il riposta, le fait est certain[3], *par une longue chanson*[4] *de laquelle nous citerons seulement ce couplet :*

> Sur Figaro, sur l'Opéra,
> Et cœtera,
> L'on voit des conseils tous neufs
> A propos d'œufs.

---

1. *Mém. sec.*, 26 janv. 1785.
2. Voyez les *Mém. sec.* à la date du 18 fév. 1785.
3. *Œuvres de Beaumarchais*, éd. de 1809, T. VII, p. 154.
4. *Œuvres de Beaumarchais*, éd. de 1809, T. VII, p. 200. *Mém. sec.*, à la date du 26 fév. 1785.

La chanson ne fut pas du goût de l'Archevêque, qui se plaignit au Roi d'avoir été gravement offensé par Beaumarchais. S'il se reconnaissait le droit d'attaquer, le prélat n'admettait en aucune façon, on le voit, la liberté des représailles. Louis XVI fit faire une enquête afin de connaître d'une manière positive l'auteur de la chanson, et pour donner satisfaction à celui qui se prétendait outragé. Interrogé par le lieutenant général de police, Beaumarchais crut prudent de nier. Le chevalier de Coigny se mit en avant pour le disculper, et déclara être l'auteur de la plaisanterie incriminée[1]. *Ce trait lui fait assurément honneur. On va voir que, contrairement à l'opinion émise par Brid'Oison, toutes les attaques dirigées contre Beaumarchais avec une animosité sans trêve ne devaient pas, comme la dernière que nous venons de citer, se terminer « par des chansons. » De nouvelles épreuves attendaient l'auteur de la Folle Journée, qui allaient le frapper dans ce que tout homme a de plus cher, dans sa propre liberté. Suard, l'ennemi le plus acharné de Beaumarchais, allait de nouveau entamer les hostilités et lui porter des coups d'autant plus terribles que, l'attaque étant anonyme, la défense devenait par cela même impossible.*

Protégé par le garde des sceaux, M. de Miromesnil, Suard était entré au Journal de Paris[2], *le seul qui paraissait alors tous les jours, à la fois comme censeur, copropriétaire et rédacteur du journal. Excité, paraît-il, et il n'en était nul besoin car il haïssait Beaumarchais, par le duc de Villequier, Suard profita de sa nouvelle situation pour faire dans son journal une guerre sans fin à l'auteur*

---

1. Mém. sec., 6 mars 1785.
2 Voici ce qu'écrit sa veuve à ce propos : « 12,000 livres de rente de plus vinrent mettre M. Suard dans une grande aisance. Il prit un cabriolet dans lequel il se transportait, après avoir rempli les devoirs de ses places, à la jolie maison qu'il m'avait donnée. » P. 137 et 138.

d'une comédie qui avait l'insolence d'attirer la foule après qu'il l'avait déclarée inconvenante et obscène[1]. Le résultat de la lutte devait être fatal à Beaumarchais. Fatigué de tant de grossièretés anonymes et voulant enfin y mettre un terme, il écrivit, le 2 mars 1785, une lettre très-digne, très-spirituelle, aux auteurs du Journal de Paris, très-modérée aussi pour peu que l'on compare cette réponse[2] aux violences calomnieuses de l'attaque. Toutefois, et pour son malheur, il s'y glissa une certaine phrase qui allait être le signal de nouvelles persécutions. « *Pourtant, Messieurs, di-« sait-il dans sa lettre, quel est votre objet en publiant de « telles sottises ? Quand j'ai dû vaincre lions et tigres pour « faire jouer une comédie, pensez-vous, après son succès, « me réduire, ainsi qu'une servante hollandaise*[3], *à battre « l'osier tous les matins sur l'insecte vil de la nuit ?* »

« Lions et tigres ! » *Cette expression devait coûter cher à l'imprudent, à l'irréfléchi qui avait osé s'en servir. Une voix s'éleva aussitôt, celle de Suard, qui déclara que par ces deux mots Beaumarchais avait désigné, à n'en pas douter, le Roi et la Reine de France. « L'insecte vil de la nuit »* trahissait *amplement l'irréconciliable ennemi de Beaumarchais, mais Suard négligea ce détail personnel, s'adonnant tout entier au soin de venger le Roi, et surtout à l'âpre plaisir de persécuter un homme dont le succès lui était insupportable.*

Le 8 mars 1785 le bruit se répandit, sans se confirmer, que Beaumarchais avait été enfermé quelques jours aupa-

---

1. Voir, pour les détails de cette polémique, les *Mémoires secrets* à la date du 12 mars 1785, et aussi la *Corres. litt.* de Grimm, T. XII, p. 290 et suivantes.

2. Cette lettre se trouve dans le numéro du lundi 7 mars 1785 du *Journal de Paris*, p. 272, première colonne.

3. Grimm prétend que certain honnête Hollandais, lisant au café cet article de journal, s'écria que l'auteur en avait menti et qu'il manquait très-indûment de respect à la propreté hollandaise.

ravant. La nouvelle devait être vraie le lendemain. Le 9 mars, en effet, il fut avéré que dans la nuit du lundi au mardi[1] le commissaire Chenon père s'était transporté chez Beaumarchais et lui avait notifié un ordre du Roi par lequel il devait être conduit à Saint-Lazare. La chose avait été exécutée sur-le-champ et avec une forte escorte[2]. Au dire de Pierre Manuel[3], qui fut administrateur de la police en 1789, cette arrestation était tout à fait illégale, l'ordre du Roi n'en étant réellement arrivé à M. Lenoir que le 12 mars, par l'entremise du baron de Breteuil. Quoi qu'il en soit, c'est à Saint-Lazare, c'est-à-dire dans la prison des jeunes dépravés, que fut mis par ordre du Roi Louis XVI un homme de lettres, un banquier, un commerçant notable âgé de cinquante-trois ans. C'était pousser trop loin une injuste vengeance que de joindre à bien d'autres, trop facilement tolérés, ce dernier outrage. S'il faut en croire les Souvenirs d'un sexagénaire[4], ce fut même sans quitter la table de jeu à laquelle il était assis, que le Roi, pour comble d'insolence et d'injustice[5], écrivit sur un sept de pique l'ordre d'arrêter immédiatement l'auteur du Mariage de Figaro. Il nous répugne d'ajouter foi à ce souvenir de M. Arnault, et de croire que ce fut vraiment de cette façon qu'un Roi de France,

1. Si le fait est positivement exact, il est à remarquer que les représailles ne se firent pas longtemps attendre. La lettre de Beaumarchais paraît le matin et il est emprisonné le soir même. Quand on l'arrêta, il était, paraît-il, à souper avec quelques amis. Il parvint à les éloigner en leur disant qu'il venait de recevoir une lettre qui l'obligeait de se rendre sur-le-champ à Versailles. (*Mém. secrets*, 11 mars 1785.)

2. *Mém sec.*, à la date du 9 mars 1785.

3. *La Police de Paris dévoilée*, T. I, p. 189.

4. *Souvenirs d'un sexagénaire*, par A. V. Arnault de l'Académie française. 4 vol. in-8º, Paris, Dufey, 1833. Voyez au T. Iᵉʳ, p. 126 et suiv.

5. Louis XVI en voulait aussi beaucoup à la bourse de Beaumarchais. Non content de lui faire payer les frais de la représentation avortée des Menus-Plaisirs, il le fit enfermer à Saint-Lazare pour économiser les deniers de l'État. Métra nous apprend, en effet, que les personnes qui y étaient enfermées devaient encore s'y entretenir à leurs frais. (*Corr. litt. sec.*, note de la p. 393 du T. XVII.)

*oublieux de toute légalité, de toute dignité, traita un homme
qui avait été mêlé aux affaires du pays et qui n'avait, après
tout, commis d'autre faute que celle de riposter, dans les
termes les plus admis de la polémique, à des attaques anonymes qui mettaient odieusement en suspicion son honneur et
sa bonne foi. Qu'on ne s'imagine pas que la disgrâce qui était
venue si cruellement frapper Beaumarchais devait enfin
fermer la bouche à ses ennemis. Il n'en fut rien. Les épigrammes, les quatrains, les satires, continuèrent le feu roulant de plaisanteries pour le moins lâches et déplacées en pareille circonstance. On s'acharna de plus belle sur celui qui
ne pouvait même plus se défendre, et, comme la vengeance
dont il était victime n'était sans doute pas assez ridicule, on
fit tout pour la rendre plus grotesque encore. Nous trouvons
dans les manuscrits de Londres*[1], *conservés aux Archives
de la Comédie-française, la chanson suivante, reproduite
par Grimm*[2], *et qu'on peut lire aussi dans les* Mémoires
secrets *à la date du* 19 *mars* 1785.

BEAUMARCHAIS PUNI

ou

PARODIE DU VAUDEVILLE DE FIGARO,

CONTRE M. DE BEAUMARCHAIS,

A L'OCCASION DE SA RETRAITE A SAINT-LAZARE.

I.

Cœurs sensibles, cœurs fidèles,
Par Beaumarchais offensés,

---

1. T. Ier.
2. *Corresp. litt.*, T. XII, p. 301. Cette chanson se retrouve aussi dans la *Corresp. litt. sec.* de Métra, avec une autre, non moins méchante, composée sur l'air : *Que le sultan Saladin.* (T. XVII, p. 419 et 430.)

Calmez vos plaintes cruelles,
Les vices sont terrassés.
Cet auteur n'a plus les ailes
Qui le faisaient voltiger :
Son triomphe fut léger . . . . . . *Bis.*

II.

Oui, ce docteur admirable,
Qui fut léger, important,
Devient aujourd'hui traitable.
Il a l'air d'un penitent.
Il fait l'amende honorable
Qu'il devait à l'univers,
Pour sa prose et pour ses vers. *Bis.*

III.

Le public, qui toujours glose,
Dit qu'il n'est plus insolent
Depuis qu'il reçoit la dose
D'un vigoureux Flagellant
De cette métamorphose
Vous dirai-je le pourquoi?
Les plus forts lui font la loi . . *Bis.*

IV.

Un Lazariste inflexible,
Ennemi de tout repos,
Prend un instrument terrible
Et l'exerce sur son dos.
Caron est anéanti;
Paveant male nati! . . . . *Bis.*

V.

Goëzman, ce gozier d'autruche,
Au lieu de crier : Holà !...
Crie au patient qui trébuche
Le proverbe qu'il chanta :

Tant à l'eau, tant va la cruche,
Qu'enfin elle reste là :
Amis, notez bien cela . . . . . *Bis.*

VI.

Quoi, c'est vous, mon pauvre père,
Dit Figaro ricanant,
Qu'avec grands coups d'etrivière
On punit comme un enfant?
Cela vous met en lumière
Que tel qui rit le lundi
Pleurera le mercredi . . . . . . *Bis.*

VII.

Brid'oison, qui voit la fête,
En paraît tout satisfait.
Ah! dit-il, branlant la tête,
Comme un sot il me jugeait ;
Mais, si je suis une bête,
Avec son esprit, ma foi,
Le voilà plus sot que moi . . *Bis.*

VIII.

Or, messieurs, la Tragédie
Qu'il vous donne en ce moment
Va réprimer la manie
De cet auteur impudent.
On l'étrille, il peste, il crie,
Il s'agite en cent façons.
Plaignons-le par des chansons. *Bis.*

Un ami de Beaumarchais, Fleurot de Melun, répondit[1] *à ces couplets satiriques par d'autres écrits dans le même ton et sous ce titre :*

1. Ce fait est resté inconnu jusqu'à ce jour.

M. DE BEAUMARCHAIS VENGÉ

ou

PARODIE DE LA PARODIE DU VAUDEVILLE DE FIGARO,

Pour M. de Beaumarchais,

A L'OCCASION DE SA RETRAITE A SAINT-LAZARE.

Cette réponse, qu'il est inutile de citer tout entière, se termine ainsi :

> Or, messieurs, la Rapsodie
> Que j'attaque en ce moment,
> Va réprimer la manie
> De son auteur bourdonnant.
> Mais si Caron peste et crie,
> S'il s'agite en cent façons,
> Ce n'est pas pour vos chansons [1].

Aux attaques comme celle que nous avons citée plus haut s'en joignirent d'autres qu'on trouva, paraît-il, fort plaisantes et dont on a peine à s'expliquer la tolérance. Il fallait que la haine contre Beaumarchais fût bien vive et surtout bien répandue, pour que l'acharnement contre sa personne devînt à un tel point général. Les Mémoires secrets, qui recueillent avec un soin scrupuleux toutes les mésaventures survenues à Beaumarchais, nous apprennent encore qu'on fit courir, à l'occasion de sa retraite à Saint-Lazare, les caricatures les plus ignobles. On le représentait entre les jambes d'un Lazariste, le martinet levé sur son postérieur à découvert; à côté, dans un fauteuil, se tenait assise une belle dame magnifiquement vê-

---

1. *Mss. de Londres, Arch. de la Com.-franç.* Beaumarchais, s'il rencontra beaucoup d'ennemis, trouva aussi des défenseurs. Métra (T. XVI, p. 267) parle, pour le dénigrer d'ailleurs, du livre d'un certain *Saunier* paru sous ce titre : *La Justification du Mariage de Figaro.*

tue, la comtesse Almaviva, les yeux fixés sur le patient[1], *et souriant ; plus loin et debout, était le petit page, les yeux levés au Ciel et semblant gémir de l'infortune de son défenseur et de son maître. La caricature portait cette légende :* Tant va la cruche à l'eau qu'à la fin elle s'emplit.

Le doute, de cette manière, n'était plus possible.

Cependant la captivité de Beaumarchais ne fut pas de longue durée. Entré à Saint-Lazare dans la nuit du lundi 7 mars, il en ressortit dans la nuit du dimanche au lundi qui suivit. Le Roi oubliait en cette circonstance l'axiome favori de l'auteur de la Folle Journée : « *Ce qui est bon à prendre est bon à garder.* » *Grimm donne à la brièveté de cette séquestration une raison bizarre et qui nous semble peu admissible.* « On a prétendu, dit-il, qu'un des motifs qui a fait « hâter sa sortie a été la crainte que le ridicule des chansons « et des sarcasmes où on le traitait, par dérision, de cheva- « lier de Saint-Lazare, ne finît par compromettre, plus ou « moins, la dignité d'un ordre dont Monsieur a relevé la « gloire et auquel, par là-même, il prend un intérêt tout « particulier[2]. » *Beaumarchais, paraît-il*[3], *refusa tout d'abord de sortir de prison. Il exigeait énergiquement qu'on lui rendît raison de sa captivité. Néanmoins, cédant aux instances du commissaire qui venait lui annoncer sa délivrance et qui se trouvait être de ses amis, il se laissa ramener chez lui. Il y trouva sa fille Eugénie fondant en larmes, ses domestiques dans l'attendrissement le plus vif, et,* ajoutent les Mémoires secrets, *soucieux on le voit de ne négliger rien,* Mlle *de Villers*[4], *sa maîtresse, qui se précipita à*

---

1. Nous omettons à dessein ici une expression un peu sans gêne que le lecteur saisira facilement.
2. *Corresp. litt.*, T. XII, note de la p. 294.
3. *Mém. sec.*, 20 mars 1785.
4. Nous n'avons pu trouver aucun détail sur cette demoiselle introduite ainsi, de par les *Mém. sec.*, dans la famille même de Beaumarchais. Le

ses genoux. Après l'amour, la reconnaissance eut ses droits, en même temps que se confirmait chez Beaumarchais la ferme résolution d'obtenir justice. Il remercia dans les termes suivants le Vice-Roi de toutes les maisons de force du Royaume[1] *:*

Monsieur,

Malgré la résolution que j'avais prise de rester dans ma prison jusqu'à ce que j'eusse obtenu du Roi la permission de mettre à ses pieds les preuves de mon innocence; après avoir résisté aux pleurs et aux larmes de ma famille à genoux auprès de mon lit, j'ai cédé à ce fort argument de M. le commissaire Chenu, que je devais à l'ordre de quitter ma prison autant de respect que j'avais montré de soumission à celui de venir m'y renfermer; que si la retraite me paraissait une suite nécessaire de ma disgrâce, je pouvais aussi bien garder ma chambre en ma maison jusqu'à ce qu'il plût au Roi d'admettre mes justifications. J'ai donc respectueusement obéi, Monsieur, au second ordre comme au premier. Je suis rentré chez moi, mais dans mon opinion je n'ai fait que changer de prison. Accusé d'un crime de lèse-majesté, je ne me consolerai pas que le Roi m'ait cru capable et coupable de l'exécrable folie d'avoir voulu lui manquer de respect. Je viens de vendre à l'instant mes chevaux, et la résolution de la plus profonde retraite est la seule chose qui m'empêche d'aller moi-même vous renouveller l'assurance du très-respectueux dévouement, etc.

CARON DE BEAUMARCHAIS.

A peine Beaumarchais fut-il hors de prison que, par un revirement soudain de l'opinion publique, il passa presque à l'état de martyr. Les preuves de sympathie vinrent l'assaillir avec autant d'acharnement que peu de jours aupara-

---

Journal des Inspecteurs, de M. de Sartines, nous a conservé toutefois les noms de deux maîtresses de Beaumarchais; c'étaient : mesdemoiselles Lacroix, de l'Opéra (déc. 1761), et Lacour, du même théâtre (mars 1762).

1. P. Manuel. *La Police de Paris dévoilée*, T. Ier, p. 190.

vant les quolibets et les caricatures. Le lendemain de son élargissement on pouvait voir à sa porte une file de plus de cent carrosses « qui venaient le féliciter[1] *». Certain d'obtenir justice, confiant dans son indomptable énergie, l'auteur de la* Folle Journée *mit religieusement à exécution la promesse qu'il avait faite au Vice-Roi des maisons de force. Il vendit ses chevaux*[2] *pour s'ôter tout prétexte de sortir de chez lui, et garda, comme il l'avait annoncé, les arrêts dans sa propre maison. Quand le Roi eut connaissance de l'étrange mais inébranlable résolution de Beaumarchais, il sourit en disant : « Il fait très-bien, il se juge et se punit lui-même*[3]*. »*

Renfermé chez lui, Beaumarchais rédigea un long mémoire au Roi[4]*, dont le brouillon se trouve aux Archives de la Comédie-française parmi les* Manuscrits de Londres. *Dans ce mémoire, dont nous ne donnerons que l'analyse, l'auteur du* Mariage de Figaro *explique minutieusement ce qu'il a fait.*

Il y a été, pour ainsi dire, contraint ; il se disculpe. Il invoque le témoignage du Ministre, le baron de Breteuil, qui affirmera qu'il n'a pas voulu offenser le Roi, dont il a tant besoin. Heureusement, dit-il, que dans la préface de sa comédie il explique quels sont les lions et les tigres dont il a voulu parler. Il rappelle qu'à la cinquième représentation de sa pièce on a fait imprimer et jeter dans la salle une épigramme affreuse où il était

---

1. *Mém. sec.*, 18 mars 1785.
2. *Mém. sec.*, 23 mars 1785.
3. *Mém. sec.*, 25 mars 1785.
4. Il forme quinze pages grand in-8°. Le comte d'Artois, paraît-il, ne partageait pas du tout les idées d'injuste rigueur de Louis XVI. « Sire, disait-il « au Roi, vos sujets seront toujours prêts à faire à Votre Majesté le sacrifice « de leurs biens et de leur vie ; vous avez sur eux la puissance que vous « donne le rang suprême, mais elle ne s'étend point sur leur honneur, et vous « avez flétri celui de Beaumarchais. — Eh ! reprit le Roi avec vivacité, que « veut-on que j'y fasse ? Ne faudrait-il pas que j'allasse lui demander excuse ? » (*Corr. litt. sec.* de Métra, T. XVIII, p. 90.)

traité de scélérat. Il demande qu'on examine sa conduite. Il implore la clémence du Roi.

Désirant que sa justification fût connue de tous et appuyée par les plus puissants de ses protecteurs ; encouragé par l'approbation de la comtesse de Boufflers et de la comtesse Amélie, Beaumarchais fit parvenir au Roi de Suède son mémoire à Louis XVI en même temps qu'il lui envoyait la belle édition du Mariage de Figaro [1]. *La lettre suivante accompagnait cet envoi, et c'est encore dans les précieux* Manuscrits de Londres *qu'il nous a été donné de la découvrir :*

Après avoir généreusement défendu, protégé cette *Folle Journée*, qui depuis m'en a causé de si tristes, daignerez-vous, Sire, en accepter un exemplaire, plus digne de votre bibliothèque que celui que mon meilleur ami vous a présenté de ma part. Accoutumé à juger sainement de tout, Votre Majesté ne sera pas surprise que je sois forcé de saisir l'instant le moins heureux de ma vie pour mettre à ses pieds l'ouvrage le plus enjoué de ma plume. La douleur, Sire, est formée de la joie et la gaîté même a produit l'amertume. Si Votre Majesté se rappelle tout le mal qu'on avait dit de *la Folle Journée* à nos maîtres, elle se souviendra aussi que c'était presque un crime à la Cour que de justifier cette pièce, et ma préface, qui prétend à l'honneur dangereux de le faire, a donné plus d'humeur, s'il se peut, que la comédie elle-même. Sitôt qu'on l'a connue, Sire, nos ennemis ont calculé que, s'ils pouvaient seulement tromper le Roi, l'irriter bien fort contre moi en tordant l'expression d'une lettre insérée dans le *Journal de Paris*, ils obtiendraient l'anéantissement de la pièce et de la préface. Ils se sont trompés, Sire, en un seul point. La proscription qu'ils appelaient sur mon ouvrage n'a foudroyé que ma personne, et, par une suite de la bizarrerie attachée à cette production, la pièce a continué d'avoir un libre cours pendant qu'on arrêtait l'auteur [2].

1. Voyez plus loin, sur cette édition, le chapitre V, consacré à la Bibliographie.
2. Cela est inexact. Voyez la note 2 de la page LX.

Beaumarchais terminait cette lettre :

En suppliant le Roi de n'avoir point de lui une fâcheuse impression et en le conjurant d'accepter l'hommage de son mémoire, grâce auquel le Roi lui rendrait peut-être justice. Encouragé par la comtesse de Boufflers et la comtesse Amélie à persister dans sa résolution de demeurer prisonnier chez lui, il espérait qu'à Stockholm il trouverait d'autres suffrages.

Malgré de puissantes protections, malgré les efforts du marquis de Ximenès auquel il s'était aussi adressé, Beaumarchais, captif volontaire, voyait les jours se succéder et ses réclamations les plus pressantes demeurer inutiles. Les propos malveillants, au contraire, allaient leur train : on insinuait qu'avant la fin de l'année l'auteur du Mariage de Figaro *serait forcé de quitter Paris, et que ce n'était déjà plus de son plein gré qu'il demeurait chez lui prisonnier*[1]. *Ces bruits, on va le voir, n'avaient rien de fondé.*

Dans les premiers jours de juin, le baron de Breteuil fut chargé par le Roi d'arranger l'affaire et d'offrir à Beaumarchais, en manière de dédommagement, le cordon de Saint-Michel. Celui-ci refusa, disant qu'il avait des charges qui donnaient la noblesse; que cette décoration, trop commune et réservée aux artistes[2], *ne servirait qu'à lui attirer de mauvaises plaisanteries. Il persista en même temps à réclamer une pension sur la cassette du Roi*[3]. *Cette tentative avortée fut bientôt suivie de la réhabilitation complète de Beaumarchais, qui, cette fois encore, dut à la persévérance de ses réso-*

---

1. *Mém. sec.*, 20 avril 1785.
2. L'ordre de Saint-Michel, fondé en 1469 par Louis XI, devint dans la suite si commun qu'on finit par le qualifier sous Charles IX de *Collier à toutes bêtes*. Louis XIV essaya en vain de le relever; il tomba peu à peu en discrédit et finit par disparaître entièrement en 1830, après les journées de Juillet.
3. *Mém. sec.*, 7 juin 1785.

lutions un éclatant succès. M. de Calonne, peu de temps après, en effet, écrivit sur l'ordre du Roi une lettre des plus flatteuses à l'auteur de la Folle Journée *et le complimenta, paraît-il, très-fort de la justice et de la modération avec lesquelles il avait écrit son mémoire justificatif*[1]. *Une pension de cent livres fut en outre accordée à Beaumarchais par Louis XVI sur sa cassette particulière. Interrompues depuis six mois, les représentations du Mariage de Figaro reprirent leur cours. La soixante-quatorzième*[2], *donnée le mercredi 17 août 1785*[3], *fut pour son auteur, qui venait de reconquérir l'estime générale, un véritable triomphe. Presque tous les Ministres y assistèrent, donnant ainsi à l'injuste et infâme captivité subie par Beaumarchais une réparation publique. Certains passages, certains traits, servirent aux applications les plus flatteuses, et cette phrase du monologue de Figaro :* « *Ne pouvant avilir l'esprit, on se venge en le maltraitant* », *devenant à l'instant de circonstance, fut applaudie avec une affectation des plus marquées. Grimm a raison d'employer ce mot* « *d'affectation* », *car cette époque changeante à l'excès ne sut jamais être véritablement elle-même. Elle empruntait au moment, à la mode, aux circonstances, ses sentiments et ses*

---

1. Grimm, *Corr. litt.*, T. XII, p. 418.
2. Grimm prétend à tort que cette représentation est la soixante-douzième, puisque celle-ci avait été donnée le 6 février 1785. M. de Loménie, de son côté, fait erreur en disant que cette représentation de *la Folle Journée* eut lieu après la sortie de Beaumarchais de la prison de Saint-Lazare. La soixante-treizième représentation de *la Folle Journée* fut donnée le vendredi 11 février 1785, et, entre elle et la soixante-quatorzième, il s'écoula six mois (Voyez les *Mém. sec.*, à la date du 16 avril 1785), pendant lesquels la comédie de Beaumarchais ne fut pas jouée une seule fois. Si elle l'avait été, et dans les conditions que nous rapportons, Beaumarchais ne se serait pas enfermé chez lui, volontairement, pendant des mois. Cette satisfaction éclatante lui aurait amplement suffi.
3. Un mois environ auparavant, les comédiens du théâtre de Bordeaux, ayant voulu représenter la comédie de Beaumarchais, le parlement s'y était énergiquement opposé. Jouée à Paris, la pièce était défendue en province : quelle logique! Le fait nous est révélé par les *Mém. sec.* à la date du 3 août 1785.

convictions; elle adorait subitement avec fureur les choses ou les gens que peu de jours auparavant elle avait couverts du plus sanglant mépris et poursuivis de la haine la plus inexplicable.

Deux jours après la reprise de la Folle Journée, *le Roi Louis XVI, reconnaissant qu'il avait eu tort de traiter avec autant de légèreté et d'injustice un homme de la valeur de Beaumarchais*[1]*, consentait à une représentation que l'on peut dire unique du* Barbier de Séville *sur la scène du Petit-Trianon, et accordait à l'auteur la faveur d'y assister. Secondée par les plus grands seigneurs et par les plus hautes dames de son entourage, la Reine Marie-Antoinette jouait dans cette représentation mémorable le rôle de Rosine. L'acteur Dazincourt avait été chargé de diriger et d'instruire cette troupe quasi royale, dont le succès fut immense, si nous devons en croire la* Correspondance littéraire *de Grimm. On y lit en effet ce qui suit*[2] : « *Le* « *petit nombre de spectateurs admis à cette représenta-* « *tion y a trouvé un accord, un ensemble qu'il est bien* « *rare de voir dans les pièces jouées par des acteurs de* « *société*[3]. *On a remarqué surtout que la Reine avait ré-* « *pandu dans la scène du quatrième acte une grâce et une* « *vérité qui n'auraient pu manquer de faire applaudir avec* « *transport l'actrice même la plus obscure.* »

Grimm ajoute qu'il tient ces détails d'un juge sévère et

---

1. Un mauvais plaisant, plus irréconciliable que le Roi, trouvait encore moyen, au mois de février 1787, de revenir sur un triste passé et d'insulter Beaumarchais en l'élevant par dérision au titre de gouverneur spécial de Saint-Lazare. *Mém. sec.*, 11 février 1787.

2. T. XII, p. 419.

3. Ce n'était pas la première fois qu'une comédie de Beaumarchais avait des interprètes si haut placés. On lit en effet ce qui suit dans la *Corr. litt. sec.* de Métra : « Le prince de Galles, ayant désiré voir jouer en français le « *Mariage de Figaro*, Molé et Mlle Contat sont partis pour Londres. Ils « représenteront la pièce sur un théâtre particulier, avec des personnes de la « Cour de Son Altesse Royale. » (Mars 1785, T. XVII, p. 395.)

délicat qu'aucune prévention de Cour n'aveugla jamais sur rien; ce qui équivaudrait à dire d'un courtisan impartial. Rara avis!

IV

LA COMÉDIE DE LA FOLLE JOURNÉE ET LA CRITIQUE.

Tous les écrivains qui se sont occupés de critique théâtrale ont consacré, pour ainsi dire sans exception, quelques lignes à l'œuvre de Beaumarchais. Les uns l'ont étudiée superficiellement, d'autres l'ont examinée à fond : il n'en est pas un seul qui ait négligé ou cru inutile d'en parler.

Nous allons rappeler ce qui a été dit sur la comédie de la Folle Journée *de plus important et de plus curieux. Les jugements que nous citerons se distingueront en même temps par des éloges outrés et par des attaques exagérées; la mesure y fera presque toujours défaut. Il en devait être ainsi avec un homme comme Beaumarchais; il plaisait sans réserve ou inspirait une répulsion sans bornes. Cette exagération d'appréciation a été et sera toujours dans la destinée des hommes supérieurs.*

Le Mercure de France, la feuille officielle de l'époque, se fait remarquer par des louanges complètes que ne vient ternir aucune réticence. La critique indulgente était-elle déjà, comme de nos jours, l'apanage des journaux officieux?

Cette comédie, extrêmement gaie et attachante, paraît être la production d'un esprit souple, qui a vu tour à tour ce qu'il a observé avec le coup d'œil épigrammatique de Rabelais...

... Au total, une conception telle que celle de *la Folle Journée* annonce de l'esprit, de la gaîté, de la raison, de la philosophie, du talent, et une tête bien organisée[1].

---

1. *Mercure de France*, 1784, mois de mai, p. 91 et suivantes.

Le Jugement des Mémoires secrets *contraste singulièrement avec celui du* Mercure.

... La pièce, bien inférieure encore au *Barbier de Séville*, n'a pas éprouvé, à beaucoup près, les mêmes contrariétés; on ne serait pas surpris qu'à la faveur surtout des accessoires, du chant, de la danse, des décorations, de la satire vive, des obscénités, des flagorneries pour le parterre, dont cette nouvelle facétie comique est mêlée, elle allât loin et eût beaucoup de représentations [1]. . . . .

En un mot, dans cette pièce, tenant beaucoup de la vieille comédie bouffonne et non gaie, satirique et non critique, où l'on prêche le vice, loin de chercher à en corriger, le poëte paraît avoir eu pour but véritable d'insulter à la fois au goût, à la raison, à l'honnêteté publique, et en cela il a parfaitement réussi [2].

L'appréciation de Grimm est assurément la plus juste, la plus vraie qui ait été faite de la comédie de Beaumarchais; il est à regretter toutefois pour lui-même qu'il n'ait pu se dispenser, en la terminant, de la réflexion aigre-douce par laquelle il conclut.

Le *Mariage de Figaro* a eu dès la première représentation un succès prodigieux. Ce succès, qui se soutiendra longtemps, est dû principalement à la conception même de l'ouvrage, conception aussi folle qu'elle est neuve et originale. C'est un imbroglio dont le fil, facile à saisir, amène cependant une foule de situations également plaisantes et imprévues, resserre sans cesse avec art le nœud de l'intrigue et conduit enfin à un dénoûment tout à la fois clair, ingénieux, comique et naturel; mérite qu'il n'était pas aisé de soutenir dans une pièce dont la marche est aussi étrangement compliquée. A chaque instant l'action semble toucher à sa fin, à chaque instant l'auteur la renoue par des mots presque insignifiants, mais qui préparent sans effort de

---

1. Voyez à la date du 27 avril 1784.
2. Voyez à la date du 1ᵉʳ mai 1784.

nouvelles scènes et replacent tous les acteurs dans une situation aussi vive, aussi piquante que celles qui l'ont précédée. C'est par cette marche tout à fait inconnue sur la scène française, et dont les théâtres Espagnol et Italien offrent même assez peu de bons modèles, que l'auteur est parvenu à attacher et à amuser les spectateurs pendant le long espace de trois heures et demie qu'a duré la représentation de sa pièce.

Quant à cette immoralité dont la décence et la gravité de nos mœurs a fait sonner si haut le scandale, il faut convenir que l'ouvrage en général n'est pas du genre le plus austère; c'est le tableau des mœurs actuelles, celui des mœurs et des principes de la meilleure compagnie, et ce tableau est fait avec une hardiesse, une naïveté qu'on pouvait, à toute rigueur, se dispenser de porter sur la scène, si le but d'un auteur comique est de corriger les vices et les ridicules de son siècle, et non pas de se borner à les peindre par goût et par amusement[1].....

Métra, dans sa Correspondance littéraire, *une des meilleures choses qui nous soient restées du XVIIIe siècle, s'attaque, en même temps qu'à Beaumarchais, à la société de l'époque, à sa futilité et à sa perversité. Il est facile de voir cependant, à travers son ton ironique, que la Folle Journée n'eut pas le don de lui plaire : il en accepta le succès sans s'y associer.*

Quelle folie de travailler pour cette postérité si souvent dédaigneuse, toujours si sévère, tandis que les contemporains sont si tolérants, si accommodants, si encourageants! Après s'être bien morfondu, après avoir séché sur un ouvrage, qui vous assure encore de cette approbation future, dont quelques êtres simples sont entichés, mais dont les bons esprits du siècle se soucient si peu? Vive les contemporains! Flattez leurs goûts, violez toutes les bienséances, toutes les lois reçues pour cela; alors les applaudissements, les bravos, les couronnes même vous suivront partout....

Rien donc de plus conséquent, de mieux calculé que la nou-

---

1. Grimm, *Corresp. litt.*, avril 1784, T. XII, p. 106.

velle et très-nouvelle pièce que M. Caron de Beaumarchais vient enfin de faire jouer au Théâtre-Français.

...C'est un amphigouri, un *imbroglio*, un salmigondis des mieux compliqués ; ou plutôt, car c'est trop peu dire, c'est une monstruosité littéraire des plus raffinées : mais on y rit, on y rit,... puis encore! et dès lors c'est un chef-d'œuvre de goût, d'esprit et de morale, etc. [1]...

Fréron le fils, digne successeur de son père, personnifie la critique de parti pris. Son appréciation n'est du commencement jusqu'à la fin qu'une sortie violente contre Beaumarchais. La haine contre l'auteur perce à chaque ligne, l'injustice est évidente, on sent trop qu'il n'eût pas écrit autrement quand bien même la pièce eût été un chef-d'œuvre et la louange générale. Nous croyons inutile de reproduire en entier ce virulent factum ; nous n'en citerons que la conclusion. La voici ; elle est grotesque à force d'être odieuse.

Il est incontestable qu'un ouvrage composé d'après ce mépris des règles ne peut avoir qu'un succès éphémère et n'obtiendra jamais les suffrages du bon sens. Un grand défaut encore de cette comédie, c'est qu'elle ne finit pas, et que, passé le troisième acte, elle lasse horriblement. Sa représentation excède la durée ordinaire d'un spectacle entier. Apparemment que c'est un nouveau genre que l'auteur veut introduire, et peut-être, quand il l'aura porté à sa perfection, finira-t-il par nous donner des pièces dans le goût des Chinois, pièces qui durent des mois, des années, et dont chaque jour on représente plusieurs actes. Suivant cette heureuse idée, je crois que M. de Beaumarchais n'aurait rien de mieux à faire que de mettre tout uniment en drame la Bibliothèque des Romans [2].....

L'appréciation du pédant La Harpe est celle d'un raison-

---

1. *Corresp. litt. secrète* de Métra, T. XVI, p. 174.
2. Voyez l'*Ann. litt.*, 1784, Lettre I. Fréron le père était mort le 10 mars 1776 ; son fils continua jusqu'en 1790 la publication de l'*Année littéraire*.

neur, d'un éplucheur littéraire, d'un critique tatillon, s'il est permis d'employer ici ce mot.

Je puis, dit-il en parlant de Beaumarchais, m'expliquer sur tout ce qui le concerne sans être soupçonné d'aucune partialité : quoique j'aie assez vécu dans sa société pour le bien connaître, je n'ai jamais été lié d'amitié avec lui. Jamais il ne m'a fait ni bien ni mal, et je ne dois à sa mémoire, comme au public, que la vérité[1].

Il est toujours dangereux, dans les arts, de trop dépasser les mesures qu'une longue expérience a proportionnées aux objets. Une pièce de trois heures et demie est trop longue pour soutenir toujours l'attention. Je vis quatre fois *les Noces de Figaro*, et quatre fois les trois premiers actes me firent le même plaisir, hors la scène de la reconnaissance. Dans les deux derniers, l'infériorité est si sensible que la pièce tomberait si l'intérêt en était le mobile. Mais, quoi qu'en dise l'auteur dans sa préface, et très heureusement pour lui, c'est la curiosité seule qui soutient cette machine compliquée; et alors le remplissage, les scènes de mots, les fêtes de noces, les petits jeux de théâtre, font gagner du temps et peuvent passer dans l'attente du dénoûment : ils impatienteraient à l'excès si l'unité d'action et d'intérêt s'était emparée des esprits dans les premiers actes[2].

La Harpe s'est plu, à diverses reprises, à parler de l'œuvre de Beaumarchais. Plus loin, revenant sur le même sujet, il juge ainsi la comédie de la Folle Journée[3] :

Elle n'a d'autre intérêt que celui de la curiosité, mais il suffit dans une pièce à événements, et l'auteur, ayant à fournir une longue carrière, s'est rejeté, pour cette fois, dans tout le tracas des *journées* espagnoles; il a multiplié les acteurs, les épisodes, les incidents, les surprises, ressources nécessaires de ce genre, qui était le sien et qu'il a bien connu.

1. *Cours de litt.*, T. XI, p. 515 et 516. Édition de 1822.
2. T. XI, p. 605.
3. T. XI, p. 607.

Le monologue de Figaro au cinquième acte lui semblait une hardiesse incroyable autant qu'imprudente. Il fut certainement de ces exagérés qui ont dit que cette longue scène avait anéanti la Royauté et causé tous les excès sanglants de la Révolution.

Je n'oublierai pas, dit-il, dans quel étonnement me jeta ce monologue, qui dure au moins un quart d'heure ; mais cet étonnement changea bientôt d'objet, et le morceau était extraordinaire sous plus d'un rapport. Une grande moitié n'était que la satire du gouvernement. Je la connaissais bien, je l'avais entendue ; mais j'étais loin d'imaginer que le gouvernement pût consentir à ce qu'on lui adressât de pareilles apostrophes en plein théâtre. Plus on battait des mains, plus j'étais stupéfait et rêveur. Enfin, je conclus à part moi que ce n'était pas l'auteur qui avait tort; qu'à la vérité le morceau, là où il était placé, était une absurdité incompréhensible, mais que la tolérance d'un gouvernement qui se laissait avilir à ce point sur la scène l'était encore bien plus, et qu'après tout Beaumarchais avait raison de parler ainsi sur le théâtre, n'importe à quel propos, puisqu'on trouvait à propos de le laisser dire [1].

Les critiques de La Harpe furent réfutées avec talent par P. Ph. Gudin, celui que les Mémoires secrets *appelaient « le paillasse de Beaumarchais ». Il était, en réalité, son secrétaire habituel, son ami le plus dévoué. Gudin, dans l'édition des Œuvres de Beaumarchais qu'il publia en* 1809, *terminait ainsi sa réponse aux attaques diverses qui avaient été faites contre* le Mariage de Figaro.

Dans cette pièce, Beaumarchais remplit encore une fois les devoirs de l'auteur comique, en observant les sottises du siècle, en peignant des mœurs vraies, en livrant aux rires du parterre ceux qui se croyaient au-dessus de toute censure. Le public lui

---

1. *Cours de litt.*, T. XI, p. 611.

en sut gré ; mais plus ses tableaux étaient rèssemblants, plus ils soulevaient contre lui les *Micromégas* de toute espèce, et même les *Micromégas* littéraires. Mais le courage que montrait l'auteur en attaquant tous ces abus augmenta beaucoup ses partisans.

Tous ceux dont les vices ou l'amour-propre se trouvaient offensés crièrent contre l'ouvrage, parce qu'ils s'y reconnaissaient ; ils disaient la pièce mauvaise parce qu'elle était bonne, et la trouvaient indécente parce que leurs mœurs étaient telles qu'il les représentait [1].

Le jugement de Mme Campan sur la Folle Journée *doit être cité ; il est celui d'une femme que la chute de la Royauté affligea moins que la disparition des priviléges. Ses regrets n'étaient pas encore éteints, même à l'époque où elle écrivait.*

Enhardi par une position brillante, Beaumarchais ambitionna la funeste gloire de donner une impulsion générale aux esprits de la capitale, par une espèce de drame où les mœurs et les usages les plus respectés étaient livrés à la dérision populaire et *philosophique* [2].

La baronne d'Oberkirch, dont les précieux mémoires nous ont été si souvent utiles dans le cours de ce travail, a porté sur la comédie de Beaumarchais le jugement d'une femme de haut goût.

Le Mariage de Figaro, dit-elle [3], est la chose la plus spirituelle qu'on ait écrite, sans en excepter, peut-être, les œuvres de M. de Voltaire. C'est étincelant, un vrai feu d'artifice. Les règles de l'art y sont choquées d'un bout à l'autre, ce qui n'empêche pas qu'une représentation de plus de quatre heures n'apporte pas un moment d'ennui. C'est un chef-d'œuvre d'immoralité, je dirai

---

1. Édition de 1809, T. VII, p. 209.
2. *Mém.*, T. I, p. 277.
3. *Mém.*, T. II, p. 48, chap. XXIII.

même d'indécence, et pourtant cette comédie restera au répertoire, se jouera souvent, amusera toujours. Les grands seigneurs, ce me semble, ont manqué de tact et de mesure en allant l'applaudir; ils se sont donné un soufflet sur leur propre joue; ils ont ri à leurs dépens, et, ce qui est pis encore, ils ont fait rire les autres. Ils s'en repentiront plus tard. Les facéties auxquelles ils ont applaudi leur font les cornes, et ils ne les voient point. Beaumarchais leur a présenté leur propre caricature, et ils ont répondu : « C'est cela, nous sommes fort ressemblants. » Étrange aveuglement que celui-là !...

Geoffroy, le célèbre critique dramatique du Journal de l'Empire *et des* Débats, *s'est occupé plusieurs fois de la comédie de* la Folle Journée. *La pièce ne lui plaisait pas, l'auteur ne lui était guère sympathique, et ses appréciations s'en ressentent. Voici ce qu'il écrivait le 19 thermidor an VIII.*

Le succès fou du *Mariage de Figaro* prouve que cette production avait de quoi exciter l'enthousiasme des sots, qui partout sont toujours dans une immense majorité.....

Beaumarchais se flattait d'avoir fait une pièce originale et surtout très-instructive; les plus folles bouffonneries de la pièce ne sont pas plus comiques qu'une pareille prétention. Les partisans de l'auteur sont encore persuadés que ce n'est pas une comédie comme une autre, et ils ont raison. Dans les autres comédies, l'intérêt porte sur le mariage des maîtres; ici, c'est le mariage des valets qui s'empare de toute l'action; dans les autres comédies, les valets intriguent pour rompre ou faire réussir le mariage des maîtres; ici, les maîtres se tourmentent pour rompre ou faire réussir le mariage des valets. Et que m'importe à moi qu'un valet fripon épouse une femme de chambre coquette! Dans les autres comédies on se donne la peine de combiner une intrigue raisonnable et décente; ici, on établit une pièce sur le caprice libertin d'un seigneur qui marchande les faveurs d'une suivante : de pareils marchés se font souvent au coin de la rue; on ne s'était point encore avisé de les exposer en plein théâtre pour la réforme des mœurs.

Piteux jugement, en vérité! Plus tard, à la date du 9 et du 27 prairial an X, il s'attaque avec la même violence à l'œuvre de Beaumarchais, la jugeant « invraisemblable et de mauvais goût ». Petitot, lui, devait aller plus loin; il l'appelait « un monstre dramatique ».

M. de Loménie trouve, avec quelques restrictions cependant, le Barbier de Séville supérieur au Mariage de Figaro. Il expose ainsi cette préférence :

Considéré au point de vue de l'art et dans ses rapports avec l'histoire du théâtre en France, le *Mariage de Figaro*, quoiqu'il soit moins judicieusement intrigué et écrit avec plus d'inégalité et d'affectation que le *Barbier de Séville*, offre plus d'ampleur et d'originalité, en ce sens qu'il représente plus complétement cet instinct et ce goût d'innovation qui distinguaient Beaumarchais[1].

Nous arrêtons ici l'aperçu des critiques qu'inspira la comédie de la Folle Journée. *Les citer toutes serait une œuvre difficile autant qu'inutile. Ce sujet, nous l'avons dit, a été traité par un grand nombre d'écrivains et le sera encore sans aucun doute.*

V

L'ÉDITION ORIGINALE DE LA COMÉDIE DE LA FOLLE JOURNÉE.
LE TIRAGE DE PARIS ET CELUI DE KEHL.
LES CONTREFAÇONS ET LES MANUSCRITS.

Jouée le 27 avril 1784, la comédie de la Folle Journée *ne fut imprimée et mise en vente que dans les premiers mois de l'année 1785. L'emprisonnement de Beaumarchais suivi de sa captivité volontaire, les réclamations de Suard contre la*

---

1. *Beaumarchais et son Temps*, T. II, p. 338.

préface[1], *la défense du baron de Breteuil de la laisser paraître, furent autant d'obstacles qui retardèrent une publication désirée par tous avec ardeur et laissèrent le champ libre à la contrefaçon, laquelle, on le verra, en abusa singulièrement.*

Deux éditions de la comédie de Beaumarchais parurent en 1785, essentiellement différentes l'une de l'autre pour la partie typographique, mais identiques quant au texte.

En voici la description :

1º *La Folle Journée, ou le Mariage de Figaro*, comédie en cinq actes, en prose, etc.; au Palais-Royal, chez Ruault, libraire, près le Théâtre, nº 216. 1785[2].

In-8º de LVI pages pour le Titre, la Préface et les Caractères et habillements de la pièce ; 237 pages pour la Pièce et les Approbations; de l'Imprimerie de Ph.-D. Pierres, imprimeur ordinaire du Roi, etc.; Achevé d'imprimer pour la première fois le 28 février 1785.

Ce tirage, qui constitue, comme nous le prouverons plus loin, l'édition originale dans la réelle acception du mot, est celui que nous avons reproduit. Paru fort peu de temps, il est vrai, avant celui que nous allons décrire, il a droit à la désignation d'édition princeps *si l'on entend par cette expression l'édition mise avant toute autre dans le commerce.*

2º *La Folle Journée, ou le Mariage de Figaro*, comédie en cinq actes, en prose, etc.; de l'imprimerie de la Société littéraire typographique; *et se trouve à Paris* chez Ruault, libraire, au Palais-Royal, près le théâtre, nº 216. 1785.

Grand in-8º de LI pages pour le Titre, la Préface et les Caractères et habillements de la pièce ; 200 pages pour la Pièce, plus une page d'*Errata* qui manque le plus souvent. Il n'y a pas

---

1. Voyez les *Mémoires sec.* à la date du 12 mars 1785, la *Correspondance litt.*, T. XII, p. 262, Métra, T. XVII, p. 316.
2. On peut voir, page 3, le *fac-simile* exact de ce titre.

d'Achevé d'imprimer. Cinq gravures dessinées par Saint-Quentin et gravées par Liénard, Halbou, Lingé, accompagnent cette édition[1].

Jusqu'à ce jour, et bien à tort, nous le démontrerons aisément, tous les catalogues, un seul excepté, celui de M. Soleinne, ont mentionné ce tirage comme étant l'édition princeps. Cette erreur est une véritable tradition bibliographique qui a surpris sans cesse la religion des plus experts et des plus érudits. Nous allons essayer de la réfuter.

Beaucoup de preuves s'offrent à nous, que nous produirons avec le plus de netteté et le plus de concision possible.

Voici ce qu'on lit dans la Correspondance secrète *de Métra, en janvier 1785:*

Le Mariage de Figaro *s'imprime enfin chez Pierres*, tel que l'auteur l'avoue. Il ne reconnaît pas les éditions qui ont déjà paru.

Au mois de janvier 1785, Beaumarchais faisait donc imprimer pour la première fois sa comédie, chez Ph. D. Pierres, imprimeur du Roi. Poussée avec activité, l'impression devait être terminée le 28 du mois suivant, comme le constate d'ailleurs l'Achevé d'imprimer.

Tout à coup un avis de la Société littéraire typographique de Kehl[2], qualifié de très-important *et daté du 12 février 1785, informe le public* « que pour mettre enfin un terme « aux contrefaçons sans nombre de sa comédie, mises en « vente par plusieurs libraires, Beaumarchais en prépare

---

1. M. le comte Philippe de Saint-Albin, notre parent, possède un exemplaire unique de cette édition; il est sur peau de vélin et renferme les cinq dessins originaux de Saint-Quentin.

2. C'est le nom que Beaumarchais avait donné à l'imprimerie fondée par lui en 1780, à Kehl, pour la publication des œuvres complètes de Voltaire. Cette opération, du reste, ne lui coûta pas loin de deux millions.

« *une édition avec cinq estampes tirées sur les situations*
« *les plus piquantes des cinq actes*[1]. » *Que s'était-il donc
passé, et pourquoi deux éditions de* la Folle Journée *allaient-
elles s'imprimer simultanément pour paraître presque ensemble ?*

*Le bruit était arrivé jusqu'à Suard qu'il était quelque
peu malmené dans la préface qui s'imprimait de la pièce de
Beaumarchais ; sa haine apaisée mais non éteinte, rallumée
de plus belle en cette occurrence, il s'était mis en campagne.*

*Il fut se plaindre au baron de Breteuil des attaques dont
il était l'objet, ne se souvenant sans doute pas que le premier, en pleine Académie, il avait ouvert le feu, et que les
représailles de Beaumarchais, aussi modérées que justes,
n'étaient après tout qu'une riposte permise. Ses raisons,
néanmoins, surent convaincre le baron de Breteuil, qui
s'opposa, paraît-il, à l'impression de la préface de Beaumarchais*[2]. *A cette nouvelle celui-ci accourt auprès du Ministre
pour faire lever un interdit que rien ne faisait présager
jusqu'à ce moment; il prie, il supplie en vain.*

« *Eh bien, Monsieur, finit-il par dire au baron de Breteuil, si vous ne voulez absolument pas que ma pièce soit
publiée dans toutes les formes, j'en ferai faire une édition à
mon imprimerie de Kehl, et il en entrera en France tant
que je voudrai, malgré vous, etc.* [3]. »

*Beaumarchais s'empressa de mettre sa menace à exécu-
tion, dans la crainte que l'édition de sa comédie, imprimée
chez Ph. D. Pierres, ne fût tout à fait interdite et, plus que
cela, peut-être saisie. Il envoya à Kehl le manuscrit de sa*

---

1. Voyez tout au long cet Avis, ignoré jusqu'à ce jour, au T. XVII, p. 337, de la *Corresp. secrète* de Métra.

2. Le Permis d'imprimer la pièce avait été donné par Lenoir depuis le 29 mars 1784.

3. Voyez la suite de cette scène des plus vives au T. XVIII, p. 11, de la *Corresp. litt. secrète* de Métra.

préface, une copie de sa comédie, et, pour joindre à ce tirage clandestin un nouvel attrait, il fit dessiner par Saint-Quentin les cinq belles figures que l'on connaît.

Les deux tirages, celui de Paris et de Kehl, étaient prêts à la fin de mars.

Voici ce qu'on lit, en effet, à la date du 31 de ce mois, dans la Correspondance *de Métra*[1] *:*

Les éditions authentiques du *Mariage de Figaro* sont prêtes, mais la distribution en est prohibée...
Le très-petit nombre d'exemplaires qui circule ici a été rapporté d'Allemagne par les voyageurs.

Le 7 avril 1785[2] *l'interdit fut enfin levé et la permission accordée de rendre publiques la préface et la pièce. Le tirage de Paris imprimé, on l'a vu, le premier, fut aussi le premier mis en vente; le fait est indiscutable. Voici ce qu'on lit dans les* Mémoires secrets, *à la date du 13 avril* 1785 *:*

La préface de *la Folle Journée*, ou *du Mariage de Figaro*, n'est pas aussi longue qu'on l'avait annoncé ; elle n'a que 50 pages, ce qui est une bagatelle pour M. de Beaumarchais.

En admettant, ce qui est vraisemblable, qu'aussitôt la pièce parue elle a été naturellement de suite entre les mains de Moufle d'Angerville, qui a écrit les lignes que nous venons de citer, il se trouve que l'édition réimprimée par nous constitue réellement le premier tirage en vente, puisque la préface y remplit justement cinquante pages et quarante-quatre seulement dans l'édition de Kehl. On remarquera en outre que Moufle d'Angerville ne parle pas du tout de

1. T. XVII, p. 428.
2. Voyez à cette date les *Mém. secrets* et la *Corresp.* de Métra.

gravures accompagnant le volume, ce qu'il n'eût pas manqué de faire s'il y en avait eu[1].

A cette preuve s'en joignent d'autres qui viennent justifier notre dire de la manière la plus absolue. On a pu lire précédemment la supplique adressée au Roi de Suède par Beaumarchais, prisonnier volontaire en sa propre maison.

On y lit cette phrase, qui ne sera pas, nous l'espérons, l'argument le moins puissant de la démonstration que nous tentons de faire.

Après avoir généreusement défendu, protégé, cette *Folle Journée*, qui depuis m'en a causé de si tristes, daignerez-vous, Sire, en accepter un exemplaire plus digne de votre bibliothèque que celui que mon meilleur ami vous a présenté de ma part[2].

Cette déclaration importante, faite par Beaumarchais, prouve, sans qu'un doute puisse s'élever à cet égard, que l'édition indigne de la bibliothèque d'un Roi, celle imprimée à Paris sans luxe ni gravures, fut mise en vente la première. Il l'envoya, il est vrai, de suite au Roi de Suède comme une primeur recherchée et curieuse, mais il s'empressa bientôt de lui offrir à la place l'édition sortie des presses de l'imprimerie de Kehl et ornée des cinq belles planches de Saint-Quentin.

Au dire de Beaumarchais nous ajouterons celui d'un homme qui savait à fond toutes les choses de la bibliographie théâtrale; nous avons nommé M. Soleinne. Il considé-

---

1. Le *Journal des Annonces et Affiches*, qui était au courant de toutes les publications, qui en rendait compte à leur apparition même, parle en termes violents même de la comédie imprimée de Beaumarchais, et décrit en tête de l'article le tirage de Paris. C'est là une preuve importante de plus.

2. Le texte original, conservé aux archives de la Comédie-française, de la supplique au Roi de Suède, constate quelle lui fut envoyée avec « *la belle édition du Mariage de Figaro.* »

rait l'édition imprimée à Paris chez Ph. D. Pierres, comme étant véritablement l'édition princeps[1].

Parue au commencement d'avril 1785, la brochure de la comédie de la Folle Journée, *imprimée à Paris, eut un succès immense. Grâce à la modicité de son prix, qui était de 48 sols, pour le papier ordinaire, elle s'épuisa plus vite que le tirage de Kehl, d'un prix plus élevé. Nous avons entre les mains le mémoire, daté du 17 juin 1785, de la deuxième édition*[2] *que Ph. D. Pierres imprima pour le compte de Beaumarchais, lequel, faisant en cela preuve de l'esprit pratique le plus complet, fut souvent l'éditeur de ses propres écrits*[3]. *Il savait que tout ce qui sortait de sa plume jouissait, avant même d'être imprimé, d'un succès de scandale. Il voulait au moins que cette mauvaise réputation lui rapportât quelque chose. D'un tempérament d'ailleurs méticuleux et peu confiant, il était poussé à faire lui-même, autant que possible, ses affaires, pour éviter des chicanes qui ont cependant quelque peu contribué à sa réputation incontestable d'homme d'esprit.*

Le mémoire de Ph. D. Pierres se monte à la somme de 2029 livres 19 sols, et constate que le deuxième tirage, entièrement conforme au premier, fut fait comme l'avait été celui-ci : 1° sur papier carré de Limoges ; 2° sur papier carré fin d'Angoulême, le tout fourni par l'auteur.

Avant de parler des manuscrits auxquels nous devons les nombreuses et curieuses variantes qui suivent notre réimpression de la comédie de la Folle Journée, *il nous faut, pour que cette partie bibliographique forme un tout complet,*

---

1. Voyez son catalogue au n° 2099.
2. L'Achevé d'imprimer de cette deuxième édition est du 28 avril 1785.
3. La bonne fortune d'imprimer la comédie de *la Folle Journée* fut certainement recherchée par bien des gens. Nous avons sous les yeux la lettre d'un certain A. J. Malassis, imprimeur à Nantes, qui, dès le mois d'août 1784, implorait « la faveur d'imprimer cette pièce réclamée, disait-il, aussi bien par la province que par Paris. »

dire quelques mots des contrefaçons qui ont été faites de l'œuvre dramatique de Beaumarchais. Il y a, en effet, deux choses qui accompagnent infailliblement un succès littéraire quel qu'il soit ; ces deux choses s'appellent : la contrefaçon et la parodie. Nous étudierons, au chapitre qui suivra, ce qui a rapport à cette dernière partie.

Le fait de la contrefaçon de la comédie de la Folle Journée nous est révélé par les lignes suivantes extraites des Mémoires secrets à la date du 15 mars 1785[1].

Depuis la détention du sieur de Beaumarchais, la contrefaçon de sa comédie a doublé et se vend trois livres, par la crainte qu'elle ne soit arrêtée.

Il faut reconnaître qu'une criminelle tolérance présidait à ce trafic qui avait lieu précisément au moment où, privé de sa liberté, Beaumarchais ne pouvait en quoi que ce soit défendre ses droits et sauvegarder ses intérêts. Son amour-propre fut en outre profondément blessé, car ces contrefaçons dénaturaient à plaisir et d'une façon ridicule, assurément à dessein, cette comédie qui avait valu à son auteur de si unanimes et de si légitimes applaudissements.

C'est de la Hollande, de Genève, de Londres même, que sortirent ces brochures suspectes sur lesquelles se jetaient

---

1. Pour être exact, il faut dire que les contrefaçons avaient déjà fait leur apparition bien avant cette date. Voici en effet ce que nous lisons à la fin d'une lettre adressée à Beaumarchais, le 26 août 1784, par un certain Pierre Michel du Havre, son ami.

« N'y aurait-il pas, Monsieur, d'indiscrétion de vous demander les moyens de se procurer *la Folle Journée* (où se disent pourtant bien des choses pleines de sagesse)? Je connais un seigneur des environs qui en a un exemplaire. Mais d'où et comment se l'est-il procuré? C'est ce que j'ignore, et je voudrais pourtant bien savoir, afin de me fournir de deux ou au moins d'un pour quelqu'un qui me tourmente depuis mon départ pour Paris. »

Cette lettre, *complètement inédite*, fait partie de notre cabinet ; nous n'en citons que la fin, le commencement n'ayant aucun rapport avec ce qui nous occupe.

avec avidité les amateurs de nouveautés littéraires et les ennemis de Beaumarchais, lesquels s'en allaient ensuite à voix haute proclamer des jugements ridicules basés sur un texte fautif et désavoué par l'auteur.

Voici la description bibliographique de quelques-unes des contrefaçons que nous avons pu voir dans les bibliothèques publiques ou privées[1]. *La liste sera sans doute fort incomplète, mais nous espérons que les plus importantes n'y feront pas défaut :*

La Folle Journée, ou le Mariage de Figaro, comédie en trois actes (prose), par M. de Beaumarchais. Paris, veuve Duchesne, 1784. In-8º.

C'est la contrefaçon parue sans doute en Hollande, dont se plaint Beaumarchais dans sa préface.

Le Mariage de Figaro, comédie en trois actes (prose), par François de Vernes. Paris, Libraires associés. (Genève), 1784. In-8º, broché.

Voici encore une pièce publiée sous le titre de la comédie de Beaumarchais pour donner le change au lecteur et profiter de l'immense succès de l'œuvre que l'auteur ne se pressait pas d'imprimer. François de Vernes, en bon protestant qu'il était, eut peut-être l'idée d'atténuer l'influence dangereuse qu'on reprochait alors à la pièce de Beaumarchais.

The Folies of a day, or the Mariage of Figaro, a comedy (cinq actes, prose, et un prologue en vers) from the French of Mr. de Beaumarchais, by Thomas Holcroft. London, G. G. and J. J. Robinson, 1785, in-8º de 4 ff. et 108 pages.

Cette traduction n'en est pas une, et le texte en est aussi défectueux que ceux que nous venons de citer[2].

1. Nous devons aussi au Catalogue Soleinne un grand nombre des renseignements qui vont suivre.
2. Nous devons à l'obligeance de M. Antoine de Latour de précieux renseignements sur les imitations ou traductions Espagnoles de l'œuvre de

Le Mariage de Figaro, ou la Folle Journée, comédie en cinq actes et en prose, par M. Caron de Beaumarchais. A Séville, de l'imprimerie du comte Almaviva. 1785.

Cette contrefaçon, ornée de cinq très-curieuses figures, gravées par Naudet, est peut-être l'une des plus rares. Les planches qui l'accompagnent lui donnent un réel intérêt. Le texte n'est pas plus exact que dans les autres.

La Folle Journée, ou le Mariage de Figaro, comédie en cinq actes, en prose, par M. Caron de Beaumarchais. Nouvelle édition, conforme à la représentation, avec les airs notés; augmentée d'un détail du costume, d'une notice sur l'esprit et la caricature des personnages, d'après la manière dont on a joué cette pièce à Paris, et de cinq planches pour faciliter l'arrangement de la scène et l'exécution de cette comédie à Paris. 1785.

Cette pièce est une contrefaçon des plus grossières, et reproduit à peine le tiers de la comédie de Beaumarchais; le reste est haché, tronqué avec un sans gêne inqualifiable.

Les cinq descriptions que nous venons de donner forment, croyons-nous, la partie la plus importante de ces honteuses usurpations littéraires qui tendent aussi bien à déconsidérer un auteur de talent qu'à lui causer le préjudice matériel le plus grave et le plus blâmable.

Nous allons terminer en disant ce que sont les deux manuscrits qu'il nous a été donné de compulser et que nous avons examinés avec la plus scrupuleuse attention.

Le premier, conservé à la Bibliothèque impériale, est catalogué sous le n° 12544. C'est un volume format petit in-folio, relié en veau, aux armes du Roi Louis-Philippe. Sur

---

Beaumarchais. Des documents qu'il a bien voulu nous communiquer, il résulte que la comédie de *la Folle Journée* a été traduite sous le titre du *Séducteur confondu*, et représentée le 14 mai 1834 sur le théâtre *Del principio*. (Bibliothèque dramatique, Madrid, 1863.) Une autre traduction de *la Folle Journée* fait partie de la collection d'œuvres dramatiques que publie actuellement à Barcelone, par livraisons, l'éditeur don Salvador Mañero.

la garde de ce manuscrit se lit la note suivante écrite en caractères fins et réguliers :

Il y a un autre manuscrit autographe de Figaro aux archives de la Comédie-française approuvé par les censeurs et le lieutenant de police. Celui-ci est plus complet que le manuscrit du Théâtre-Français, lequel d'ailleurs est plus étendu aussi que l'imprimé.
Ch. Labitte.

Voulant savoir d'où provenait ce manuscrit, quelle était son origine, par quelle série d'événements successifs il avait passé de la bibliothèque de M. Ch. Labitte dans celle du Roi Louis-Philippe pour devenir enfin la propriété de la Bibliothèque Impériale, nous nous sommes adressé au très-regretté M. Sainte-Beuve, que nous savions avoir été l'élève et l'ami dévoué de Ch. Labitte. Ce dernier était un érudit, un chercheur; pour lui une notice littéraire ne devait pas être un prétexte à des dissertations vagues, à des éloges exagérés, mais bien une réunion de faits nouveaux, curieux et positifs. Il avait, nous a appris M. Sainte-Beuve, projeté un travail de cette nature sur Beaumarchais, et devait le faire à l'aide du précieux manuscrit qu'il possédait, et aussi de lettres et documents inédits des plus attachants paraît-il. Que sont devenus tous ces précieux documents? M. Sainte-Beuve n'a pu nous le dire, pas plus qu'il ne savait comment le manuscrit de la Folle Journée était arrivé à la Bibliothèque Impériale.

Ce manuscrit n'est pas écrit entièrement par Beaumarchais, mais il l'a surchargé à profusion de notes, de corrections, de ratures. Il nous semble être le premier jet de la comédie de la Folle Journée. Il y a en effet des scènes, des pages entières refaites jusqu'à deux et trois fois; on sent le travail, on entrevoit le tâtonnement de l'auteur qui cherche ses effets et ses bons mots. La préface, dont Beaumarchais faisait précéder la lecture de sa pièce dans le monde, est refaite jusqu'à deux fois sur les gardes du manuscrit de la Bibliothèque Impériale. C'est, on le voit, un véritable brouillon qui, recopié avec soin dans la suite, mais non intégralement[1]*, a formé le manuscrit que M. de Loménie a eu dans les mains et qui est aujourd'hui la propriété des descendants de Beaumarchais.*

Le second manuscrit, qui nous a été communiqué, fait partie des archives proprement dites de la Comédie-française, les manuscrits de Londres n'en renfermant aucun.

Les cinq actes forment chacun un cahier à part, dont les feuillets sont réunis par un ruban de soie d'une couleur totalement passée. Ce manuscrit n'est pas autographe, il est l'œuvre d'un copiste[2]*; il est suivi de l'approbation des censeurs et de celle du lieutenant de police.*

Moins important que celui de la Bibliothèque Impériale, il nous semble être à peu près semblable à celui qui a été prêté à M. de Loménie. Le manuscrit du Théâtre-Français a bien certainement servi à l'impression, et cependant beaucoup de passages ne se retrouvent pas dans le texte imprimé, lequel, s'il n'est pas la pensée définitive de l'auteur, représente au moins les restes étincelants d'une œuvre que des censeurs inquiets et timides ont poursuivie pendant des années de leurs critiques et de leurs suppressions inexplicables[3]*.*

---

1. On verra aux variantes à quel point est grande l'importance du manuscrit conservé à la Bibliothèque Impériale, et combien il contient de passages qui ne se retrouvent que là.

2. Veut-on savoir ce que gagnait alors un copiste? Nous avons trouvé dans les papiers de la Comédie une note relative à la copie du rôle de Suzanne. Elle constate qu'il a 1395 lignes et que 19 ff. ont été employés à le copier. Le prix de cette copie, y compris celui de la fourniture du papier, forme un total de 18 livres 3 sols.

3. Les nombreuses variantes et suppressions relevées par nous sont une preuve suffisante de ce que nous avançons ici.

Puisse cette formalité barbare et digne des siècles d'ignorance disparaître un jour entièrement de nos mœurs littéraires.

VI

LA MODE ET LA PARODIE.

La comédie de la Folle Journée, *qui avait été avant d'être jouée la longue et constante préoccupation de la société, devait, même représentée, l'occuper encore et lui inspirer l'idée de quelques-uns de ces riens futiles qui forment à toutes les époques ce que l'on est convenu de nommer* la Mode. *Le bruit des applaudissements ayant retenti de la scène française jusque dans les boudoirs, il fut de bon ton d'aller voir cette comédie; seulement, comme elle passait pour malhonnête et détestable, on y allait voilé, caché aux yeux de tous. C'était une débauche, une façon nouvelle ajoutée à bien d'autres, de s'encanailler.*

On porta des toques à la Suzanne, c'est Beaumarchais qui nous l'apprend dans sa préface, et la spéculation vint se joindre bientôt à la mode.

Un fabricant d'écrans, nommé Petit, qui demeurait n° 12, rue du Petit-Pont, à l'enseigne de « l'Image Notre-Dame », eut l'idée de profiter de la vogue de la comédie de Beaumarchais pour vendre des écrans sur lesquels étaient peintes les scènes principales de la Folle Journée. *Au verso étaient imprimés les couplets du Vaudeville de la fin.*

Il nous a été donné de voir un exemplaire de ces écrans, le seul connu d'ailleurs, chez un collectionneur érudit et heureux qui n'est pas pour nous un étranger. Nous avons nommé M. Achille Jubinal. Nous allons en donner la des-

cription. Ces écrans, au nombre de six, ont une hauteur de
26 centimètres 1/2 sur 24 de largeur.

Chaque écran porte un numéro, mais les dessins ne suivent pas, on le verra, l'ordre régulier des actes de la comédie.

Le 1er représente au recto la Scène xv de l'Acte III; au verso on lit le 1er couplet du Vaudeville et la musique de ce couplet.

Le 2e représente au recto la Scène vi de l'Acte II; au verso on lit le 2e et le 3e couplet du Vaudeville.

Le 3e représente la Scène x de l'Acte Ier; au verso on lit les couplets 4 et 5 du Vaudeville.

Le 4e représente la Scène viii de l'Acte Ier; au verso on lit les couplets 6 et 8.

Le 5e représente la Scène ix du IVe Acte; au verso on lit les couplets 9 et 10.

Le 6e représente la Scène xix et dernière de l'Acte V; au verso on lit deux couplets que l'on retrouvera à la variante 370.

La description que nous venons de faire de ces six écrans, bien qu'elle ne se rattache pas à l'historique littéraire de la comédie de Beaumarchais, est un fait curieux et ignoré que nous avons cru utile de rapporter des mœurs intimes du XVIIIe siècle, mœurs futiles et légères au delà de tout ce qu'on peut s'imaginer [1].

S'il fut de mode d'aller entendre Figaro, ce fut chose très-bien portée aussi d'aller applaudir les parodies de cette comédie qui en inspira un grand nombre [2]. Les raconter

---

1. Après les écrans naquirent d'autres puérilités. Voyez dans l'Entr'acte du 1er février 1863 un article de M M. Listener à ce sujet. Cet article, trop long pour être rapporté ici, trouvera sa place dans la Correspondance complète de Beaumarchais que nous nous proposons de publier.

2. Qu'on lise la préface de Beaumarchais, et l'on verra qu'il en avait lui-même le premier et avec beaucoup d'esprit donné l'exemple. Voyez aussi la Corresp. litt. de Grimm, T. XII, p. 237 et suivantes.

serait fastidieux autant qu'inutile, nous en donnerons simplement la liste, et aussi celles des pièces qui, dans la suite, s'inspirèrent de l'œuvre de Beaumarchais.

Cette nomenclature sera peut-être longue; nous espérons qu'elle sera la plus complète possible.

Le Repentir de Figaro, comédie (un acte en prose), par M. Parisau, représentée à Paris en 1784. Paris, chez les Marchands de nouveautés, 1785. In-8º.

Le Mariage de Glogurrio, parodie du *Mariage de Figaro* (prologue et un acte en prose). A Paris, chez les Marchands de nouveautés, 1784. In-8º.

La Folle Soirée, parodie du *Mariage de Figaro* (un acte en prose et vaudevilles), présentée à la Comédie-Italienne le 14 juillet 1784, par l'abbé B...y de B...n, de deux Académies. A Gattières, et se trouve à Paris chez Couturier, etc., 1784. In-8º.

Le Veuvage de Figaro, ou *la Fille retrouvée*, comédie (trois actes en prose). Chez Hardouin et Gattey, libraires au Palais-Royal, nᵒˢ 14 et 15, 1785. In-8º.

Le Mariage inattendu de Chérubin, comédie (trois actes en prose), par Mᵐᵉ de Gouge. A Séville et à Paris, chez Cailleau, etc. 1786. In-8º.

Le Mariage de Fanchette, comédie (trois actes en prose), par l'auteur du *Mariage de Chérubin* (Mᵐᵉ de Gouge). A Genève, 1786. In-8º.

Le Lendemain des Noces, ou *A quelque chose malheur est bon*, comédie (deux actes en prose), suite du *Mariage de Figaro*. A Paris, chez Cailleau, etc., 1787. Le permis d'imprimer est de Suard.

Les Deux Figaro, ou *le Sujet de comédie* (cinq actes en prose), par Richaud Martelly; comédie représentée sur le Théâtre-Français de la rue Richelieu en 1794; à la Comédie-Française en 1802; reprise à l'Odéon, théâtre de l'Impératrice, le 25 mai 1813. Paris, Barba, 1813.

Figaro de retour à Paris, comédie (un acte en vers), représentée pour la première fois sur le théâtre Martin, ci-devant Molière, le 30 floréal l'an III de la République, par Hyacinte Dorvo. Paris, Barba, l'an III⁰.

Médiocre et rampant, ou *le Moyen de parvenir*, comédie en cinq actes et en vers, par L. B. Picard, représentée pour la première fois sur le Théâtre-Français le 1ᵉʳ thermidor an V. Paris, Huet, etc., an X.

Figaro, ou *Tel père tel fils*, comédie en trois actes et en prose, par le citoyen H^the Dorvo, représentée pour la première fois sur le théâtre des Jeunes-Élèves, rue de Thionville, le 15 floréal An VIII. A Paris, An IX, chez Hugelet, etc.

Le Page inconstant, ou *Honni soit qui mal y pense*, ballet héroï-comique tiré du *Mariage de Figaro*, en trois actes, de la composition de M. Dauberval, remis par M. Aumer, artiste de l'Académie impériale de musique, représenté pour la première fois sur le théâtre de la Porte-Saint-Martin le 28 messidor An XIII. Paris, Barba, etc., An XIV.

Figaro tout seul, ou *la Folle Soirée*, scène-folie mêlée de vaudevilles par J. Marty, etc. A Paris, chez Fages, etc., an XI. In-8⁰.

Figaro et Suzanne, ballet pantomime burlesque, précédé des *Comédiens bourgeois*, prologue en prose mêlé de couplets, par MM. Dumersan et Brazier, représenté pour la première fois sur le théâtre des Variétés le 5 juin 1817. A Paris, chez Mlle Huet-Masson, etc. In-8⁰.

Figaro, ou *le Jour des noces*, pièce en trois actes, d'après Beaumarchais, Mozart et Rossini, arrangée par MM. d'Artois et Blangini, représentée au théâtre des Nouveautés le 16 août 1827. Paris, chez Barba, etc., 1827, in-8⁰.

La Mort de Figaro, drame en cinq actes et en prose, par M. Rozier, représenté pour la première fois sur le Théâtre-Français le 9 juillet 1833. Paris, Paulin, éditeur, place de la Bourse, 1833. In-8⁰.

Le Fils de Figaro, comédie-vaudeville en un acte, par E. Burat et V. Masselin. Ambigu-Comique, 27 septembre 1835. Paris, Barba, 1835. In-8.

La Fille de Figaro, comédie-vaudeville en cinq actes, par Mélesville. Palais-Royal, 11 mai 1843. Paris, Beck, 1843. In-8º.

Figaro en prison, un acte en vers, par Lesguillon et L. Monrose. Théâtre-Français, 9 février 1850. Beck et Tusse, 1850. In-8º.

Chérubin, ou la Journée aux aventures (théâtre des Délassements-Comiques, 15 septembre 1852), comédie en cinq actes et six tableaux, précédée d'un prologue en vers, par J. Renard. Paris, Mifliez, 1852.

Etc.; etc.

Indépendamment des parodies faites contre sa pièce, et desquelles il eut, en homme d'esprit qu'il était, fort peu de souci, Beaumarchais dut subir un flot de brochures critiques qui s'attaquaient à sa pièce, à sa vraisemblance, à son style. La satire la plus vive, les attaques personnelles, s'y mêlèrent souvent avec aigreur. Voici le titre de quelques-unes d'entre elles[1].

Testament du père de Figaro, signé Pierre-Augustin Figaro père. In-8.

Coup d'œil d'un Arabe sur la littérature française, ou le Barbier de Bagdad faisant la barbe au Barbier de Séville Figaro, ouvrage rédigé et mis au jour par M. Nougaret. A Londres, et se trouve à Paris, chez Guillot, 1786.

L'épigraphe de ce livre est celle-ci :

<blockquote>Un barbier rase l'autre.</blockquote>

Fréron parle dans son Année littéraire[2] *d'une certaine*

---

1. On en trouvera une nomenclature à peu près complète au nº 463 du T. V du catalogue Soleinne.
2. T. VI de l'année 1784, Lettre XIII, p. 250.

lettre écrite contre la Folle Journée, *et dont l'épigraphe sentait aussi de loin son venin :*

Il faut siffler toute pièce qui réussit.

Nous avons lu avec le plus grand soin ces brochures, et nous ne citerons rien de ce qu'elles renferment, pour ne pas nous faire éditeurs à nouveau de calomnies aussi infâmes que ridicules dictées seulement par l'envie. Ce fut en effet une rage jalouse qui inspira à tant de pamphlétaires ignorés, quand ils n'étaient pas anonymes, leurs diatribes inutiles. Ils ont eu beau faire, c'est en vain que la critique s'est acharnée sur la comédie de Beaumarchais, celle-ci est restée debout et ne disparaîtra jamais de la scène française.

Figaro est un type immortel, parce qu'il représente dans une certaine mesure deux choses impérissables : l'esprit d'un peuple et sa légitime aspiration vers la justice et la liberté.

F. DE MARESCOT.

Mars 1870.

Cette notice était terminée, lorsque M. Gabriel Charavay, avec une complaisance exquise, a bien voulu mettre à notre disposition un précieux recueil qu'il possède de copies de lettres de Beaumarchais ou de ses secrétaires. Cette volumineuse correspondance contient l'historique complet de la fondation et des publications de l'imprimerie de Kehl. M. Charavay se propose d'ailleurs de publier un travail sur cet établissement, conçu au point de vue matériel et commercial. Des documents qui nous ont été communiqués, il résulte que nous avions entièrement raison de considérer l'édition de *la Folle Journée* imprimée à Paris comme l'édition *princeps*. Les fragments de lettres que l'on va lire le prouveront péremptoirement, en même temps qu'ils donneront sur le tirage de Kehl les renseignements les plus divers et les plus curieux.

I

A M. de La Hogue[1], à Kehl.

20 janvier 1785.

Quant à l'édition de *Figaro*, il convient de presser vite cette besogne, car l'auteur ne veut rien faire vendre à Paris que l'édition de Kehl n'y soit arrivée. Il ne sera pas nécessaire d'y faire passer les épreuves; que l'on copie exactement la matière, cela suffira. M. Pierres ne va pas très-vite à son édition commune. J'ai grand peur qu'il ne vous retarde trop. Dimanche je vous ferai passer de nouvelles feuilles de ce charmant *Figaro* et de la préface, s'il y en a de prêtes.

J'ai l'honneur d'être, etc., RUAULT.

II

Au Même.

24 janvier 1785.

Point d'édition en petit format à la française de *Figaro*. On en fait deux à Paris[2], la grande à Kehl fera trois; c'est bien assez. On verra par la suite. Les vignettes pour le petit format tiendraient trop de temps à faire exécuter; M. de Beaumarchais se contente de celles ci-dessus. D'ailleurs on presse pour avoir ce Figaro tant célèbre. Les éditions furtives et fautives courent déjà le monde. La province se remplit de faux *Figaro* d'Hollande; démasquons-la vite et montrons-le promptement tel qu'il fut procréé.

RUAULT.

III

Au Même.

Paris, 29 janvier 1785.

C'est l'imprimerie de Paris qui nous arrête sur *Figaro*; j'en suis plus impatient que vous.

---

1. M. de La Hogue, ancien Commissaire de la France à Saint-Domingue, avait succédé à M. Le Tellier dans l'administration de l'établissement de Kehl. (Mss. de M. Charavay.)

2. Voyez le IV⁰ fragment.

IV

Au Même.

Paris, 4 mars 1785.

Si vous trouvez à vendre une édition entière de *Figaro* à Strasbourg, à un libraire qui paye bien, il ne faut pas manquer de le faire; il est d'un bon négociant de se défaire promptement de sa marchandise quand il y voit du bénéfice. Vous avez dû tirer 1550 en papier anglais de cette pièce; nous nous contenterons d'un mille d'abord à Paris. Ainsi vous pouvez disposer de 500 exemplaires à Strasbourg ou ailleurs. Si cela va vite, il ne faut pas tant de temps pour commencer et finir une deuxième édition. Vendons toujours quand l'occasion est bonne et sûre. Il en est de même de l'édition moins belle avec figures et de celle sans figures. Vous me direz combien vous voulez d'exemplaires de grandes et moyennes estampes, car il y en a de deux grandeurs comme vous savez, les unes pour le très-grand in-8° anglais, les autres pour le moyen papier de France. Les cuivres sont à Paris et l'on en tirera des épreuves tant qu'on voudra.

RUAULT.

V

Au Même.

Paris, 8 mars 1785.

On a reçu la première feuille de *Figaro*, papier anglais, depuis A jusqu'à I compris, au nombre de huit chacune, excepté B C, dont nous n'avons que six. Envoyez donc deux feuilles de ce B C (pour compléter les suites) par la première expédition. Que les feuilles ne soient pas coupées, car il y en a quelques-unes dans ce nombre. Cela empêche de les plier promptement et proprement.

VI

Au Même.

Paris, 14 mars 1785.

Vous êtes prié, de la part de M. le prince de Nassau, qui m'en a chargé, d'adresser par le courrier, à S. M. le roi de Pologne, à Varsovie, deux exemplaires du *Mariage de Figaro* brochés, dont un sous bande à Mme la princesse de Nassau, qui est actuellement à la Cour de Sa Majesté Polonaise. Vous le ferez parvenir en papier anglais si vous en avez de reste. Vous y joindrez l'exemplaire de dédicace. M. le prince de Nassau en a déjà envoyé deux de Paris il y a quinze jours, mais il désire et serait flatté que le Roi en reçoive un autre encore.

RUAULT.

VII

Au Même.

Paris, 20 mars 1785.

Il faut avouer, Monsieur, que vous avez dans votre imprimerie des corrigeurs (*sic*) bien impatients, bien incorrigibles, et qu'il est bien dur à un auteur de passer par les mains de ces docteurs. Jetez un coup d'œil sur l'Errata que je vous envoie, et vous compterez les fautes qu'ils ont commises en croyant rectifier le style et la préface de la pièce.....

Il est absolument nécessaire d'imprimer un Errata et de faire un carton pour la page 192[1]. On ne peut distribuer aucun exemplaire sans ces deux feuillets, on les attend avant huit jours.

RUAULT.

VIII

Au Même.

27 mars 1785.

Il n'y a pas encore de permission de vendre le *Figaro*, arrêté par ordre supérieur quoiqu'imprimé, ainsi que la préface, avec approbations, permissions, etc., et le reste. On espère que cette suspension ne sera pas longue.....

---

1. C'est sans doute à la suite du retard occasionné par l'impression de ce carton et de cet Errata que l'édition imprimée à Paris fut mise en vente la première. Le carton de la page 192 portait simplement sur un détail de ponctuation.

Il convient, en terminant notre travail sur la comédie de *la Folle Journée*, de remercier tous ceux qui ont bien voulu nous le rendre facile par leurs conseils ou par leurs renseignements. Nous avons trouvé chez MM. E. Thierry et L. Guillard une inépuisable complaisance. M. J. Charavay, l'expert habile, M. Claude, de la Bibliothèque Impériale, nous ont donné de précieux éclaircissements sur le manuscrit de *la Folle Journée*, conservé au département des manuscrits. Nous regrettons de n'avoir pas à nous féliciter de l'accueil qui nous a été fait à la Bibliothèque du Louvre, et nous le constatons.

F. DE M.

Mai 1870.

LA FOLLE JOURNÉE,

ou

LE MARIAGE DE FIGARO.

AVIS DE L'ÉDITEUR.

Par un abus punissable, on a envoyé à Amsterdam un prétendu Manuscrit de cette Pièce, tiré de mémoire et défiguré, plein de lacunes, de contre-sens et d'absurdités. On l'a imprimé et vendu en y mettant le nom de M. de *Beaumarchais*. Des Comédiens de Province se sont permis de donner et représenter cette production comme l'ouvrage de l'Auteur : il n'a manqué à tous ces gens de bien que d'être loués dans quelques Feuilles Périodiques.

LA FOLLE JOURNÉE,

OU

LE MARIAGE DE FIGARO,

Comédie en cinq Actes, en Prose,

Par M. de Beaumarchais.

Représentée pour la première fois par les Comédiens Français ordinaires du Roi, le Mardi 27 Avril 1784.

En faveur du badinage,
Faites grace à la raison.   *Vaud. de la Piece.*

AU PALAIS-ROYAL,

Chez Ruault, Libraire, près le Théâtre,
N° 216.

M.DCC.LXXXV.

PRÉFACE

N écrivant cette Préface, mon but n'est pas de rechercher oiseusement si j'ai mis au Théâtre une Piece bonne ou mauvaise, il n'est plus tems pour moi : mais d'examiner scrupuleusement, et je le dois toujours, si j'ai fait une œuvre blâmable.

Personne n'étant tenu de faire une comédie qui ressemble aux autres, si je me suis écarté d'un chemin trop battu, pour des raisons qui m'ont paru solides, ira-t-on me juger, comme l'ont fait MM. tels, sur des regles qui ne sont pas les miennes ? imprimer puérilement que je reporte l'art à son enfance, parce que j'entreprens de frayer un nouveau sentier à cet art dont la loi première, et peut-être la seule, est d'amuser en instruisant? Mais ce n'est pas de cela qu'il s'agit.

Il y a souvent très-loin du mal que l'on dit d'un ouvrage à celui qu'on en pense. Le trait qui nous poursuit, le mot qui importe reste enseveli dans le cœur, pendant que la bouche se venge en blâmant presque tout le reste. De sorte qu'on peut regarder comme un point établi au Théâtre, qu'en fait de reproche à l'Auteur ce qui nous affecte le plus est ce dont on parle le moins.

Il est peut-être utile de dévoiler aux yeux de tous ce double aspect des comédies, et j'aurai fait encor un bon usage de la mienne, si je parviens, en la scrutant, à fixer l'opinion publique sur ce qu'on doit entendre par ces mots : Qu'est-ce que LA DÉCENCE THÉATRALE ?

A force de nous montrer délicats, fins connaisseurs, et d'affecter, comme j'ai dit autre part, l'hypocrisie de la décence auprès du relâchement des mœurs, nous devenons des êtres nuls, incapables de s'amuser et de juger de ce qui leur convient : faut-il le dire enfin ? des bégueules rassasiées qui ne savent plus ce qu'elles veulent ni ce qu'elles doivent aimer ou rejetter. Déjà ces mots si rebattus, *bon ton*, *bonne compagnie*, toujours ajustés au niveau de chaque insipide cotterie, et dont la latitude est si grande qu'on ne sait où ils commencent et finissent, ont détruit la franche et vraie gaité qui distinguait de tout autre le comique de notre nation.

Ajoutez-y le pédantesque abus de ces autres grands mots, *décence* et *bonnes mœurs*, qui donnent un air si important, si supérieur, que nos jugeurs de comédies seraient désolés de n'avoir pas à les prononcer sur toutes les pieces de Théâtre, et vous connaîtrez à-peu-près ce qui garote le génie, intimide tous les Auteurs, et porte un coup mortel à la vigueur de l'intrigue, sans laquelle il n'y a pourtant que du bel esprit à la glace et des comédies de quatre jours.

Enfin, pour dernier mal, tous les états de la société sont parvenus à se soustraire à la censure dramatique : on ne pourrait mettre au Théâtre *les Plaideurs* de *Racine*, sans entendre aujourd'hui les *Dandins* et les *Brid'oisons*, même des gens plus éclairés, s'écrier qu'il n'y a plus ni mœurs, ni respect pour les Magistrats.

On ne ferait point le *Turcaret*, sans avoir à l'instant sur les bras : Fermes, Sous-fermes, Traites et Gabelles, Droits-réunis, Tailles, Taillons, le Trop-plein, le Trop-bu, tous les Impositeurs royaux. Il est vrai qu'aujourd'hui *Turcaret* n'a plus de modeles. On l'offrirait sous d'autres traits, l'obstacle resterait le même.

On ne jouerait point *les Fâcheux*, *les Marquis*, *les Emprunteurs* de *Molière*, sans révolter à la fois la haute, la moyenne, la moderne et l'antique Noblesse. Ses *Femmes savantes* irriteraient nos féminins bureaux d'esprit ; mais quel calculateur peut évaluer la force et la longueur du levier qu'il faudrait, de nos jours, pour élever jusqu'au Théâtre l'œuvre sublime du *Tartuffe* ? Aussi l'Auteur qui se compromet avec le Public, *pour l'amuser*, *ou pour l'instruire*, au lieu d'intriguer à son choix son ouvrage, est-il obligé de tourniller dans des incidens impossibles, de persifler au lieu de rire, et de prendre ses modeles hors de la société, crainte de se trouver mille ennemis, dont il ne connaissait aucun en composant son triste Drame.

J'ai donc réfléchi que si quelque homme courageux ne secouait pas toute cette poussière, bientôt l'ennui des Pieces françaises porterait la nation au frivole opéra-comique, et plus loin encor, aux Boulevards, à ce ramas infect de tréteaux élevés à notre honte, où la décente liberté, bannie du Théâtre français, se change en une licence effrénée, où la jeunesse va se nourrir de grossières inepties, et perdre, avec ses mœurs, le goût de la décence et des chefs-d'œuvre de nos maîtres. J'ai tenté d'être cet homme, et si je n'ai pas mis plus de talent à mes ouvrages, au moins mon intention s'est-elle manifestée dans tous.

J'ai pensé, je pense encor, qu'on n'obtient ni grand pathétique, ni profonde moralité, ni bon et vrai comique, au Théâtre, sans des situations fortes et qui naissent toujours d'une disconvenance sociale dans le sujet qu'on veut traiter. L'Auteur tragique, hardi dans ses moyens, ose admettre le crime atroce; les conspirations, l'usurpation du trône, le meurtre, l'empoisonnement, l'inceste, dans *Œdipe* et *Phèdre*; le fratricide dans *Vendôme*; le parricide dans *Mahomet*; le régicide dans *Macbeth*, etc., etc. La comédie, moins audacieuse, n'excede pas les disconvenances, parce que ses tableaux sont tirés de nos mœurs, ses sujets de la société. Mais, comment frapper sur l'avarice, à moins de mettre en scène un méprisable avare? démasquer l'hypocrisie sans montrer, comme *Orgon*, dans le *Tartuffe*, un abominable hypocrite *épousant sa fille et convoitant sa femme*? un homme à bonnes fortunes, sans le faire parcourir un cercle entier de femmes galantes? un joueur effréné, sans l'envelopper de fripons, s'il ne l'est pas déja lui-même?

Tous ces gens-là sont loin d'être vertueux; l'Auteur ne les donne pas pour tels : il n'est le patron d'aucun d'eux; il est le peintre de leurs vices. Et parce que le lion est féroce, le loup vorace et glouton, le renard rusé, cauteleux, la fable est-elle sans moralité? Quand l'Auteur la dirige contre un sot que la louange enivre, il fait choir du bec du corbeau le fromage dans la gueule du renard, sa moralité est remplie; s'il la tournait contre le bas flatteur, il finirait son apologue ainsi : *le renard s'en saisit, le dévore, mais le fromage était empoisonné.* La fable est une comédie légère, et toute comédie n'est qu'un long apologue : leur différence est, que dans la fable les animaux ont de l'esprit, et que dans notre comédie les hommes sont souvent des bêtes, et, qui pis est, des bêtes méchantes.

Ainsi, lorsque *Molière*, qui fut si tourmenté par les sots, donne à l'*Avare* un fils prodigue et vicieux qui lui vole sa cassette, et l'injurie en face; est-ce des vertus ou des vices qu'il tire sa moralité ? Que lui importent ses fantômes ? c'est vous qu'il entend corriger. Il est vrai que les afficheurs et les balayeurs littéraires de son tems ne manquèrent pas d'apprendre au bon Public combien tout cela était horrible ! Il est aussi prouvé que des envieux très-importans, ou des importans très-envieux, se déchaînèrent contre lui. Voyez le sévère *Boileau*, dans son épître au grand *Racine*, venger son ami qui n'est plus, en rappellant ainsi les faits :

> L'Ignorance et l'Erreur à ses naissantes Pieces,
> En habits de Marquis, en robes de Comtesses,
> Venaient pour diffamer son chef-d'œuvre nouveau.
> Et secouaient la tête à l'endroit le plus beau.
> Le Commandeur voulait la scène plus exacte;
> Le Vicomte, indigné, sortait au second acte :
> L'un, défenseur zélé des dévôts mis en jeu,
> Pour prix de ses bons mots, le condamnait au feu;
> L'autre, *fougueux Marquis*, lui déclarant la guerre,
> Voulait venger la Cour immolée au Parterre.

On voit même dans un placet de *Molière* à *Louis XIV* qui fut si grand en protégeant les Arts, et sans le goût éclairé duquel notre Théâtre n'aurait pas un seul chef-d'œuvre de *Molière*, on voit ce philosophe Auteur se plaindre amèrement au Roi que, pour avoir démasqué les hypocrites, ils imprimaient par-tout qu'il était *un libertin, un impie, un athée, un démon vêtu de chair, habillé en homme*; et cela s'imprimait avec APPROBATION ET PRIVILEGE de ce Roi qui le protégeait : rien là-dessus n'est empiré.

Mais, parce que les personnages d'une Piece s'y montrent sous des mœurs vicieuses, faut-il les bannir de la Scène ? Que poursuivrait-on au Théâtre ? les travers et les ridicules ? cela vaut bien la peine d'écrire ! ils sont chez nous comme les modes; on ne s'en corrige point, on en change.

Les vices, les abus, voilà ce qui ne change point, mais se déguise en mille formes sous le masque des mœurs dominantes : leur arracher ce masque et les montrer à découvert, telle est la noble tâche de l'homme qui se voue au Théâtre. Soit qu'il moralise en riant, soit qu'il pleure en moralisant, Héraclite ou Démocrite, il n'a pas un autre devoir; malheur à lui s'il s'en écarte. On ne peut corriger les hommes qu'en les fesant voir tels qu'ils sont. La comédie utile et véridique n'est point un éloge menteur, un vain discours d'Académie.

Mais gardons-nous bien de confondre cette critique générale, un des plus nobles buts de l'art, avec la satyre odieuse et personnelle : l'avantage de la première est de corriger sans blesser. Faites prononcer au Théâtre par l'homme juste, aigri de l'horrible abus des bienfaits : *tous les hommes sont des ingrats;* quoique chacun soit bien près de penser comme lui, personne ne s'offensera. Ne pouvant y avoir un ingrat sans qu'il existe un bienfaiteur, ce reproche même établit une balance égale entre les bons et mauvais cœurs; on le sent, et cela console. Que si l'humoriste répond *qu'un bienfaiteur fait cent ingrats*, on répliquera justement *qu'il n'y a peut-être pas un ingrat qui n'ait été plusieurs fois bienfaiteur;* cela console encor. Et c'est ainsi qu'en généralisant, la critique la plus amère porte du fruit sans nous blesser; quand la satyre personnelle, aussi stérile que funeste, blesse toujours et ne produit jamais. Je hais par-tout cette dernière, et je la crois un si punissable abus, que j'ai plusieurs fois d'office invoqué la vigilance du Magistrat pour empêcher que le Théâtre ne devînt une arène de gladiateurs où le Puissant se crût en droit de faire exercer ses vengeances par les plumes vénales et malheureusement trop communes qui mettent leur bassesse à l'enchère.

N'ont-ils donc pas assez, ces Grands, des mille et un feuillistes, feseurs de Bulletins, Afficheurs, pour y trier les plus mauvais, en choisir un bien lâche, et dénigrer qui les offusque? On tolère un si léger mal, parce qu'il est sans conséquence et que la vermine éphémère démange un instant et périt; mais le Théâtre est un géant qui blesse à mort tout ce qu'il frappe. On doit réserver ses grands coups pour les abus et pour les maux publics.

Ce n'est donc ni le vice ni les incidens qu'il amène qui font l'indécence théâtrale, mais le défaut de leçons et de moralité. Si l'Auteur, ou faible ou timide, n'ose en tirer de son sujet, voilà ce qui rend sa Piece équivoque ou vicieuse.

Lorsque je mis *Eugénie* au Théâtre (et il faut bien que je me cite, puisque c'est toujours moi qu'on attaque), lorsque je mis *Eugénie* au Théâtre, tous nos Jurés-Crieurs à la décence jettaient des flammes dans les foyers sur ce que j'avais osé montrer un Seigneur libertin habillant ses Valets en Prêtres et feignant d'épouser une jeune personne qui paraît enceinte au Théâtre, sans avoir été mariée.

Malgré leurs cris, la Piece a été jugée, sinon le meilleur, au moins le plus moral des Drames, constamment jouée sur tous les Théâtres et traduite dans toutes les langues. Les bons esprits ont vu que la moralité, que l'intérêt, y naissaient entièrement de l'abus qu'un homme puissant et vicieux fait de son nom, de son crédit, pour tourmenter une faible fille, sans appui, trompée, vertueuse et délaissée. Ainsi tout ce que l'ouvrage a d'utile et de bon naît du courage qu'eut l'Auteur d'oser porter la disconvenance sociale au plus haut point de liberté.

Depuis, j'ai fait *les Deux Amis*, Piece dans laquelle un père avoue à sa prétendue niece qu'elle est sa fille illégitime : ce Drame est aussi très-moral, parce qu'à travers les sacrifices de la plus parfaite amitié, l'Auteur s'attache à y montrer les devoirs qu'impose la nature sur les fruits d'un ancien amour, que la rigoureuse dureté des convenances sociales, ou plutôt leur abus, laisse trop souvent sans appui.

Entr'autres critiques de la Piece, j'entendis, dans une loge auprès de celle que j'occupais, un jeune *Important* de la Cour qui disait gaiment à des dames : « L'Auteur, sans doute, est un « garçon Fripier, qui ne voit rien de plus élevé que des Com-« mis des fermes et des Marchands d'étoffes ; et c'est au fond « d'un magasin qu'il va chercher les nobles amis qu'il traduit à « la Scène française ! » Hélas ! Monsieur, lui dis-je en m'avançant, il a fallu du moins les prendre où il n'est pas impossible de les supposer. Vous ririez bien plus de l'Auteur, s'il eût tiré deux vrais amis de l'Œil de bœuf ou des Carrosses ? Il faut un peu de vraisemblance, même dans les actes vertueux.

Me livrant à mon gai caractère, j'ai depuis tenté, dans *le Bar-*

bier de Séville, de ramener au Théâtre l'ancienne et franche gaité, en l'alliant avec le ton léger de notre plaisanterie actuelle; mais comme cela même était une espece de nouveauté, la Piece fut vivement poursuivie. Il semblait que j'eusse ébranlé l'État; l'excès des précautions qu'on prit et des cris qu'on fit contre moi décelait sur-tout la frayeur que certains vicieux de ce tems avaient de s'y voir démasqués. La Piece fut censurée quatre fois, cartonnée trois fois sur l'affiche à l'instant d'être jouée, dénoncée même au Parlement d'alors; et moi, frappé de ce tumulte, je persistais à demander que le Public restât le juge de ce que j'avais destiné à l'amusement du Public.

Je l'obtins au bout de trois ans. Après les clameurs, les éloges; et chacun me disait tout bas : Faites-nous donc des Pieces de ce genre, puisqu'il n'y a plus que vous qui osiez rire en face.

Un Auteur désolé par la cabale et les criards, mais qui voit sa Piece marcher, reprend courage, et c'est ce que j'ai fait. Feu M. le Prince de *Conti*, de patriotique mémoire (car en frappant l'air de son nom, l'on sent vibrer le vieux mot Patrie), feu M. le Prince de *Conti*, donc, me porta le défi public de mettre au Théâtre ma Préface du *Barbier*, plus gaie, disait-il, que la Piece, et d'y montrer la famille de *Figaro*, que j'indiquais dans cette Préface. Monseigneur, lui répondis-je, si je mettais une seconde fois ce caractère sur la Scène, comme je le montrerais plus âgé, qu'il en saurait quelque peu davantage, ce serait bien un autre bruit, et qui sait s'il verrait le jour! Cependant, par respect, j'acceptai le défi : je composai cette *Folle Journée*, qui cause aujourd'hui la rumeur. Il daigna la voir le premier. C'était un homme d'un grand caractère, un Prince auguste, un esprit noble et fier : le dirai-je? il en fut content.

Mais quel piége, hélas! j'ai tendu au jugement de nos Critiques en appellant ma Comédie du vain nom de *Folle Journée!* mon objet était bien de lui ôter quelqu'importance; mais je ne savais pas encor à quel point un changement d'annonce peut égarer tous les esprits. En lui laissant son véritable titre, on eût lu *l'Epoux suborneur*. C'était pour eux une autre piste; on me courait différemment. Mais ce nom de *Folle Journée* les a mis à cent lieues de moi : ils n'ont plus rien vu dans l'ouvrage que ce qui n'y sera jamais; et cette remarque un peu sévère sur la facilité de prendre le change a plus d'étendue qu'on ne croit. Au lieu du nom de *Georges Dandin*, si *Molière* eût appelé son Drame : *la Sotise des alliances*, il eût porté bien plus de fruit; si *Regnard* eût nommé son *Légataire : la Punition du célibat*, la Piece nous eût fait frémir. Ce à quoi il ne songea pas : je l'ai fait avec réflexion. Mais qu'on ferait un beau chapitre sur tous les jugemens des hommes et la morale du Théâtre, et qu'on pourrait intituler : *De l'influence de l'Affiche !*

Quoi qu'il en soit, *la Folle Journée* resta cinq ans au portefeuille ; les Comédiens ont su que je l'avais, ils me l'ont enfin arrachée. S'ils ont bien ou mal fait pour eux, c'est ce qu'on a pu voir depuis. Soit que la difficulté de la rendre excitât leur émulation, soit qu'ils sentissent, avec le Public, que pour lui plaire en comédie il fallait de nouveaux efforts, jamais Piece aussi difficile n'a été jouée avec autant d'ensemble ; et si l'Auteur (comme on le dit) est resté au dessous de lui-même, il n'y a pas un seul Acteur dont cet Ouvrage n'ait établi, augmenté ou confirmé la réputation. Mais revenons à sa lecture, à l'adoption des Comédiens.

Sur l'éloge outré qu'ils en firent, toutes les Sociétés voulurent le connaître, et dès-lors il falut me faire des querelles de toute espece ou céder aux instances universelles. Dès-lors aussi les grands ennemis de l'Auteur ne manquèrent pas de répandre à la Cour qu'il blessait dans cet ouvrage, d'ailleurs *un tissu de bêtises*, la Religion, le Gouvernement, tous les états de la Société, les bonnes mœurs, et qu'enfin la vertu y était opprimée et le vice triomphant, *comme de raison*, ajoutait-on. Si les graves Messieurs qui l'ont tant répété me font l'honneur de lire cette Préface, ils y verront au moins que j'ai cité bien juste, et la bourgeoise intégrité que je mets à mes citations n'en fera que mieux ressortir la noble infidélité des leurs.

Ainsi dans *le Barbier de Séville* je n'avais qu'ébranlé l'État ; dans ce nouvel essai, plus infâme et plus séditieux, je le renversais de fond en comble. Il n'y avait plus rien de sacré si l'on permettait cet ouvrage. On abusait l'autorité par les plus insidieux rapports ; on cabalait auprès des Corps puissans ; on allarmait les Dames timorées ; on me fesait des ennemis sur le prie-Dieu des oratoires ; et moi, selon les hommes et les lieux, je repoussais la basse intrigue par mon excessive patience, par la roideur de mon respect, l'obstination de ma docilité, par la raison, quand on voulait l'entendre.

Ce combat a duré quatre ans. Ajoutez-les aux cinq du portefeuille, que reste-t-il des allusions qu'on s'efforce à voir dans l'ouvrage? Hélas! quand il fut composé, tout ce qui fleurit aujourd'hui n'avait pas même encor germé. C'était tout un autre Univers.

Pendant ces quatre ans de débat je ne demandais qu'un Censeur; on m'en accorda cinq ou six. Que virent-ils dans l'ouvrage objet d'un tel déchaînement? la plus badine des intrigues. Un grand Seigneur espagnol, amoureux d'une jeune fille qu'il veut séduire, et les efforts que cette fiancée, celui qu'elle doit épouser et la femme du Seigneur réunissent pour faire échouer dans son dessein un maître absolu que son rang, sa fortune et sa prodigalité rendent tout puissant pour l'accomplir. Voilà tout, rien de plus. La Piece est sous vos yeux.

D'où naissaient donc ces cris perçans? De ce qu'au-lieu de poursuivre un seul caractère vicieux, comme le Joueur, l'Ambitieux, l'Avare, ou l'Hypocrite, ce qui ne lui eût mis sur les bras qu'une seule classe d'ennemis, l'Auteur a profité d'une composition légère, ou plutôt a formé son plan de façon à y faire entrer la critique d'une foule d'abus qui désolent la Société. Mais comme ce n'est pas là ce qui gâte un ouvrage aux yeux du Censeur éclairé, tous, en l'approuvant, l'ont réclamé pour le Théâtre. Il a donc fallu l'y souffrir; alors les Grands du monde ont vu jouer avec scandale

> Cette Pièce, où l'on peint un insolent valet
> Disputant sans pudeur son épouse à son maître.
>
> M. Gudin.

Oh! que j'ai de regret de n'avoir pas fait de ce sujet moral une Tragédie bien sanguinaire! Mettant un poignard à la main de l'époux outragé, que je n'aurais pas nommé *Figaro*, dans sa jalouse fureur je lui aurais fait noblement poignarder le Puissant vicieux; et comme il aurait vengé son honneur dans des vers quarrés, bien ronflans, et que mon jaloux, tout au moins Général d'armée, aurait eu pour rival quelque tyran bien horrible et régnant au plus mal sur un peuple désolé; tout cela, très-loin de nos mœurs, n'aurait, je crois, blessé personne; on eût crié : *bravo! ouvrage bien moral!* Nous étions sauvés, moi et mon *Figaro* sauvage.

Mais ne voulant qu'amuser nos Français et non faire ruisseler les larmes de leurs épouses, de mon coupable Amant, j'ai fait un jeune Seigneur de ce temps-là, prodigue, assez galant, même un peu libertin, à-peu-près comme les autres Seigneurs de ce temps-là. Mais qu'oserait-on dire au Théâtre d'un Seigneur, sans les offenser tous, sinon de lui reprocher son trop de galanterie! N'est-ce pas là le défaut le moins contesté par eux-mêmes? J'en vois beaucoup, d'ici, rougir modestement (et c'est un noble effort) en convenant que j'ai raison.

Voulant donc faire le mien coupable, j'ai eu le respect généreux de ne lui prêter aucun des vices du peuple. Direz-vous que je ne le pouvais pas, que c'eût été blesser toutes les vraisemblances? Concluez donc en faveur de ma Piece, puisqu'enfin je ne l'ai pas fait.

Le défaut même dont je l'accuse n'aurait produit aucun mouvement comique, si je ne lui avais gaîment opposé l'homme le plus dégourdi de sa nation, *le véritable Figaro*, qui tout en défendant *Suzanne*, sa propriété, se moque des projets de son maître et s'indigne très-plaisamment qu'il ose joûter de ruse avec lui, maître passé dans ce genre d'escrime.

Ainsi, d'une lutte assez vive entre l'abus de la puissance, l'oubli des principes, la prodigalité, l'occasion, tout ce que la séduction a de plus entraînant; et le feu, l'esprit, les ressources que l'infériorité piquée au jeu peut opposer à cette attaque, il naît dans ma Piece un jeu plaisant d'intrigue, où *l'époux suborneur*, contrarié, lassé, harrassé, toujours arrêté dans ses vues, est obligé trois fois dans cette journée de tomber aux pieds de sa femme, qui, bonne, indulgente et sensible, finit par lui pardonner : c'est ce qu'elles font toujours. Qu'a donc cette moralité de blâmable, Messieurs?

La trouvez-vous un peu badine pour le ton grave que je prens? accueillez-en une plus sévère qui blesse vos yeux dans l'ouvrage, quoique vous ne l'y cherchiez pas : c'est qu'un Seigneur assez vicieux pour vouloir prostituer à ses caprices tout ce qui lui est subordonné, pour se jouer dans ses domaines de la pudicité de toutes ses jeunes vassales, doit finir, comme celui-ci, par être la risée de ses valets. Et c'est ce que l'Auteur a très-fortement prononcé, lorsqu'en fureur au cinquième Acte, *Almaviva*, croyant confondre une femme infidèle, montre à son jardinier un cabinet, en lui criant : *Entre-s-y toi, Antonio ; conduis devant son juge l'infâme qui m'a déshonoré;* et que celui-ci lui répond : *Il y a, parguenne, une bonne Providence ! Vous en avez tant fait dans le pays qu'il faut bien aussi qu'à votre tour !...*

Cette profonde moralité se fait sentir dans tout l'ouvrage ; et s'il convenait à l'Auteur de démontrer aux adversaires qu'à travers sa forte leçon il a porté la considération pour la dignité du coupable plus loin qu'on ne devait l'attendre de la fermeté de son pinceau, je leur ferais remarquer que, croisé dans tous ses projets, le Comte *Almaviva* se voit toujours humilié, sans être jamais avili.

En effet, si la Comtesse usait de ruse pour aveugler sa jalousie dans le dessein de le trahir, devenue coupable elle-même, elle ne pourrait mettre à ses pieds son époux, sans le dégrader à nos yeux. La vicieuse intention de l'épouse, brisant un lien respecté, l'on reprocherait justement à l'Auteur d'avoir tracé des mœurs blâmables : car nos jugemens sur les mœurs se rapportent toujours aux femmes ; on n'estime pas assez les hommes pour tant exiger d'eux sur ce point délicat. Mais, loin qu'elle ait ce vil projet, ce qu'il y a de mieux établi dans l'ouvrage, est que nul ne veut faire une tromperie au Comte, mais seulement l'empêcher d'en faire à tout le monde. C'est la pureté des motifs qui sauve ici les moyens du reproche ; et, de cela seul que la Comtesse ne veut que ramener son mari, toutes les confusions qu'il éprouve sont certainement très-morales, aucune n'est avilissante.

Pour que cette vérité vous frappe davantage, l'Auteur oppose à ce mari peu délicat la plus vertueuse des femmes, par goût et par principes.

Abandonnée d'un époux trop aimé, quand l'expose-t-on à vos regards ? dans le moment critique où sa bienveillance pour un aimable enfant, son filleul, peut devenir un goût dangereux, si elle permet au ressentiment qui l'apuie de prendre trop d'empire sur elle. C'est pour faire mieux sortir l'amour vrai du devoir que l'Auteur la met un moment aux prises avec un goût naissant qui le combat. Oh ! combien on s'est étayé de ce léger mouvement dramatique, pour nous accuser d'indécence! On accorde à la tragédie que toutes les Reines, les Princesses, ayent des passions bien allumées qu'elles combattent plus ou moins, et l'on ne souffre pas que, dans la comédie, une femme ordinaire puisse lutter contre la moindre faiblesse! O grande *influence de l'Affiche!* jugement sûr et conséquent! avec la différence du genre, on blâme ici ce qu'on approuvait là. Et cependant en ces deux cas c'est toujours le même principe : point de vertu sans sacrifice.

J'ose en appeller à vous, jeunes infortunées que votre malheur attache à des *Almaviva!* Distingueriez-vous toujours votre vertu de vos chagrins, si quelqu'intérêt importun tendant trop à les dissiper, ne vous avertissait enfin qu'il est tems de combattre pour elle ? Le chagrin de perdre un mari n'est pas ici ce qui nous touche ; un regret aussi personnel est trop loin d'être une vertu ! Ce qui nous plaît dans la Comtesse, c'est de la voir lutter franchement contre un goût naissant qu'elle blâme et des ressentimens légitimes. Les efforts qu'elle fait alors pour ramener son infidele époux, mettant dans le plus heureux jour les deux sacrifices pénibles de son goût et de sa colère, on n'a nul besoin d'y penser pour applaudir à son triomphe; elle est un modele de vertu, l'exemple de son sexe et l'amour du nôtre.

Si cette métaphysique de l'honnêteté des Scènes, si ce principe avoué, de toute décence théâtrale, n'a point frappé nos juges à la représentation, c'est vainement que j'en étendrais ici le développement, les conséquences ; un tribunal d'iniquité n'écoute point les défenses de l'accusé qu'il est chargé de perdre, et ma Comtesse n'est point traduite au Parlement de la nation : c'est une Commission qui la juge.

On a vu la légère esquisse de son aimable caractère dans la charmante Piece d'*Heureusement.* Le goût naissant que la jeune femme éprouve pour son petit cousin l'Officier, n'y parut blâmable à personne, quoique la tournure des Scènes pût laisser à penser que la soirée eût fini d'autre manière, si l'époux ne fût pas rentré, comme dit l'Auteur, *heureusement.* Heureusement aussi l'on n'avait pas le projet de calomnier cet Auteur : chacun se livra de bonne-foi à ce doux intérêt qu'inspire une jeune femme honnête et sensible qui réprime ses premiers goûts ; et notez que dans cette Piece, l'époux ne paraît qu'un peu sot;

dans la mienne il est infidele; ma Comtesse a plus de mérite.

Aussi, dans l'ouvrage que je défens, le plus véritable intérêt se porte-t-il sur la Comtesse! Le reste est dans le même esprit.

Pourquoi *Suzanne* la camariste, spirituelle, adroite et rieuse, a-t-elle aussi le droit de nous intéresser? C'est qu'attaquée par un séducteur puissant, avec plus d'avantage qu'il n'en faudrait pour vaincre une fille de son état, elle n'hésite pas à confier les intentions du Comte aux deux personnes les plus intéressées à bien surveiller sa conduite : sa maîtresse et son fiancé; c'est que, dans tout son rôle, presque le plus long de la Piece, il n'y a pas une phrase, un mot, qui ne respire la sagesse et l'attachement à ses devoirs. La seule ruse qu'elle se permette est en faveur de sa maîtresse, à qui son dévoûment est cher, et dont tous les vœux sont honnêtes.

Pourquoi, dans ses libertés sur son maître, *Figaro* m'amuse-t-il, au lieu de m'indigner? C'est que, l'opposé des valets, il n'est pas, et vous le savez, le malhonnête homme de la Piece : en le voyant forcé par son état de repousser l'insulte avec adresse, on lui pardonne tout, dès qu'on sait qu'il ne ruse avec son Seigneur que pour garantir ce qu'il aime et sauver sa propriété.

Donc, hors le Comte et ses agens, chacun fait dans la Piece à-peu-près ce qu'il doit. Si vous les croyez malhonnêtes parce qu'ils disent du mal les uns des autres, c'est une regle très-fautive. Voyez nos honnêtes gens du siecle : on passe la vie à ne faire autre chose! Il est même tellement reçu de déchirer sans pitié les absens, que moi, qui les défens toujours, j'entens murmurer très-souvent : quel diable d'homme, et qu'il est contrariant! il dit du bien de tout le monde!

Est-ce mon Page, enfin, qui vous scandalise, et l'immoralité qu'on reproche au fond de l'ouvrage serait-elle dans l'accessoire? O censeurs délicats! beaux esprits sans fatigue! inquisiteurs pour la morale, qui condamnez en un clin-d'œil les réflexions de cinq années; soyez justes une fois, sans tirer à conséquence. Un enfant de treize ans, aux premiers battemens du cœur, cherchant tout sans rien démêler, idolâtre, ainsi qu'on l'est à cet âge heureux, d'un objet céleste pour lui dont le hasard fit sa maraine, est-il un sujet de scandale? Aimé de tout le monde au château, vif, espiégle et brûlant, comme tous les enfans spirituels; par son agitation extrême, il dérange dix fois, sans le vouloir, les coupables projets du Comte. Jeune adepte de la nature, tout ce qu'il voit a droit de l'agiter ; peut-être il n'est plus un enfant, mais il n'est pas encor un homme, et c'est le moment que j'ai choisi pour qu'il obtint de l'intérêt sans forcer personne à rougir. Ce qu'il éprouve innocemment, il l'inspire par-tout de même. Direz-vous qu'on l'aime d'amour ? Censeurs ! ce n'est pas là le mot : vous êtes trop éclairés pour ignorer que l'amour, même le plus pur, a un motif intéressé : on ne l'aime donc pas encor ; on sent qu'un jour on l'aimera. Et c'est ce que l'Auteur a mis avec gaité dans la bouche de *Suzanne*, quand elle dit à cet enfant : *Oh ! dans trois ou quatre ans, je prédis que vous serez le plus grand petit vaurien !*......

Pour lui imprimer plus fortement le caractère de l'enfance, nous le fesons exprès tutoyer par *Figaro*. Supposez-lui deux ans de plus, quel valet dans le château prendrait ces libertés ? Voyez-le à la fin de son rôle ; à peine a-t-il un habit d'Officier, qu'il porte la main à l'épée aux premieres railleries du Comte, sur le quiproquo d'un soufflet. Il sera fier, notre étourdi ! mais c'est un enfant, rien de plus. N'ai-je pas vu nos dames, dans les loges, aimer mon Page à la folie ? Que lui voulaient-elles ? hélas ! rien : c'était de l'intérêt aussi ; mais, comme celui de la Comtesse, un pur et naïf intérêt, un intérêt... sans intérêt.

Mais, est-ce la personne du Page ou la conscience du Seigneur qui fait le tourment du dernier, toutes les fois que l'auteur les condamne à se rencontrer dans la Piece ? Fixez ce léger apperçu, il peut vous mettre sur sa voie ; ou plutôt apprenez de lui que cet enfant n'est amené que pour ajouter à la moralité de l'ouvrage, en vous montrant que l'homme le plus absolu chez lui, dès qu'il suit un projet coupable, peut être mis au désespoir par l'être le moins important, par celui qui redoute le plus de se rencontrer sur sa route.

Quand mon Page aura dix-huit ans, avec le caractère vif et bouillant que je lui ai donné, je serai coupable, à mon tour, si je le montre sur la Scène. Mais à treize ans qu'inspire-t-il ? quelque chose de sensible et doux qui n'est amitié ni amour, et qui tient un peu de tous deux.

J'aurais de la peine à faire croire à l'innocence de ces impressions, si nous vivions dans un siecle moins chaste, dans un de ces siecles de calcul où, voulant tout prématuré, comme les fruits de leurs serres chaudes, les Grands mariaient leurs enfans à douze ans, et fesaient plier la nature, la décence et le goût aux plus sordides convenances, en se hâtant sur-tout d'arracher de ces êtres non formés des enfans encor moins formables dont le bonheur n'occupait personne, et qui n'étaient que le prétexte d'un certain trafic d'avantages qui n'avait nul rapport à eux, mais uniquement à leur nom. Heureusement nous en sommes bien loin, et le caractère de mon Page, sans conséquence pour lui-même, en a une relative au Comte, que le moraliste apperçoit, mais qui n'a pas encore frappé le grand commun de nos jugeurs.

Ainsi, dans cet ouvrage, chaque rôle important a quelque but moral. Le seul qui semble y déroger est le rôle de *Marceline*.

Coupable d'un ancien égarement, dont son *Figaro* fut le fruit, elle devrait, dit-on, se voir au moins punie par la confusion de sa faute, lorsqu'elle reconnaît son fils. L'Auteur eût pu même en tirer une moralité plus profonde : dans les mœurs qu'il veut corriger, la faute d'une jeune fille séduite est celle des hommes, et non la sienne. Pourquoi donc ne l'a-t-il pas fait?

Il l'a fait, Censeurs raisonnables! étudiez la Scène suivante, qui fesait le nerf du troisieme Acte et que les Comédiens m'ont prié de retrancher, craignant qu'un morceau si sévère n'obscurcît la gaité de l'action.

Quand *Molière* a bien humilié la Coquette ou Coquine du *Misantrope*, par la lecture publique de ses lettres à tous ses amans, il la laisse avilie sous les coups qu'il lui a portés; il a raison : qu'en ferait-il? vicieuse par goût et par choix, veuve aguerie, femme de Cour, sans aucune excuse d'erreur, et fléau d'un fort honnête homme, il l'abandonne à nos mépris, et telle est sa moralité. Quant à moi, saisissant l'aveu naïf de *Marceline* au moment de la reconnaissance, je montrais cette femme humiliée et *Bartholo* qui la refuse, et *Figaro*, leur fils commun, dirigeant l'attention publique sur les vrais fauteurs du désordre où l'on entraîne sans pitié toutes les jeunes filles du peuple douées d'une jolie figure.

Telle est la marche de la Scène.

BRID'OISON, *parlant de Figaro qui vient de reconnaître sa mère en Marceline.*

C'est clair : i-il ne l'épousera pas.

BARTHOLO.

Ni moi non plus.

MARCELINE.

Ni vous ! et votre fils ? Vous m'aviez juré...

BARTHOLO.

J'étais fou. Si pareils souvenirs engageaient, on serait tenu d'épouser tout le monde.

BRID'OISON.

E-Et si l'on y regardait de si près, pè-ersonne n'épouserait personne.

BARTHOLO.

Des fautes si connues ! une jeunesse déplorable !

MARCELINE, *s'échauffant par degrés.*

Oui, déplorable, et plus qu'on ne croit ! Je n'entens pas nier mes fautes ; ce jour les a trop bien prouvées ! mais qu'il est dur de les expier après trente ans d'une vie modeste ! J'étais née, moi, pour être sage, et je la suis devenue sitôt qu'on m'a permis d'user de ma raison. Mais dans l'âge des illusions, de l'inexpérience et des besoins, où les séducteurs nous assiégent, pendant que la misère nous poignarde, que peut opposer une enfant à tant d'ennemis rassemblés ? Tel nous juge ici sévèrement, qui peut-être en sa vie a perdu dix infortunées.

FIGARO.

Les plus coupables sont les moins généreux, c'est la regle.

MARCELINE, *vivement.*

Hommes plus qu'ingrats, qui flétrissez par le mépris les jouets de vos passions, vos victimes! c'est vous qu'il faut punir des erreurs de notre jeunesse; vous et vos Magistrats si vains du droit de nous juger, et qui nous laissent enlever, par leur coupable négligence, tout honnête moyen de subsister. Est-il un seul état pour les malheureuses filles? elles avaient un droit naturel à toute la parure des femmes; on y laisse former mille ouvriers de l'autre sexe.

FIGARO.

Ils font broder jusqu'aux soldats!

MARCELINE, *exaltée.*

Dans les rangs même plus élevés, les femmes n'obtiennent de vous qu'une considération dérisoire. Leurées de respects apparens, dans une servitude réelle, traitées en mineures pour nos biens, punies en majeures pour nos fautes : ah! sous tous les aspects, votre conduite avec nous fait horreur ou pitié.

FIGARO.

Elle a raison.

LE COMTE, *à part.*

Que trop raison.

BRID'OISON.

Elle a, mon-on Dieu! raison.

MARCELINE.

Mais que nous font, mon fils, les refus d'un homme injuste? ne regarde pas d'où tu viens, vois où tu vas; cela seul importe à chacun. Dans quelques mois ta fiancée ne dépendra plus que d'elle-même : elle t'acceptera, j'en répons; vis entre une épouse, une mère tendres, qui te chériront à qui mieux mieux. Sois indulgent pour elles, heureux pour toi, mon fils, gai, libre, et bon pour tout le monde : il ne manquera rien à ta mère.

FIGARO.

Tu parles d'or, maman, et je me tiens à ton avis. Qu'on est sot en effet! il y a des mille mille ans que le monde roule, et dans cet océan de durée, où j'ai par hasard attrapé quelques chétifs trente ans qui ne reviendront plus, j'irais me tourmenter pour savoir à qui je les dois! tant pis pour qui s'en inquiète. Passer ainsi la vie à chamailler, c'est peser sur le collier sans relâche, comme les malheureux chevaux de la remonte des fleuves, qui ne reposent pas, même quand ils s'arrêtent, et qui tirent toujours, quoiqu'ils cessent de marcher. Nous attendrons.

J'ai bien regretté ce morceau, et maintenant que la Piece est connue, si les Comédiens avaient le courage de le restituer à ma prière, je pense que le Public leur en saurait beaucoup de gré. Ils n'auraient plus même à répondre, comme je fus forcé de le faire à certains censeurs du beau monde qui me reprochaient, à la lecture, de les intéresser pour une femme de mauvaises mœurs. — Non, Messieurs, je n'en parle pas pour excuser ses mœurs, mais pour vous faire rougir des vôtres sur le point le plus destructeur de toute honnêteté publique : *la corruption des jeunes personnes* ; et j'avais raison de le dire que vous trouvez ma Piece trop gaie, parce qu'elle est souvent trop sévère. Il n'y a que façon de s'entendre.

— Mais votre *Figaro* est un soleil tournant, qui brûle, en jaillissant, les manchettes de tout le monde. — Tout le monde est exagéré. Qu'on me sache gré du moins s'il ne brûle pas aussi les doigts de ceux qui croient s'y reconnaître : au tems qui court, on a beau jeu sur cette matière au Théâtre. M'est-il permis de composer en Auteur qui sort du collége, de toujours faire rire des enfans sans jamais rien dire à des hommes? et ne devez-vous pas me passer un peu de morale, en faveur de ma gaité, comme on passe aux Français un peu de folie, en faveur de leur raison.

Si je n'ai versé sur nos sotises qu'un peu de critique badine, ce n'est pas que je ne sache en former de plus sévères : quiconque a dit tout ce qu'il sait dans son ouvrage, y a mis plus que moi dans le mien. Mais je garde une foule d'idées qui me pressent pour un des sujets les plus moraux du Théâtre, aujourd'hui sur mon chantier : *la Mère coupable ;* et si le dégoût dont on m'abreuve me permet jamais de l'achever, mon projet étant d'y faire verser des larmes à toutes les femmes sensibles, j'éleverai mon langage à la hauteur de mes situations, j'y prodiguerai les traits de la plus austère morale, et je tonnerai fortement sur les vices que j'ai trop ménagés. Apprêtez-vous donc bien, Messieurs, à me tourmenter de nouveau : ma poitrine a déjà grondé; j'ai noirci beaucoup de papier au service de votre colère.

Et vous, honnêtes indifférens qui jouissez de tout sans prendre parti sur rien, jeunes personnes modestes et timides qui vous plaisez à ma *Folle Journée* (et je n'entreprens sa défense que pour justifier votre goût), lorsque vous verrez dans le monde un de ces hommes tranchans critiquer vaguement la Piece, tout blâmer sans rien désigner, sur-tout la trouver indécente, examinez bien cet homme-là, sachez son rang, son état, son caractère, et vous connaîtrez sur le champ le mot qui l'a blessé dans l'ouvrage.

On sent bien que je ne parle pas de ces Ecumeurs littéraires qui vendent leurs bulletins ou leurs affiches à tant de liards le paragraphe. Ceux-là, comme l'*Abbé Baʒile,* peuvent calomnier : *ils médiraient qu'on ne les croirait pas.*

Je parle moins encor de ces libellistes honteux qui n'ont trouvé d'autre moyen de satisfaire leur rage, l'assassinat étant trop dangereux, que de lancer du cintre de nos Salles des vers infâmes contre l'Auteur, pendant que l'on jouait sa Piece. Ils savent que je les connais; si j'avais eu dessein de les nommer, ç'aurait été au ministère public : leur supplice est de l'avoir craint, il suffit à mon ressentiment. Mais on n'imaginera jamais jusqu'où ils ont osé élever les soupçons du Public sur une aussi lâche épigramme! semblables à ces vils charlatans du Pont-Neuf, qui, pour accréditer leurs drogues, farcissent d'ordres, de cordons, le tableau qui leur sert d'enseigne.

Non, je cite nos importans, qui, blessés, on sait pourquoi, des critiques semées dans l'ouvrage, se chargent d'en dire du mal, sans cesser de venir aux noces.

C'est un plaisir assez piquant de les voir d'en bas au Spectacle, dans le très-plaisant embarras de n'oser montrer ni satisfaction ni colère; s'avançant sur le bord des loges, prêts à se moquer de l'Auteur, et se retirant aussitôt pour céler un peu de grimace; emportés par un mot de la scène, et soudainement rembrunis par le pinceau du moraliste; au plus léger trait de gaité, jouer tristement les étonnés, prendre un air gauche en fesant les pudiques et regardant les femmes dans les yeux, comme pour leur reprocher de soutenir un tel scandale; puis, aux grands applaudissemens, lancer sur le Public un regard méprisant, dont il est écrasé; toujours prêts à lui dire, comme ce courtisan dont parle *Molière*, lequel, outré du succès de *l'Ecole des Femmes*, criait des balcons au Public : *Ris donc, Public, ris donc!* En vérité c'est un plaisir, et j'en ai joui bien des fois.

Celui-là m'en rappelle un autre. Le premier jour de *la Folle Journée*, on s'échauffait dans le foyer (même d'honnêtes Plébéyens) sur ce qu'ils nommaient spirituellement *mon audace*. Un petit vieillard sec et brusque, impatienté de tous ces cris, frappe le plancher de sa canne et dit en s'en allant : *Nos Français sont comme les enfans, qui braillent quand on les éberne.* Il avait du sens, ce vieillard. Peut-être on pouvait mieux parler, mais pour mieux penser, j'en défie.

Avec cette intention de tout blâmer, on conçoit que les traits les plus sensés ont été pris en mauvaise part. N'ai-je pas entendu vingt fois un murmure descendre des loges à cette réponse de *Figaro*?

LE COMTE.

Une réputation détestable!

FIGARO.

Et si je vaux mieux qu'elle; y a-t-il beaucoup de Seigneurs qui puissent en dire autant?

Je dis, moi, qu'il n'y en a point; qu'il ne saurait y en avoir, à moins d'une exception bien rare. Un homme obscur ou peu connu peut valoir mieux que sa réputation, qui n'est que l'opi-

nion d'autrui. Mais de même qu'un sot en place en paraît une
fois plus sot parce qu'il ne peut plus rien cacher, de même
un grand Seigneur, l'homme élevé en dignités, que la fortune
et sa naissance ont placé sur le grand théâtre, et qui, en entrant dans le monde, eut toutes les préventions pour lui, vaut
presque toujours moins que sa réputation s'il parvient à la
rendre mauvaise. Une assertion si simple et si loin du sar-
casme devait-elle exciter le murmure ? si son application paraît
fâcheuse aux Grands peu soigneux de leur gloire, en quel sens
fait-elle épigramme sur ceux qui méritent nos respects, et
quelle maxime plus juste au Théâtre peut servir de frein aux
Puissans et tenir lieu de leçon à ceux qui n'en reçoivent point
d'autres ?

Non qu'il faille oublier (a dit un Écrivain sévère, et je me
plais à le citer, parce que je suis de son avis), « Non qu'il faille
« oublier, dit-il, ce qu'on doit aux rangs élevés : il est juste au
« contraire que l'avantage de la naissance soit le moins contesté
« de tous, parce que ce bienfait gratuit de l'hérédité, relatif
« aux exploits, vertus ou qualités des aïeux de qui le reçut,
« ne peut aucunement blesser l'amour-propre de ceux auxquels
« il fut refusé ; parce que dans une monarchie, si l'on ôtait les
« rangs intermédiaires, il y aurait trop loin du monarque aux
« sujets ; bien-tôt on n'y verrait qu'un despote et des esclaves :
« le maintien d'une échelle graduée du laboureur au potentat
« intéresse également les hommes de tous les rangs, et peut-
« être est le plus ferme appui de la constitution monarchique. »

Mais quel Auteur parlait ainsi ? qui fesait cette profession de
foi sur la noblesse, dont on me suppose si loin ? C'était PIERRE-
AUGUSTIN CARON DE BEAUMARCHAIS, plaidant par écrit au Parlement d'Aix, en 1778, une grande et sévère question qui décida
bien-tôt de l'honneur d'un Noble et du sien. Dans l'ouvrage que
je défens on n'attaque point les états, mais les abus de chaque
état ; les gens seuls qui s'en rendent coupables ont intérêt à le
trouver mauvais ; voilà les rumeurs expliquées ; mais quoi donc,
les abus sont-ils devenus si sacrés qu'on n'en puisse attaquer
aucun sans lui trouver vingt défenseurs ?

Un avocat célèbre, un magistrat respectable, iront-ils donc
s'approprier le plaidoyer d'un *Bartholo*, le jugement d'un
Brid'oison ? Ce mot de *Figaro* sur l'indigne abus des plaidoiries

de nos jours (*c'est dégrader le plus noble institut*) a bien montré le cas que je fais du noble métier d'avocat, et mon respect pour la magistrature ne sera pas plus suspecté, quand on saura dans quelle école j'en ai recherché la leçon, quand on lira le morceau suivant, aussi tiré d'un moraliste, lequel, parlant des Magistrats, s'exprime en ces termes formels :

« Quel homme aisé voudrait, pour le plus modique honoraire, « faire le métier cruel de se lever à quatre heures pour aller au « Palais tous les jours s'occuper, sous des formes prescrites, « d'intérêts qui ne sont jamais les siens, d'éprouver sans cesse « l'ennui de l'importunité, le dégoût des sollicitations, le ba- « vardage des Plaideurs, la monotonie des Audiences, la fatigue « des délibérations et la contention d'esprit nécessaire aux pro- « noncés des Arrêts, s'il ne se croyait pas payé de cette vie la- « borieuse et pénible par l'estime et la considération publique ? « et cette estime est-elle autre chose qu'un jugement, qui « n'est même aussi flatteur pour les bons Magistrats qu'en « raison de sa rigueur excessive contre les mauvais ? »

Mais quel Écrivain m'instruirait ainsi par ses leçons ? Vous allez croire encor que c'est PIERRE-AUGUSTIN ? vous l'avez dit : c'est lui, en 1773, dans son quatrieme Mémoire, en défendant jusqu'à la mort sa triste existence attaquée par un soi-disant magistrat. Je respecte donc hautement ce que chacun doit honorer, et je blâme ce qui peut nuire.

— Mais dans cette *Folle Journée*, au lieu de frapper les abus, vous vous donnez des libertés très-répréhensibles au Théâtre; votre monologue sur-tout contient, sur les gens disgraciés, des traits qui passent la licence ! — Eh ! croyez-vous, Messieurs, que j'eusse un talisman pour tromper, séduire, enchaîner la censure et l'autorité, quand je leur soumis mon ouvrage ? que je n'aye pas dû justifier ce que j'avais osé écrire ? Que fais-je dire à *Figaro*, parlant à l'homme déplacé ? *Que les sotises imprimées n'ont d'importance qu'aux lieux où l'on en gêne le cours.* Est-ce donc là une vérité d'une conséquence dangereuse ? Au lieu de ces inquisitions puériles et fatiguantes, et qui seules donnent de l'importance à ce qui n'en aurait jamais, si, comme en Angleterre, on était assez sage ici pour traiter les sotises avec ce mépris qui les tue, loin de sortir du vil fumier qui les enfante, elles y pouriraient en germant, et ne se propageraient point. Ce qui multiplie les libelles est la faiblesse de les craindre ; ce qui fait vendre les sotises est la sotise de les défendre.

Et comment conclut Figaro ? *Que sans la liberté de blâmer, il n'est point d'éloge flatteur, et qu'il n'y a que les petits hommes qui redoutent les petits écrits.* Sont-ce là des hardiesses coupables ou bien des aiguillons de gloire ? des moralités insidieuses ou des maximes réfléchies aussi justes qu'encourageantes ?

Supposez-les le fruit des souvenirs. Lorsque, satisfait du présent, l'Auteur veille pour l'avenir, dans la critique du passé, qui peut avoir droit de s'en plaindre ? et si, ne désignant ni tems, ni lieu, ni personnes, il ouvre la voie au Théâtre à des réformes desirables, n'est-ce pas aller à son but ?

La Folle Journée explique donc comment, dans un temps prospère, sous un Roi juste et des Ministres modérés, l'Écrivain peut tonner sur les oppresseurs sans craindre de blesser personne. C'est pendant le règne d'un bon Prince qu'on écrit sans danger l'histoire des méchans Rois ; et, plus le Gouvernement est sage, est éclairé, moins la liberté de dire est en presse ; chacun y fesant son devoir, on n'y craint pas les allusions ; nul homme en place ne redoutant ce qu'il est forcé d'estimer, on n'affecte point alors d'opprimer chez nous cette même Littérature, qui fait notre gloire au dehors et nous y donne une sorte de primauté que nous ne pouvons tirer d'ailleurs.

En effet, à quel titre y prétendrions-nous ? Chaque Peuple tient à son culte et chérit son Gouvernement. Nous ne sommes pas restés plus braves que ceux qui nous ont battus à leur tour. Nos mœurs, plus douces, mais non meilleures, n'ont rien qui nous élève au-dessus d'eux. Notre Littérature seule, estimée de toutes les nations, étend l'empire de la langue française et nous obtient de l'Europe entière une prédilection avouée qui justifie, en l'honorant, la protection que le Gouvernement lui accorde.

Et, comme chacun cherche toujours le seul avantage qui lui manque, c'est alors qu'on peut voir dans nos Académies l'homme de la Cour siéger avec les gens de lettres, les talens personnels et la considération héritée se disputer ce noble objet, et les archives académiques se remplir presque également de papiers et de parchemins.

Revenons à *la Folle Journée.*

Un Monsieur de beaucoup d'esprit, mais qui l'économise un peu trop, me disait un soir au Spectacle : Expliquez-moi donc, je vous prie, pourquoi, dans votre Piece, on trouve autant de phrases négligées qui ne sont pas de votre style. — De mon style, Monsieur ? Si par malheur j'en avais un, je m'efforcerais de l'oublier quand je fais une comédie, ne connaissant rien d'insipide au Théâtre comme ces fades camaïeux où tout est bleu, où tout est rose, où tout est l'Auteur, quel qu'il soit.

Lorsque mon sujet me saisit, j'évoque tous mes personnages et les mets en situation : — songe à toi, *Figaro,* ton maître va te deviner. — Sauvez-vous vîte, *Chérubin,* c'est le Comte que vous touchez. — Ah ! Comtesse, quelle imprudence, avec un époux si violent ! — Ce qu'ils diront, je n'en sais rien ; c'est ce qu'ils feront qui m'occupe. Puis, quand ils sont bien animés, j'écris sous leur dictée rapide, sûr qu'ils ne me tromperont pas, que je reconnaîtrai *Baʒile,* lequel n'a pas l'esprit de *Figaro,* qui n'a pas le ton noble du Comte, qui n'a pas la sensibilité de la Comtesse, qui n'a pas la gaité de *Suʒanne,* qui n'a pas l'espieglerie du Page, et sur-tout aucun d'eux la sublimité de *Brid'oison.* Chacun y parle son langage : eh ! que le Dieu du naturel les préserve d'en parler d'autre ! Ne nous attachons donc qu'à l'examen de leurs idées, et non à rechercher si j'ai dû leur prêter mon style.

Quelques malveillans ont voulu jetter de la défaveur sur cette phrase de Figaro : *Sommes-nous des soldats qui tuent et se font tuer pour des intérêts qu'ils ignorent ? Je veux savoir, moi, pourquoi je me fâche !* A travers le nuage d'une conception indigeste ils ont feint d'appercevoir : *que je répands une lumière décourageante sur l'état pénible du Soldat, et il y a des choses qu'il ne faut jamais dire.* Voilà dans toute sa force l'argument de la méchanceté ; reste à en prouver la bêtise.

Si, comparant la dureté du service à la modicité de la paye, ou discutant tel autre inconvénient de la guerre et comptant la gloire pour rien, je versais de la défaveur sur ce plus noble des affreux métiers, on me demanderait justement compte d'un mot indiscrettement échappé. Mais, du Soldat au Colonel, au Général exclusivement; quel imbécille homme de guerre a jamais eu la prétention qu'il dût pénétrer les secrets du cabinet pour lesquels il fait la campagne? C'est de cela seul qu'il s'agit dans la phrase de *Figaro*. Que ce fou-là se montre, s'il existe; nous l'enverrons étudier sous le Philosophe *Babouc*, lequel éclaircit disertement ce point de discipline militaire.

En raisonnant sur l'usage que l'homme fait de sa liberté dans les occasions difficiles, *Figaro* pouvait également opposer à sa situation tout état qui exige une obéissance implicite; et le cénobite zélé, dont le devoir est de tout croire sans jamais rien examiner, comme le guerrier valeureux, dont la gloire est de tout affronter sur des ordres non motivés, *de tuer et se faire tuer pour des intérêts qu'il ignore*. Le mot de *Figaro* ne dit donc rien, sinon qu'un homme libre de ses actions doit agir sur d'autres principes que ceux dont le devoir est d'obéir aveuglément.

Qu'aurait-ce été, bon Dieu! si j'avais fait usage d'un mot qu'on attribue au *Grand Condé*, et que j'entens louer à outrance par ces mêmes logiciens qui déraisonnent sur ma phrase? A les croire, le *Grand Condé* montra la plus noble présence d'esprit, lorsqu'arrêtant *Louis XIV* prêt à pousser son cheval dans le Rhin, il dit à ce monarque : *Sire, avez-vous besoin du bâton de Maréchal ?*

Heureusement on ne prouve nulle part que ce grand homme ait dit cette grande sotise. C'eût été dire au Roi, devant toute son Armée : vous moquez-vous donc, Sire, de vous exposer dans un fleuve? Pour courir de pareils dangers il faut avoir besoin d'avancement ou de fortune!

Ainsi l'homme le plus vaillant, le plus grand Général du siecle, aurait compté pour rien l'honneur, le patriotisme et la gloire! un misérable calcul d'intérêt eût été, selon lui, le seul principe de la bravoure! il eût dit là un affreux mot! et si j'en avais pris le sens pour l'enfermer dans quelque trait, je mériterais le reproche qu'on fait gratuitement au mien.

Laissons donc les cerveaux fumeux louer ou blamer, au hazard, sans se rendre compte de rien, s'extâsier sur une sotise qui n'a pu jamais être dite, et proscrire un mot juste et simple qui ne montre que du bon sens.

Un autre reproche assez fort, mais dont je n'ai pu me laver, est d'avoir assigné pour retraite à la Comtesse un certain couvent d'*Ursulines*. *Ursulines*! a dit un seigneur joignant les mains avec éclat; *Ursulines*! a dit une dame en se renversant de surprise sur un jeune Anglais de sa loge; *Ursulines*! ah Mylord! si vous entendiez le français!.... Je sens, je sens beaucoup, Madame, dit le jeune homme en rougissant. — C'est qu'on n'a jamais mis au Théâtre aucune femme aux *Ursulines*! Abbé, parlez-nous donc! L'Abbé (toujours appuyée sur l'Anglais), comment trouvez-vous *Ursulines*? Fort indécent, répond l'Abbé sans cesser de lorgner *Suzanne*. Et tout le beau monde a répété: *Ursulines est fort indécent*. Pauvre Auteur! on te croit jugé, quand chacun songe à son affaire. En vain j'essayais d'établir que, dans l'évenement de la Scène, moins la Comtesse a dessein de se cloîtrer, plus elle doit le feindre et faire croire à son époux que sa retraite est bien choisie: ils ont proscrit mes *Ursulines*!

Dans le plus fort de la rumeur, moi, bonhomme! j'avais été jusqu'à prier une des Actrices qui font le charme de ma Piece de demander aux mécontens à quel autre couvent de filles ils estimaient qu'il fût *décent* que l'on fît entrer la Comtesse? A moi, cela m'était égal, je l'aurais mise où l'on aurait voulu: aux *Augustines*, aux *Célestines*, aux *Clairettes*, aux *Visitandines*, même aux *Petites Cordelières*, tant je tiens peu aux *Ursulines*! Mais on agit si durement!

Enfin, le bruit croissant toujours, pour arranger l'affaire avec douceur, j'ai laissé le mot *Ursulines* à la place où je l'avais mis: chacun alors, content de soi, de tout l'esprit qu'il avait montré, s'est appaisé sur *Ursulines*, et l'on a parlé d'autre chose.

Je ne suis point, comme l'on voit, l'ennemi de mes ennemis. En disant bien du mal de moi, ils n'en ont point fait à ma Piece, et s'ils sentaient seulement autant de joie à la déchirer que j'eus de plaisir à la faire, il n'y aurait personne d'affligé. Le malheur est qu'ils ne rient point, et ils ne rient point à ma Piece parce qu'on ne rit point à la leur. Je connais plusieurs amateurs qui sont même beaucoup maigris depuis le succès du *Mariage*: excusons donc l'effet de leur colère.

A des moralités d'ensemble et de détail, répandues dans les flots d'une inaltérable gaîté, à un dialogue assez vif dont la facilité nous cache le travail, si l'Auteur a joint une intrigue aisément filée, où l'art se dérobe sous l'art, qui se noue et se dénoue sans cesse à travers une foule de situations comiques, de tableaux piquans et variés qui soutiennent, sans la fatiguer, l'attention du Public pendant les trois heures et demie que dure le même spectacle (essai que nul homme de lettres n'avait encor osé tenter!), que restait-il à faire à de pauvres méchans que tout cela irrite? attaquer, poursuivre l'Auteur par des injures verbales, manuscrites, imprimées : c'est ce qu'on a fait sans relâche. Ils ont même épuisé jusqu'à la calomnie pour tâcher de me perdre dans l'esprit de tout ce qui influe en France sur le repos d'un citoyen. Heureusement que mon ouvrage est sous les yeux de la nation, qui depuis dix grands mois le voit, le juge et l'apprécie. Le laisser jouer tant qu'il fera plaisir est la seule vengeance que je me sois permise. Je n'écris point ceci pour les lecteurs actuels; le récit d'un mal trop connu touche peu; mais dans quatre-vingts ans il portera son fruit. Les Auteurs de ce tems-là compareront leur sort au nôtre, et nos enfans sauront à quel prix on pouvait amuser leurs pères.

Allons au fait; ce n'est pas tout cela qui blesse. Le vrai motif qui se cache, et, qui dans les replis du cœur produit tous les autres reproches, est renfermé dans ce quatrain :

> Pourquoi ce Figaro qu'on va tant écouter
> Est-il avec fureur déchiré par les sots?
> *Recevoir, prendre et demander:*
> *Voilà le secret en trois mots.*

En effet, *Figaro*, parlant du métier de courtisan, le définit dans ces termes sévères. Je ne puis le nier, je l'ai dit. Mais reviendrai-je sur ce point? Si c'est un mal, le remède serait pire : il faudrait poser méthodiquement ce que je n'ai fait qu'indiquer, revenir à montrer qu'il n'y a point de synonyme en français entre *l'homme de la Cour, l'homme de Cour, et le Courtisan par métier.*

Il faudrait répéter qu'*homme de la Cour* peint seulement un noble état; qu'il s'entend de l'homme de qualité vivant avec la noblesse et l'éclat que son rang lui impose; que, si cet *homme de la Cour* aime le bien par goût, sans intérêt, si, loin de jamais nuire à personne, il se fait estimer de ses maîtres, aimer de ses égaux et respecter des autres, alors cette acception reçoit un nouveau lustre, et j'en connais plus d'un que je nommerais avec plaisir s'il en était question.

Il faudrait montrer qu'*homme de Cour*, en bon français, est moins l'énoncé d'un état que le résumé d'un caractère adroit, liant, mais réservé, pressant la main de tout le monde en glissant chemin à travers, menant finement son intrigue avec l'air de toujours servir, ne se fesant point d'ennemis, mais donnant, près d'un fossé, dans l'occasion, de l'épaule au meilleur ami pour assurer sa chûte et le remplacer sur la crête; laissant à part tout préjugé qui pourrait ralentir sa marche, souriant à ce qui lui déplaît et critiquant ce qu'il approuve selon les hommes qui l'écoutent; dans les liaisons utiles de sa femme ou de sa maîtresse, ne voyant que ce qu'il doit voir, enfin......

> Prenant tout, pour le faire court,
> En véritable *homme de Cour*.
>
> La Fontaine.

Cette acception n'est pas aussi défavorable que celle du *Courtisan par métier*, et c'est l'homme dont parle *Figaro*.

Mais, quand j'étendrais la définition de ce dernier, quand, parcourant tous les possibles, je le montrerais avec son maintien équivoque, haut et bas à la fois, rampant avec orgueil, ayant toutes les prétentions sans en justifier une, se donnant l'air du *protégement* pour se faire chef de parti, dénigrant tous les concurrens qui balanceraient son crédit, fesant un métier lucratif de ce qui ne devrait qu'honorer, vendant ses maîtresses à son maître, lui fesant payer ses plaisirs, etc., etc., et quatre pages d'etc., il faudrait toujours revenir au distique de *Figaro*: *Recevoir, prendre et demander : voilà le secret en trois mots*.

Pour ceux-ci, je n'en connais point; il y en eut, dit-on, sous *Henri III*, sous d'autres Rois encor, mais c'est l'affaire de l'historien; et, quant à moi, je suis d'avis que les vicieux du siecle en sont comme les Saints : qu'il faut cent ans pour les canoniser. Mais, puisque j'ai promis la critique de ma Piece, il faut enfin que je la donne.

En général son grand défaut est *que je ne l'ai point faite en observant le monde; qu'elle ne peint rien de ce qui existe et ne rappelle jamais l'image de la société où l'on vit; que ses mœurs basses et corrompues n'ont pas même le mérite d'être vraies.* Et c'est ce qu'on lisait dernierement dans un beau discours imprimé, composé par un homme de bien, auquel il n'a manqué qu'un peu d'esprit pour être un écrivain médiocre. Mais, médiocre ou non, moi qui ne fis jamais usage de cette allure oblique et torse avec laquelle un Sbire qui n'a pas l'air de vous regarder vous donne du stilet au flanc, je suis de l'avis de celui-ci. Je conviens qu'à la vérité, la génération passée ressemblait beaucoup à ma Piece, que la génération future lui ressemblera beaucoup aussi; mais, que pour la génération présente, elle ne lui ressemble aucunement; que je n'ai jamais rencontré ni mari suborneur, ni seigneur libertin, ni courtisan avide, ni juge ignorant ou passionné, ni avocat injuriant, ni gens médiocres avancés, ni traducteur bassement jaloux; et, que si des ames pures, qui ne s'y reconnaissent point du tout, s'irritent contre ma Piece et la déchirent sans relâche, c'est uniquement par respect pour leurs grands-pères et sensibilité pour leurs petits-enfans. J'espère, après cette déclaration, qu'on me laissera bien tranquille; ET J'AI FINI.

CARACTERES ET HABILLEMENS

DE LA PIECE.

LE COMTE ALMAVIVA doit être joué très-noblement, mais avec grace et liberté. La corruption du cœur ne doit rien ôter au *bon ton* de ses manières. Dans les mœurs *de ce tems-là*, les Grands traitaient en badinant toute entreprise sur les femmes. Ce rôle est d'autant plus pénible à bien rendre que le personnage est toujours sacrifié. Mais, joué par un comédien excellent (M. *Molé*), il a fait ressortir tous les rôles et assuré le succès de la Piece.

Son vêtement du premier et second Actes est un habit de chasse avec des bottines à mi-jambe de l'ancien costume espagnol. Du troisieme Acte jusqu'à la fin, un habit superbe de ce costume.

LA COMTESSE, agitée de deux sentimens contraires, ne doit montrer qu'une sensibilité réprimée, ou une colère très-modérée; rien sur-tout qui dégrade aux yeux du spectateur son caractère aimable et vertueux. Ce rôle, un des plus difficiles de la Piece, a fait infiniment d'honneur au grand talent de Mlle *Saint-Val* cadette.

Son vêtement du premier, second et quatrieme Actes est une lévite commode, et nul ornement sur la tête : elle est chez elle et censée incommodée. Au cinquieme Acte, elle a l'habillement et la haute coëffure de *Suzanne*.

FIGARO. L'on ne peut trop recommander à l'Acteur qui jouera ce rôle de bien se pénétrer de son esprit, comme l'a fait M. *Dazincourt*. S'il y voyait autre chose que de la raison assaisonnée de gaité et de saillies, sur-tout s'il y mettait la moindre charge, il avilirait un rôle que le premier Comique du Théâtre, M. *Préville*, a jugé devoir honorer le talent de tout comédien qui saurait en saisir les nuances multipliées et pourrait s'élever à son entière conception.

Son vêtement comme dans *le Barbier de Séville*.

SUZANNE. Jeune personne adroite, spirituelle et rieuse, mais non de cette gaité presqu'effrontée de nos soubrettes corruptrices; son joli caractère est dessiné dans la Préface, et c'est là que l'Actrice qui n'a point vu Mlle *Contat* doit l'étudier pour le bien rendre.

Son vêtement des quatre premiers Actes est un juste blanc à basquines, très-élégant, la jupe de même, avec une toque appelée depuis par nos marchandes : *à la Suzanne*. Dans la fête du quatrieme Acte, le comte lui pose sur la tête une toque à long voile, à hautes plumes et à rubans blancs. Elle porte au cinquieme Acte la lévite de sa maîtresse, et nul ornement sur la tête.

MARCELINE est une femme d'esprit, née un peu vive, mais dont les fautes et l'expérience ont réformé le caractère. Si l'Actrice qui le joue s'élève avec une fierté bien placée à la hauteur très-morale qui suit la reconnaissance du troisieme Acte, elle ajoutera beaucoup à l'intérêt de l'ouvrage.

Son vêtement est celui des duègnes espagnoles, d'une couleur modeste, un bonnet noir sur la tête.

ANTONIO ne doit montrer qu'une demi-ivresse qui se dissipe par degrés, de sorte qu'au cinquieme Acte on n'en aperçoive presque plus.

Son vêtement est celui d'un paysan espagnol, où les manches pendent par derrière, un chapeau et des souliers blancs.

FANCHETTE est une enfant de douze ans, très-naïve. Son petit habit est un juste brun avec des ganses et des boutons d'argent, la jupe de couleur tranchante, et une toque noire à plumes sur la tête. Il sera celui des autres paysannes de la nôce.

CHÉRUBIN. Ce rôle ne peut être joué, comme il l'a été, que par une jeune et très-jolie femme; nous n'avons point à nos Théâtres de très-jeune homme assez formé pour en bien sentir les finesses. Timide à l'excès devant la Comtesse, ailleurs un charmant polisson; un désir inquiet et vague est le fond de son caractère. Il s'élance à la puberté, mais sans projet, sans connaissances, et tout entier à chaque événement; enfin il est ce que toute mère, au fond du cœur, voudrait peut-être que fût son fils, quoiqu'elle dût beaucoup en souffrir.

Son riche vêtement au premier et second Actes est celui d'un Page de Cour espagnol, blanc et brodé d'argent; le léger manteau bleu sur l'épaule, et un chapeau chargé de plumes. Au quatrieme Acte, il a le corset, la jupe et la toque des jeunes paysannes qui l'amenent. Au cinquieme Acte, un habit uniforme d'Officier, une cocarde et une épée.

BARTHOLO. Le caractère et l'habit comme dans *le Barbier de Séville*; il n'est ici qu'un rôle secondaire.

BAZILE. Caractère et vêtement comme dans *le Barbier de Séville*; il n'est aussi qu'un rôle secondaire.

BRID'OISON doit avoir cette bonne et franche assurance des Bêtes qui n'ont plus leur timidité. Son bégaiement n'est qu'une grace de plus qui doit être à peine sentie, et l'Acteur se tromperait lourdement et jouerait à contre-sens s'il y cherchait le plaisant de son rôle. Il est tout entier dans l'opposition de la gravité de son état au ridicule du caractère, et moins l'Acteur le chargera, plus il montrera de vrai talent.

Son habit est une robe de juge espagnol moins ample que celle de nos Procureurs, presque une soutanne; une grosse perruque, une gonille ou rabat espagnol au col, et une longue baguette blanche à la main.

DOUBLE-MAIN. Vêtu comme le juge, mais la baguette blanche plus courte.

L'HUISSIER ou ALGUAZIL. Habit, manteau, épée de Crispin, mais portée à son côté sans ceinture de cuir. Point de bottines, une chaussure noire, une perruque blanche naissante et longue à mille boucles, une courte baguette blanche.

GRIPPE-SOLEIL. Habit de paysan, les manches pendantes; veste de couleur tranchée, chapeau blanc.

UNE JEUNE BERGERE. Son vêtement comme celui de *Fanchette*.

PÉDRILLE. En veste, gilet, ceinture, fouet et bottes de poste, une réçille sur la tête, chapeau de courier.

PERSONNAGES MUETS, les uns en habits de juges, d'autres en habits de paysans, les autres en habits de livrée.

Placement des Acteurs.

Pour faciliter les jeux du Théâtre, on a eu l'attention d'écrire au commencement de chaque Scène le nom des personnages dans l'ordre où le spectateur les voit. S'ils font quelque mouvement grave dans la Scène, il est désigné par un nouvel ordre de noms, écrit en marge à l'instant qu'il arrive. Il est important de conserver les bonnes positions théatrales; le relâchement dans la tradition donnée par les premiers Acteurs en produit bientôt un total dans le jeu des Pieces, qui finit par assimiler les troupes négligentes aux plus faibles comédiens de Société.

Lu et approuvé le 25 Janvier 1785.

BRET.

Vu l'Approbation, permis d'imprimer, ce 31 Janvier 1785.

LENOIR.

LE
MARIAGE DE FIGARO

PERSONNAGES.

LE COMTE ALMAVIVA, Grand Corrégidor d'Andalousie.	M. Molé.
LA COMTESSE, sa femme.	Mlle. Saint-Val.
FIGARO, Valet-de-chambre du Comte et concierge du château.	M. d'Azincourt.
SUZANNE, premiere camariste de la Comtesse et fiancée de Figaro.	Mlle. Contat.
MARCELINE, Femme de charge.	Mad. Bellecourt.
Et ensuite,	Mlle. la Chassaigne.
ANTONIO, Jardinier du château, oncle de Suzanne et pere de Fanchette.	M. Belmont.
FANCHETTE, fille d'Antonio.	Mlle. Laurent.
CHÉRUBIN, premier page du Comte.	Mlle. Olivier.
BARTHOLO, Médecin de Séville.	M. Desessarts.
BAZILE, Maître de clavecin de la Comtesse.	M. Vanhove.
DON GUZMAN BRID'OISON, Lieutenant du Siége.	M. Préville.
Et ensuite,	M. Dugazon.
DOUBLEMAIN, Greffier, secrétaire de Don Gusman.	M. Marsy.
UN HUISSIER-AUDIENCIER.	M. la Rochelle.
GRIPPE-SOLEIL, jeune pastoureau [1].	M. Champville.
UNE JEUNE BERGERE.	Mlle. Dantier.
PEDRILLE, Piqueur du Comte.	M. Florence.

PERSONNAGES MUETS.

Troupe de Valets. — Troupe de Paysannes.
Troupe de Paysans.

*La Scène est au Château d'Aguas-Frescas,
à trois lieues de Séville.*

1. Variante I.

LA FOLLE JOURNÉE,

ou

LE MARIAGE DE FIGARO.

ACTE PREMIER.

Le Théâtre représente une chambre à demi-démeublée, un grand fauteuil de malade est au milieu. FIGARO, *avec une toise, mesure le plancher.* SUZANNE *attache à sa tête, devant une glace, le petit bouquet de fleur d'orange appelé Chapeau de la Mariée.*

SCENE PREMIERE[1].

FIGARO, SUZANNE.

FIGARO.

Dix-neuf pieds sur vingt-six.

SUZANNE[2].

Tiens, Figaro, voilà mon petit Chapeau : le trouves-tu mieux ainsi[3]?

1. Variante 2. — 2. Variante 3. — 3. Variante 4

FIGARO *lui prend les mains.*

Sans comparaison, ma charmante. O! que ce joli bouquet virginal, élevé sur la tête d'une belle fille, est doux[1], le matin des noces, à l'œil amoureux d'un époux!...

SUZANNE *se retire.*

Que mesures-tu donc là, mon fils?

FIGARO.

Je regarde, ma petite Suzanne, si ce beau lit que Monseigneur nous donne aura bonne grace ici.

SUZANNE.

Dans cette chambre?

FIGARO.

Il nous la céde.

SUZANNE.

Et moi je n'en veux point.

FIGARO.

Pourquoi[2]?

SUZANNE.

Je n'en veux point.

FIGARO.

Mais encor?

SUZANNE.

Elle me déplaît.

FIGARO.

On dit une raison.

1. Variante 5. — 2. Variante 6.

SUZANNE.

Si je n'en veux pas dire?

FIGARO.

O! quand elles sont sûres de nous!

SUZANNE.

Prouver que j'ai raison serait accorder que je puis avoir tort. Es-tu mon serviteur, ou non?

FIGARO.

Tu prens de l'humeur contre la chambre du château la plus commode, et qui tient le milieu des deux appartemens. La nuit, si Madame est incommodée, elle sonnera de son côté; zeste! en deux pas[1], tu es chez elle. Monseigneur veut-il quelque chose? il n'a qu'à tinter du sien; crac! en trois sauts me voilà rendu.

SUZANNE.

Fort bien! mais, quand il aura *tinté* le matin pour te donner quelque bonne et longue commission, zeste! en deux pas il est à ma porte, et crac! en trois sauts...

FIGARO.

Qu'entendez-vous par ces paroles?

SUZANNE.

Il faudrait m'écouter tranquillement.

1. Variante 7.

FIGARO.

Eh qu'est-ce qu'il y a[1] ? bon Dieu !

SUZANNE.

Il y a, mon ami, que, las de courtiser les beautés des environs, Monsieur le Comte Almaviva veut rentrer au château, mais non pas chez sa femme ; c'est sur la tienne, entens-tu, qu'il a jetté ses vues, auxquelles il espère que ce logement ne nuira pas. Et c'est ce que le loyal Bazile, honnête agent de ses plaisirs et mon noble maître à chanter, me répete chaque jour en me donnant leçon.

FIGARO.

" Bazile ! ô mon mignon ! si jamais volée de bois vert, appliquée sur une échine, a duement redressé la moële épinière à quelqu'un...

SUZANNE.

Tu croyais, bon garçon ! que cette dot qu'on me donne était pour les beaux yeux de ton mérite ?

FIGARO.

J'avais assez fait pour l'espérer.

SUZANNE.

Que les gens d'esprit sont bêtes !

FIGARO.

On le dit.

[1] Variante 8.

SUZANNE.

Mais c'est qu'on ne veut pas le croire!

FIGARO.

On a tort.

SUZANNE.

Apprends qu'il la destine à obtenir de moi, secretement, certain quart d'heure, seul à seule, qu'un ancien droit du Seigneur... Tu sais s'il était triste!

FIGARO.

Je le sais tellement que, si Monsieur le Comte, en se mariant, n'eût pas aboli ce droit honteux, jamais je ne t'eusse épousée dans ses domaines.

SUZANNE.

Hé bien! s'il l'a détruit, il s'en repent; et c'est de ta fiancée qu'il veut le racheter en secret aujourd'hui.

FIGARO, *se frottant la tête.*

Ma tête s'amollit de surprise, et mon front fertilisé[1]...

SUZANNE.

Ne le frotte donc pas!

FIGARO.

Quel danger[2]?

1. Variante 9. — 2. Variante 10.

SUZANNE, *riant*.

S'il y venait un petit bouton, des gens superstitieux...

FIGARO.

Tu ris, friponne! Ah! s'il y avait moyen d'attrapper ce grand trompeur, de le faire donner dans un bon piége et d'empocher son or!

SUZANNE.

De l'intrigue et de l'argent; te voilà dans ta sphère.

FIGARO.

Ce n'est pas la honte qui me retient.

SUZANNE.

La crainte¹?

FIGARO.

Ce n'est rien d'entreprendre une chose dangereuse, mais d'échapper au péril en la menant à bien² : car, d'entrer chez quelqu'un la nuit, de lui souffler sa femme et d'y recevoir cent coups de fouet pour la peine, il n'est rien plus aisé; mille sots coquins l'ont fait. Mais... (*On sonne de l'intérieur.*)

SUZANNE.

Voilà Madame éveillée; elle m'a bien recommandé d'être la première à lui parler le matin de mes noces.

FIGARO.

Y a-t-il encore quelque chose là-dessous?

---

1. Variante 11. — 2. Variante 12.

SUZANNE.

Le berger dit que cela porte bonheur aux épouses délaissées. Adieu, mon petit fi, fi, Figaro. Rêve à notre affaire.

FIGARO.

Pour m'ouvrir l'esprit, donne un petit baiser.

SUZANNE.

A mon amant aujourd'hui ? Je t'en souhaite ! Et qu'en dirait demain mon mari ? (*Figaro l'embrasse.*)

SUZANNE.
Hé bien ! hé bien !
FIGARO.

C'est que tu n'as pas d'idée de mon amour.

SUZANNE, *se défrippant.*

Quand cesserez-vous, importun, de m'en parler du matin au soir ?

FIGARO, *mystérieusement.*

Quand je pourrai te le prouver du soir jusqu'au matin. (*On sonne une seconde fois*[1].)

SUZANNE, *de loin, les doigts unis sur sa bouche*[2].

Voilà votre baiser, Monsieur ; je n'ai plus rien à vous.

1. Variante 13. — 2. Variante 14.

FIGARO *court après elle.*

O! mais ce n'est pas ainsi que vous l'avez reçu.

SCENE II.

FIGARO, *seul.*

La charmante fille! toujours riante, verdissante, pleine de gaité, d'esprit, d'amour et de délices! mais sage!.... (*Il marche vivement en se frottant les mains*[1].) Ah, Monseigneur! Mon cher Monseigneur! vous voulez m'en donner... à garder? Je cherchais aussi pourquoi, m'ayant nommé concierge, il m'emmene à son ambassade et m'établit courier de dépêches. J'entens, Monsieur le Comte! Trois promotions à la fois: vous, compagnon Ministre; moi, Cassecou politique, et Suzon, Dame du lieu, l'Ambassadrice de poche, et puis fouette courier! Pendant que je galoperais d'un côté, vous feriez faire de l'autre à ma belle un joli chemin[2]! me crottant, m'échinant pour la gloire de votre famille; vous, daignant concourir à l'accroissement de la mienne[3]! Quelle douce réciprocité! Mais, Monseigneur, il y a de l'abus. Faire à Londres, en même-tems, les affaires de votre Maître et celles de votre Valet! représenter à la fois le Roi et moi, dans une Cour étrangère, c'est trop de moitié, c'est trop. — Pour toi, Bazile! fripon mon cadet! je veux t'apprendre à clocher devant les boîteux; je veux... Non, dissimulons avec

---

1. Variante 15. — 2. Variante 16. — 3. Variante 17.

eux, pour les enferrer l'un par l'autre. Attention sur la journée, Monsieur Figaro ! D'abord, avancer l'heure de votre petite fête, pour épouser plus sûrement ; écarter une Marceline, qui de vous est friande en diable ; empocher l'or et les présens ; donner le change aux petites passions de Monsieur le Comte ; étriller rondement Monsieur du Bazile et ...

SCÈNE III.

MARCELINE, BARTHOLO, FIGARO.

FIGARO *s'interrompt*.

.... Héééé ! voilà le gros Docteur, la fête sera complette. Hé ! bon jour, cher Docteur de mon cœur[1]. Est-ce ma noce avec Suzon qui vous attire au château ?

BARTHOLO, *avec dédain*.

Ah ! mon cher Monsieur, point du tout.

FIGARO.

Cela serait bien généreux !

BARTHOLO.

Certainement, et par trop sot.

1. Variante 18.

FIGARO.

Moi qui eus le malheur de troubler la vôtre !

BARTHOLO[1].

Avez-vous autre chose à nous dire ?

FIGARO.

On n'aura pas pris soin de votre mule !

BARTHOLO, *en colère*[2].

Bavard enragé ! laissez-nous.

FIGARO.

Vous,vous fâchez, Docteur? les gens de votre état sont bien durs ! pas plus de pitié des pauvres animaux... en vérité... que si c'était des hommes ! Adieu, Marceline. Avez-vous toujours envie de plaider contre moi ?

Pour n'aimer pas, faut-il qu'on se haïsse ?

Je m'en rapporte au Docteur.

BARTHOLO.

Qu'est-ce que c'est ?

FIGARO[3].

Elle vous le contera de reste. (*Il sort.*)

1. Variante 19. — 2. Variante 20. — 3. Variante 21.

SCÈNE IV.

MARCELINE, BARTHOLO.

BARTHOLO *le regarde aller.*

Ce drôle est toujours le même[1]? et à moins qu'on ne l'écorche vif, je prédis qu'il mourra dans la peau du plus fier insolent....

MARCELINE *le retourne.*

Enfin, vous voilà donc, éternel Docteur! toujours si grave et compassé, qu'on pourrait mourir en attendant vos secours, comme on s'est marié jadis malgré vos précautions.

BARTHOLO.

Toujours amère et provoquante! Hé bien, qui rend donc ma présence au château si nécessaire? Monsieur le Comte a-t-il eu quelque accident?

MARCELINE.

Non, Docteur.

BARTHOLO.

La Rosine, sa trompeuse Comtesse, est-elle incommodée, Dieu merci?

MARCELINE.

Elle languit[2].

BARTHOLO.

Et de quoi?

1. Variante 22. — 2. Variante 23.

MARCELINE.

Son mari la néglige.

BARTHOLO, *avec joie.*

Ah! le digne époux qui me venge!

MARCELINE.

On ne sait comment définir le Comte : il est jaloux et libertin.

BARTHOLO.

Libertin par ennui[1], jaloux par vanité; cela va sans dire.

MARCELINE.

Aujourd'hui, par exemple, il marie notre Suzanne à son Figaro, qu'il comble en faveur de cette union......

BARTHOLO.

Que son Excellence a rendue nécessaire!

MARCELINE.

Pas tout à fait, mais dont son Excellence voudrait égayer en secret l'événement avec l'épousée[2]....

BARTHOLO.

De Monsieur Figaro? c'est un marché qu'on peut conclure avec lui.

1. Variante 24. — 2. Variante 25.

MARCELINE.

Bazile assure que non.

BARTHOLO.

Cet autre maraut loge ici[1]? C'est une caverne! Hé! qu'y fait-il?

MARCELINE.

Tout le mal dont il est capable. Mais le pis que j'y trouve, est cette ennuyeuse passion qu'il a pour moi depuis si long-tems[2].

BARTHOLO.

Je me serais débarrassé vingt fois de sa poursuite.

MARCELINE.

De quelle manière?

BARTHOLO.

En l'épousant.

MARCELINE.

Railleur fade et cruel, que ne vous débarrassez-vous de la mienne à ce prix? Ne le devez-vous pas[3]? Où est le souvenir de vos engagemens? Qu'est devenu celui de notre petit Emanuel, ce fruit d'un amour oublié qui devait nous conduire à des noces?

BARTHOLO, *ôtant son chapeau.*

Est-ce pour écouter ces sornettes que vous m'avez fait venir de Séville? et cet accès d'hymen qui vous reprend si vif....

1. Variante 26. — 2. Variante 27. — 3. Variante 28.

MARCELINE.

Eh bien ! n'en parlons plus. Mais, si rien n'a pu vous porter à la justice de m'épouser, aidez-moi donc du moins à en épouser un autre[1].

BARTHOLO.

Ah ! volontiers ; parlons[2]. Mais quel mortel abandonné du ciel et des femmes?...

MARCELINE.

Eh ! qui pourrait-ce être, Docteur, sinon le beau, le gai, l'aimable Figaro ?

BARTHOLO.

Ce fripon-là ?

MARCELINE.

Jamais fâché, toujours en belle humeur, donnant le présent à la joie, et s'inquiétant de l'avenir tout aussi peu que du passé ; semillant, généreux ! généreux....

BARTHOLO[3].

Comme un voleur.

MARCELINE.

Comme un Seigneur. Charmant, enfin : mais c'est le plus grand monstre !

BARTHOLO.

Et sa Suzanne ?

MARCELINE.

Elle ne l'aurait pas, la rusée, si vous vouliez m'aider,

1. Variante 29. — 2. Variante 30. — 3. Variante 31.

mon petit Docteur, à faire valoir un engagement que j'ai de lui.

BARTHOLO[1].

Le jour de son mariage ?

MARCELINE.

On en rompt de plus avancés, et si je ne craignais d'éventer un petit secret des femmes !...

BARTHOLO.

En ont-elles pour le médecin du corps ?

MARCELINE.

Ah ! vous savez que je n'en ai pas pour vous[2] ! Mon sexe est ardent, mais timide : un certain charme a beau nous attirer vers le plaisir, la femme la plus avanturée sent en elle une voix[3] qui lui dit : « Sois belle si tu peux, sage si tu veux, mais sois considérée, il le faut. » Or, puisqu'il faut être au moins considérée, que toute femme en sent l'importance, effrayons d'abord la Suzanne sur la divulgation des offres qu'on lui fait.

BARTHOLO.

Où cela menera-t-il[4] ?

MARCELINE.

Que la honte la prenant au collet, elle continuera de refuser le Comte, lequel, pour se venger, appuiera l'oppo-

---

1. Variante 32. — 2. Variante 33. — 3. Variante 34. — 4. Variante 35.

sition que j'ai faite à son mariage; alors le mien devient certain.

BARTHOLO[1].

Elle a raison. Parbleu! c'est un bon tour que de faire épouser ma vieille gouvernante au coquin qui fit enlever ma jeune maîtresse[2].

MARCELINE, *vîte*.

Et qui croit ajouter à ses plaisirs en trompant mes espérances.

BARTHOLO, *vîte*[3].

Et qui m'a volé, dans le tems, cent écus que j'ai sur le cœur.

MARCELINE.

Ah! quelle volupté!

BARTHOLO.

De punir un scélérat....

MARCELINE.

De l'épouser, Docteur, de l'épouser[4]!

---

1. Variante 36. — 2. Variante 37. — 3. Variante 38. — 4. Variante 39.

SCÈNE V.

MARCELINE, BARTHOLO, SUZANNE.

Suzanne, *un bonnet de femme avec un large ruban dans la main, une robe de femme sur le bras.*

L'épouser! l'épouser! qui donc? mon Figaro?

MARCELINE, *aigrement*[1].

Pourquoi non? Vous l'épousez bien!

BARTHOLO, *riant.*

Le bon argument de femme en colère! Nous parlions, belle Suzon, du bonheur qu'il aura de vous posséder[2].

MARCELINE.

Sans compter Monseigneur, dont on ne parle pas.

SUZANNE, *une révérence.*

Votre servante, Madame; il y a toujours quelque chose d'amer dans vos propos.

MARCELINE, *une révérence.*

Bien la vôtre, Madame; où donc est l'amertume? N'est-il pas juste qu'un libéral Seigneur partage un peu la joie qu'il procure à ses gens?

1. Variante 40. — 2. Variante 41.

SUZANNE[1].

Qu'il procure ?

MARCELINE.

Oui, Madame.

SUZANNE.

Heureusement, la jalousie de Madame est aussi connue que ses droits sur Figaro sont légers.

MARCELINE.

On eût pu les rendre plus forts en les cimentant à la façon de Madame[2].

SUZANNE.

Oh! cette façon, Madame, est celle des Dames savantes.

MARCELINE.

Et l'enfant ne l'est pas du tout! Innocente comme un vieux juge[3] !

BARTHOLO, *attirant Marceline.*

Adieu, jolie fiancée de notre Figaro.

MARCELINE, *une révérence.*

L'accordée secrète de Monseigneur.

SUZANNE, *une révérence.*

Qui vous estime beaucoup, Madame[4].

1. Variante 42. — 2. Variante 43. — 3. Variante 44. — 4. Variante 45.

MARCELINE, *une révérence.*

Me fera-t-elle aussi l'honneur de me chérir un peu, Madame?

SUZANNE, *une révérence.*

A cet égard, Madame n'a rien à désirer.

MARCELINE, *une révérence.*

C'est une si jolie personne que Madame !

SUZANNE, *une révérence.*

Eh mais ! assez pour désoler Madame.

MARCELINE, *une révérence.*

Sur-tout bien respectable !

SUZANNE, *une révérence.*

C'est aux duègnes à l'être.

MARCELINE, *outrée.*

Aux duègnes ! aux duègnes !

BARTHOLO, *l'arrêtant.*

Marceline !

MARCELINE.

Allons, Docteur, car je n'y tiendrais pas[1]. Bon jour, Madame. (*Une révérence.*)

1. Variante 46.

SCÈNE VI.

Suzanne, *seule.*

Allez, Madame ! allez, Pédante ! je crains aussi peu vos efforts que je méprise vos outrages. — Voyez cette vieille Sibylle ! parce qu'elle a fait quelques études et tourmenté la jeunesse de Madame, elle veut tout dominer au château ! (*Elle jette la robe qu'elle tient, sur une chaise.*) Je ne sais plus ce que je venais prendre[1].

SCÈNE VII.

SUZANNE, CHÉRUBIN.

Chérubin, *accourant.*

Ah ! Suzon, depuis deux heures j'épie le moment de te trouver seule. Hélas ! tu te maries, et moi je vais partir.

Suzanne.

Comment mon mariage éloigne-t-il du château le premier page de Monseigneur ?

Chérubin, *piteusement.*

Suzanne, il me renvoie.

[1]. Variante 47.

Suzanne *le contrefait.*

Chérubin, quelque sottise!

Chérubin.

Il m'a trouvé hier au soir chez ta cousine Fanchette, à qui je fesais répéter son petit rôle d'innocente pour la fête de ce soir; il s'est mis dans une fureur en me voyant! « *Sortez*, m'a-t-il dit, *petit....* » Je n'ose pas prononcer devant une femme le gros mot qu'il a dit : « *Sortez, et demain vous ne coucherez pas au château.* » Si Madame, si ma belle maraine ne parvient pas à l'apaiser, c'est fait, Suzon, je suis à jamais privé du bonheur de te voir.

Suzanne.

De me voir! moi? c'est mon tour! Ce n'est donc plus pour ma maîtresse que vous soupirez en secret?

Chérubin.

Ah! Suzon, qu'elle est noble et belle! mais qu'elle est imposante[1]!

Suzanne.

C'est-à-dire que je ne le suis pas, et qu'on peut oser avec moi....

Chérubin.

Tu sais trop bien, méchante, que je n'ose pas oser. Mais que tu es heureuse! à tous momens la voir, lui parler, l'habiller le matin et la déshabiller le soir, épingle à

---

1. Variante 48.

épingle.... Ah! Suzon, je donnerais.... Qu'est-ce que tu tiens donc là?

SUZANNE, *raillant*.

Hélas! l'heureux bonnet et le fortuné ruban qui renferment la nuit les cheveux[1] de cette belle maraine....

CHÉRUBIN, *vivement*.

Son ruban de nuit! donne-le-moi, mon cœur[2].

SUZANNE, *le retirant*.

Eh! que non pas. — *Son cœur!* Comme il est familier donc! Si ce n'était pas un morveux sans conséquence. (*Chérubin arrache le ruban.*) Ah! le ruban!

CHÉRUBIN *tourne autour du grand fauteuil*.

Tu diras qu'il est égaré, gâté, qu'il est perdu; tu diras tout ce que tu voudras.

SUZANNE *tourne après lui*.

O! dans trois ou quatre ans, je prédis que vous serez le plus grand petit vaurien!... Rendez-vous le ruban? (*Elle veut le reprendre.*)

CHÉRUBIN *tire une romance de sa poche*.

Laisse! ah! laisse-le-moi, Suzon; je te donnerai ma romance, et, pendant que le souvenir de ta belle maîtresse attristera tous mes momens, le tien y versera le seul rayon de joie qui puisse encor amuser mon cœur.

1. Variante 49. — 2. Variante 50.

Suzanne *arrache la romance.*

Amuser votre cœur, petit scélérat! Vous croyez parler à votre Fanchette. On vous surprend chez elle, et vous soupirez pour Madame; et vous m'en contez à moi par-dessus le marché!

Chérubin, *exalté.*

Cela est vrai, d'honneur! je ne sais plus ce que je suis, mais depuis quelque tems je sens ma poitrine agitée; mon cœur palpite[1] au seul aspect d'une femme; les mots *amour* et *volupté* le font tressaillir et le troublent; enfin, le besoin de dire à quelqu'un : *Je vous aime*, est devenu pour moi si pressant, que je le dis tout seul, en courant dans le parc, à ta maîtresse, à toi, aux arbres, aux nuages, au vent qui les emporte avec mes paroles perdues. — Hier, je rencontrai Marceline....

Suzanne, *riant.*

Ah! ah! ah! ah!

Chérubin.

Pourquoi non? elle est femme! elle est fille[2]! Une fille! une femme! Ah! que ces noms sont doux! qu'ils sont intéressans!

Suzanne.

Il devient fou!

Chérubin.

Fanchette est douce, elle m'écoute au moins; tu ne l'es pas, toi!

Suzanne.

C'est bien dommage! Écoutez donc Monsieur! (*Elle veut arracher le ruban.*)

1. Variante 51. — 2. Variante 52.

CHÉRUBIN *tourne en fuyant.*

Ah ouiche! on ne l'aura, vois-tu, qu'avec ma vie[1]. Mais, si tu n'es pas contente du prix, j'y joindrai mille baisers.

(*Il lui donne chasse à son tour.*)

SUZANNE *tourne en fuyant.*

Mille soufflets, si vous approchez. Je vais m'en plaindre à ma maîtresse, et, loin de supplier pour vous, je dirai moi-même à Monseigneur : « C'est bien fait, Monseigneur, chassez-nous ce petit voleur; renvoyez à ses parens un petit mauvais sujet qui se donne les airs d'aimer Madame et qui veut toujours m'embrasser par contre-coup. »

CHÉRUBIN *voit le Comte entrer; il se jette derrière le fauteuil avec effroi.*

Je suis perdu!

SUZANNE.

Quelle frayeur[2]!

SCÈNE VIII.

SUZANNE, LE COMTE, CHÉRUBIN *caché.*

SUZANNE *apperçoit le Comte.*

Ah!... (*Elle s'approche du fauteuil pour masquer Chérubin[3].*)

1. Variante 53. — 2. Variante 54. — 3. Variante 55.

LE COMTE *s'avance.*

Tu es émue, Suzon ! tu parlais seule, et ton petit cœur paraît dans une agitation... bien pardonnable, au reste, un jour comme celui-ci.

SUZANNE, *troublée.*

Monseigneur, que me voulez-vous ? Si l'on vous trouvait avec moi...

LE COMTE.

Je serais désolé qu'on m'y surprît ; mais tu sais tout l'intérêt que je prends à toi. Bazile ne t'a pas laissé ignorer mon amour[1]. Je n'ai qu'un instant pour t'expliquer mes vues ; écoute. (*Il s'assied dans le fauteuil.*)

SUZANNE, *vivement.*

Je n'écoute rien.

LE COMTE *lui prend la main.*

Un seul mot. Tu sais que le Roi m'a nommé son ambassadeur à Londres. J'emmene avec moi Figaro : je lui donne un excellent poste ; et, comme le devoir d'une femme est de suivre son mari.....

SUZANNE.

Ah ! si j'osais parler !

LE COMTE *la rapproche de lui.*

Parle, parle, ma chère ; use aujourd'hui d'un droit que tu prends sur moi pour la vie.

---

1. Variante 56.

Suzanne, *effrayée*.

Je n'en veux point, Monseigneur, je n'en veux point. Quittez-moi, je vous prie.

Le Comte.

Mais dis auparavant.

Suzanne, *en colère*.

Je ne sais plus ce que je disais.

Le Comte.

Sur le devoir des femmes.

Suzanne.

Eh bien! lorsque Monseigneur enleva la sienne de chez le Docteur, et qu'il l'épousa par amour; lorsqu'il abolit pour elle un certain affreux droit du Seigneur...

Le Comte, *gaiment*.

Qui fesait bien de la peine aux filles[1]! Ah! Suzette! ce droit charmant! Si tu venais en jaser sur la brune au jardin, je mettrais un tel prix à cette légère faveur...

Bazile *parle en dehors*.

Il n'est pas chez lui, Monseigneur.

---

1. Variante 57.

Le Comte *se leve.*

Quelle est cette voix?

Suzanne.

Que je suis malheureuse!

Le Comte.

Sors, pour qu'on n'entre pas ¹...

Suzanne, *troublée.*

Que je vous laisse ici?

Bazile *crie en dehors*².

Monseigneur était chez Madame, il en est sorti³ : je vais voir.

Le Comte.

Et pas un lieu pour se cacher! ah! derriere ce fauteuil... assez mal; mais renvoie-le bien vîte.

Suzanne *lui barre le chemin, il la pousse doucement, elle recule, et se met ainsi entre lui et le petit Page; mais pendant que le Comte s'abaisse et prend sa place, Chérubin tourne et se jette effrayé sur le fauteuil à genoux, et s'y blottit. Suzanne prend la robe qu'elle apportait, en couvre le Page et se met devant le fauteuil.*

1. Variante 58. — 2. Variante 59. — 3. Variante 60.

SCÈNE IX.

LE COMTE et CHÉRUBIN *cachés*, SUZANNE, BAZILE.

BAZILE.

N'auriez-vous pas vu Monseigneur, Mademoiselle?

SUZANNE, *brusquement*.

Hé pourquoi l'aurais-je vu? Laissez-moi.

BAZILE *s'approche*.

Si vous étiez plus raisonnable, il n'y aurait rien d'étonnant à ma question. C'est Figaro qui le cherche.

SUZANNE.

Il cherche donc l'homme qui lui veut le plus de mal après vous?

LE COMTE, *à part*[1].

Voyons un peu comme il me sert.

BAZILE.

Desirer du bien à une femme, est-ce vouloir du mal à son mari?

---

1. Variante 61.

Suzanne.

Non, dans vos affreux principes, agent de corruption.

Bazile.

Que vous demande-t-on ici que vous n'alliez prodiguer à un autre? Grace à la douce cérémonie, ce qu'on vous défendait hier, on vous le prescrira demain.

Suzanne[1].

Indigne!

Bazile.

De toutes les choses sérieuses, le mariage étant la plus boufonne, j'avais pensé.....

Suzanne, *outrée.*

Des horreurs. Qui vous permet d'entrer ici?

Bazile.

La, la, mauvaise! Dieu vous appaise! il n'en sera que ce que vous voulez : mais ne croyez pas non plus que je regarde Monsieur Figaro comme l'obstacle qui nuit à Monseigneur; et, sans le petit Page...

Suzanne, *timidement.*

Don Chérubin?

Bazile *la contrefait.*

Cherubino di amore, qui tourne autour de vous sans

---

1. Variante 62.

cesse, et qui, ce matin encor, rôdait ici pour y entrer quand je vous ai quittée; dites que cela n'est pas vrai?

SUZANNE.

Quelle imposture! Allez-vous-en, méchant homme!

BAZILE.

On est un méchant homme, parce qu'on y voit clair. N'est-ce pas pour vous aussi cette romance[1] dont il fait mystère?

SUZANNE, *en colère.*

Ah! oui, pour moi[2]!...

BAZILE.

A moins qu'il ne l'ait composée pour Madame! En effet, quand il sert à table, on dit qu'il la regarde avec des yeux!... Mais, peste! qu'il ne s'y joue pas; Monseigneur est *brutal* sur l'article.

SUZANNE, *outrée.*

Et vous bien scélérat d'aller semant de pareils bruits pour perdre un malheureux enfant tombé dans la disgrace de son maître.

BAZILE.

L'ai-je inventé? Je le dis parce que tout le monde en parle.

LE COMTE *se lève*[3].

Comment, tout le monde en parle!

---

1. Variante 63. — 2. Variante 64. — 3. Variante 65.

Suzanne *.

Ah ! ciel !

Bazile.

Ha ! ha !

Le Comte.

Courez, Bazile, et qu'on le chasse.

Bazile.

Ah ! que je suis fâché d'être entré !

Suzanne, *troublée.*

Mon dieu ! Mon Dieu !

Le Comte, *à Bazile.*

Elle est saisie. Asseyons-la dans ce fauteuil.

Suzanne *le repousse vivement.*

Je ne veux pas m'asseoir. Entrer ainsi librement, c'est indigne !

Le Comte.

Nous sommes deux avec toi, ma chère. Il n'y a plus le moindre danger !

Bazile.

Moi je suis désolé de m'être égayé sur le Page, puisque vous l'entendiez ; je n'en usais ainsi que pour pénétrer ses sentimens, car au fond.....

---

* *Chérubin dans le fauteuil, le Comte, Suzanne, Bazile.*

Le Comte.

Cinquante pistoles, un cheval, et qu'on le renvoie à ses parens.

Bazile.

Monseigneur, pour un badinage ?

Le Comte.

Un petit libertin que j'ai surpris encor hier avec la fille du jardinier.

Bazile.

Avec Fanchette ?

Le Comte.

Et dans sa chambre..

Suzanne, *outrée*.

Où Monseigneur avait sans doute affaire aussi !

Le Comte, *gaiment*.

J'en aime assez la remarque.

Bazile.

Elle est d'un bon augure.

Le Comte, *gaiment*.

Mais non[1]; j'allais chercher ton oncle Antonio, mon ivrogne de jardinier, pour lui donner des ordres. Je frappe, on est long-tems à m'ouvrir; ta cousine a l'air empêtré, je prens un soupçon, je lui parle, et, tout en causant, j'exa-

---

1. Variante 66.

mine. Il y avait derriere la porte une espece de rideau, de porte-manteau, de je ne sais pas quoi, qui couvrait des hardes; sans faire semblant de rien, je vais doucement, doucement, lever ce rideau (*pour imiter le geste, il leve la robe du fauteuil* *), et je vois... (*Il apperçoit le Page.*) Ah!..

BAZILE*.

Ha! Ha!

LE COMTE.

Ce tour-ci vaut l'autre.

BAZILE.

Encor mieux.

LE COMTE, *à Suzanne.*

A merveilles, Mademoiselle : à peine fiancée, vous faites de ces aprêts? C'était pour recevoir mon Page que vous desiriez² d'être seule? Et vous, Monsieur, qui ne changez point de conduite, il vous manquait de vous adresser, sans respect pour votre maraine, à sa premiere camariste, à la femme de votre ami! Mais je ne souffrirai pas que Figaro, qu'un homme que j'estime et que j'aime, soit victime d'une pareille tromperie. Était-il avec vous, Bazile³ ?

SUZANNE, *outrée.*

Il n'y a tromperie, ni victime; il était là lorsque vous me parliez.

LE COMTE, *emporté.*

Puisse-tu mentir en le disant! Son plus cruel ennemi n'oserait lui souhaiter ce malheur.

1. Variante 67. — 2. Variante 68. — 3. Variante 69.
* *Suzanne, Chérubin dans le fauteuil, le Comte, Bazile.*

SUZANNE.

Il me priait d'engager Madame à vous demander sa grace. Votre arrivée l'a si fort troublé, qu'il s'est masqué de ce fauteuil.

LE COMTE, *en colère*.

Ruse d'enfer! je m'y suis assis en entrant.

CHÉRUBIN.

Hélas! Monseigneur, j'étais tremblant derriere.

LE COMTE.

Autre fourberie! Je viens de m'y placer moi-même.

CHÉRUBIN.

Pardon, mais c'est alors que je me suis blotti dedans.

LE COMTE, *plus outré*.

C'est donc une couleuvre, que ce petit..... serpent là! il nous écoutait!

CHÉRUBIN.

Au contraire, Monseigneur, j'ai fait ce que j'ai pu pour ne rien entendre.

LE COMTE.

O perfidie! (*A Suzanne.*) Tu n'épouseras pas Figaro.

BAZILE.

Contenez-vous, on vient[1].

LE COMTE, *tirant Chérubin du fauteuil et le mettant sur ses pieds.*

Il resterait-là devant toute la terre!

SCÈNE X.

CHÉRUBIN, SUZANNE, FIGARO, LA COMTESSE, LE COMTE, FANCHETTE, BAZILE.

Beaucoup de Valets, Paysannes, Paysans vêtus de blanc.

FIGARO, *tenant une toque de femme garnie de plumes blanches et de rubans blancs, parle à la Comtesse.*

Il n'y a que vous, Madame, qui puissiez nous obtenir cette faveur.

LA COMTESSE.

Vous les voyez, Monsieur le Comte, ils me supposent un crédit que je n'ai point : mais comme leur demande n'est pas déraisonnable.....

LE COMTE, *embarrassé.*

Il faudrait qu'elle le fût beaucoup.....

1. Variante 70.

FIGARO, *bas à Suzanne.*

Soutiens bien mes efforts.

SUZANNE, *bas à Figaro.*

Qui ne méneront à rien.

FIGARO, *bas.*

Va toujours.

LE COMTE, *à Figaro.*

Que voulez-vous?

FIGARO.

Monseigneur, vos vassaux, touchés de l'abolition d'un certain droit fâcheux, que votre amour pour Madame...

LE COMTE.

Hé bien, ce droit n'existe plus; que veux-tu dire?

FIGARO, *malignement.*

Qu'il est bien tems que la vertu d'un si bon maître éclate; elle m'est d'un tel avantage aujourd'hui que je desire être le premier à la célébrer à mes noces.

LE COMTE, *plus embarrassé.*

Tu te moques, ami! L'abolition d'un droit honteux n'est que l'acquit d'une dette envers l'honnêteté. Un Espagnol peut vouloir conquérir la beauté par des soins; mais en exiger le premier, le plus doux emploi, comme une servile redevance, ah! c'est la tyrannie d'un Vandale, et non le droit avoué d'un noble Castillan.

FIGARO, *tenant Suzanne par la main.*

Permettez donc que cette jeune créature, de qui votre sagesse a préservé l'honneur, reçoive de votre main publiquement la toque virginale, ornée de plumes et de rubans blancs, symbole de la pureté de vos intentions : adoptez-en la cérémonie pour tous les mariages, et qu'un quatrain chanté en chœur rappelle à jamais le souvenir[1].....

LE COMTE, *embarrassé.*

Si je ne savais pas qu'amoureux, poëte et musicien sont trois titres d'indulgence pour toutes les folies...

FIGARO.

Joignez-vous à moi, mes amis.

Tous ensemble.

Monseigneur! Monseigneur!

SUZANNE, *au Comte.*

Pourquoi fuir un éloge que vous méritez si bien?

LE COMTE, *à part.*

La perfide!

FIGARO.

Regardez-la donc, Monseigneur; jamais plus jolie fiancée ne montrera mieux la grandeur de votre sacrifice.

1. Variante 71.

SUZANNE.

Laisse-là ma figure et ne vantons que sa vertu.

Le Comte, *à part.*

C'est un jeu[1] que tout ceci.

La Comtesse.

Je me joins à eux, Monsieur le Comte, et cette cérémonie me sera toujours chère, puisqu'elle doit son motif à l'amour charmant que vous aviez pour moi.

Le Comte.

Que j'ai toujours, Madame, et c'est à ce titre que je me rends.

Tous ensemble.

Vivat!

Le Comte, *à part.*

Je suis pris. (*Haut.*) Pour que la cérémonie eût un peu plus d'éclat, je voudrais seulement qu'on la remît à tantôt[2]. (*A part.*) Fesons vite chercher Marceline.

Figaro, *à Chérubin.*

Eh bien, Espiègle! vous n'applaudissez pas?

Suzanne.

Il est au désespoir; Monseigneur le renvoie.

1. Variante 72. — 2. Variante 73.

La Comtesse.

Ah ! Monsieur, je demande sa grace.

Le Comte.

Il ne la mérite point.

La Comtesse.

Hélas ! il est si jeune !

Le Comte.

Pas tant que vous le croyez.

Chérubin, *tremblant*.

Pardonner généreusement n'est pas le droit du Seigneur, auquel vous avez renoncé en épousant Madame[1].

La Comtesse.

Il n'a renoncé qu'à celui qui vous affligeait tous.

Suzanne.

Si Monseigneur avait cédé le droit de pardonner, ce serait sûrement le premier qu'il voudrait racheter en secret.

Le Comte, *embarrassé*.

Sans doute.

---

1. Variante 74.

La Comtesse.

Et pourquoi le racheter?

Chérubin, *au Comte*.

Je fus léger dans ma conduite, il est vrai, Monseigneur, mais jamais la moindre indiscrétion dans mes paroles....

Le Comte, *embarrassé*.

Eh bien, c'est assez...

Figaro[1].

Qu'entend-il?

Le Comte, *vivement*.

C'est assez, c'est assez; tout le monde exige son pardon, je l'accorde, et j'irai plus loin: je lui donne une compagnie dans ma légion.

Tous ensemble.

Vivat.

Le Comte.

Mais c'est à condition qu'il partira sur le champ pour joindre en Catalogne[2].

Figaro.

Ah! Monseigneur, demain.

Le Comte *insiste*.

Je le veux.

---

1. Variante 75. — 2. Variante 76.

CHÉRUBIN.

J'obéis.

LE COMTE.

Saluez votre maraine, et demandez sa protection. (*Chérubin met un genou en terre devant la Comtesse, et ne peut parler.*)

LA COMTESSE, *émue.*

Puisqu'on ne peut vous garder seulement aujourd'hui, partez, jeune homme. Un nouvel état vous appelle; allez le remplir dignement. Honorez votre bienfaiteur. Souvenez-vous de cette maison, où votre jeunesse a trouvé tant d'indulgence. Soyez soumis, honnête et brave; nous prendrons part à vos succès. (*Chérubin se releve et retourne à sa place.*)

LE COMTE.

Vous êtes bien émue, Madame!

LA COMTESSE.

Je ne m'en défens pas. Qui sait le sort d'un enfant jetté dans une carrière aussi dangereuse! Il est allié de mes parens, et, de plus, il est mon filleul.

LE COMTE, *à part.*

Je vois que Bazile avait raison. (*Haut.*) Jeune homme, embrassez Suzanne.... pour la dernière fois.

FIGARO.

Pourquoi cela, Monseigneur? il viendra passer ses hivers. Baise-moi donc aussi, Capitaine. (*Il l'embrasse.*) Adieu, mon petit Chérubin. Tu vas mener un train de vie bien différent, mon enfant. Dame! tu ne rôderas plus tout le jour au quartier des femmes; plus d'échaudés, de goûtés à la crême; plus de main chaude ou de colin-maillard. De bons soldats, morbleu! bazanés, mal vêtus; un grand fusil bien lourd; tourne à droite, tourne à gauche, en avant, marche à la gloire, et ne va pas broncher en chemin; à moins qu'un bon coup de feu[1]!...

SUZANNE.

Fi donc, l'horreur!

LA COMTESSE.

Quel pronostic?

LE COMTE.

Où donc est Marceline? il est bien singulier qu'elle ne soit pas des vôtres!

FANCHETTE.

Monseigneur, elle a pris le chemin du Bourg, par le petit sentier de la Ferme.

LE COMTE.

Et elle en reviendra?

BAZILE.

Quand il plaira à Dieu[2].

FIGARO.

S'il lui plaisait qu'il ne lui plût jamais!...

FANCHETTE.

Monsieur le Docteur lui donnait le bras[3].

1. Variante 77. — 2. Variante 78. — 3. Variante 79.

LE COMTE, *vivement.*

Le Docteur est ici?

BAZILE.

Elle s'en est d'abord emparée....

LE COMTE, *à part.*

Il ne pouvait venir plus à propos.

FANCHETTE.

Elle avait l'air bien échauffé, elle parlait tout haut en marchant, puis elle s'arrêtait, et fesait comme ça, de grands bras...; et Monsieur le Docteur lui fesait comme ça, de la main, en l'appaisant : elle paraissait si courroucée! elle nommait mon cousin Figaro.

LE COMTE *lui prend le menton.*

Cousin.... futur.

FANCHETTE, *montrant Chérubin.*

Monseigneur, nous avez-vous pardonné d'hier?...

LE COMTE *interrompt.*

Bon jour, bon jour, petite.

FIGARO.

C'est son chien d'amour qui la berce; elle aurait troublé notre fête.

Le Comte, *à part.*

Elle la troublera, je t'en répons. (*Haut.*) Allons, Madame, entrons. Bazile, vous passerez chez moi.

Suzanne, *à Figaro.*

Tu me rejoindras, mon fils?

Figaro, *bas à Suzanne.*

Est-il bien enfilé?

Suzanne, *bas.*

Charmant garçon!

(*Ils sortent tous.*)

SCÈNE XI.

CHÉRUBIN, FIGARO, BAZILE.

*Pendant qu'on sort, Figaro les arrête tous deux
et les ramene.*

Figaro.

Ah çà, vous autres, la cérémonie adoptée, ma fête de ce soir en est la suite; il faut bravement nous recorder : ne fesons point comme ces Acteurs qui ne jouent jamais si mal que le jour où la critique est le plus éveillée. Nous n'avons point de lendemain qui nous excuse, nous. Sachons bien nos rôles aujourd'hui.

BAZILE, *malignement.*

Le mien est plus difficile que tu ne crois.

FIGARO, *fesant, sans qu'il le voie, le geste de le rosser.*

Tu es loin aussi de savoir tout le succès qu'il te vaudra.

CHÉRUBIN.

Mon ami, tu oublies que je pars.

FIGARO.

Et toi, tu voudrais bien rester!

CHÉRUBIN.

Ah! si je le voudrais!

FIGARO[1].

Il faut ruser. Point de murmure à ton départ. Le manteau de voyage à l'épaule; arrange ouvertement ta trousse, et qu'on voie ton cheval à la grille; un tems de galop jusqu'à la Ferme; reviens à pied par les derrières; Monseigneur te croira parti; tiens-toi seulement hors de sa vue, je me charge de l'appaiser après la fête.

CHÉRUBIN.

Mais Fanchette qui ne sait pas son rôle!

1. Variante 80.

BAZILE[1].

Que diable lui apprenez-vous donc depuis huit jours que vous ne la quittez pas ?

FIGARO.

Tu n'as rien à faire aujourd'hui, donne-lui par grace une leçon.

BAZILE.

Prenez garde, jeune homme, prenez garde ! le pere n'est pas satisfait ; la fille a été soufflettée ; elle n'étudie pas avec vous. Chérubin ! Chérubin ! vous lui causerez des chagrins ! *Tant va la cruche à l'eau !*...

FIGARO.

Ah ! voilà notre imbécile, avec ses vieux proverbes ! Hé bien, pédant ! que dit la sagesse des nations ? *Tant va la cruche à l'eau, qu'à la fin*[2]....

BAZILE.

Elle s'emplit.

FIGARO, *en s'en allant.*

Pas si bête, pourtant, pas si bête !

1. Variante 81. — 2. Variante 82.

FIN DU PREMIER ACTE.

ACTE II.

Le théâtre represente une chambre à coucher superbe, un grand lit en alcove, une estrade au-devant. La porte pour entrer s'ouvre et se ferme à la troisième coulisse à droite; celle d'un cabinet, à la première coulisse à gauche. Une porte, dans le fond, va chez les femmes. Une fenêtre s'ouvre de l'autre côté.

SCÈNE PREMIÈRE.

SUZANNE, LA COMTESSE, *entrent par la porte à droite*[1].

La Comtesse *se jette dans une bergere.*

Ferme la porte, Suzanne, et conte-moi tout, dans le plus grand détail.

Suzanne.

Je n'ai rien caché à Madame.

La Comtesse.

Quoi, Suzon, il voulait te séduire?

1. Variante 83.

Suzanne.

Oh que non! Monseigneur n'y met pas tant de façon avec sa servante ; il voulait m'acheter.

La Comtesse.

Et le petit Page était présent?

Suzanne.

C'est-à-dire, caché derrière le grand fauteuil[1]. Il venait me prier de vous demander sa grace.

La Comtesse.

Hé pourquoi ne pas s'adresser à moi-même; est-ce que je l'aurais refusé, Suzon?

Suzanne.

C'est ce que j'ai dit; mais ses regrets de partir, et sur-tout de quitter Madame! *Ah Suzon, qu'elle est noble et belle*[2]*! mais qu'elle est imposante!*

La Comtesse.

Est-ce que j'ai cet air-là, Suzon? moi qui l'ai toujours protégé.

Suzanne.

Puis il a vu votre ruban de nuit que je tenais, il s'est jetté dessus....

---

[1]. Variante 84. — [2]. Variante 85.

LA COMTESSE, *souriant.*

Mon ruban ?... Quelle enfance !

SUZANNE.

J'ai voulu le lui ôter ; Madame, c'était un lion ; ses yeux brillaient[1].... Tu ne l'auras qu'avec ma vie, disait-il en forçant sa petite voix douce et grêle.

LA COMTESSE, *rêvant.*

Eh bien, Suzon ?

SUZANNE.

Eh bien, Madame, est-ce qu'on peut faire finir ce petit démon-là[2] ? Ma maraine par-ci ; je voudrais bien par l'autre : et parce qu'il n'oserait seulement baiser la robe de Madame, il voudrait toujours m'embrasser, moi.

LA COMTESSE, *rêvant.*

Laissons.... laissons ces folies.... Enfin, ma pauvre Suzanne, mon époux a fini par te dire ?

SUZANNE.

Que si je ne voulais pas l'entendre, il allait protéger Marceline.

LA COMTESSE *se lève et se promène en se servant fortement de l'éventail.*

Il ne m'aime plus du tout.

1. Variante 86. — 2. Variante 87.

Suzanne.

Pourquoi tant de jalousie?

La Comtesse.

Comme tous les maris, ma chère! uniquement par orgueil. Ah! je l'ai trop aimé! je l'ai lassé de mes tendresses et fatigué de mon amour; voilà mon seul tort avec lui; mais je n'entens pas¹ que cet honnête aveu te nuise, et tu épouseras Figaro. Lui seul peut nous y aider: viendra-t-il?

Suzanne.

Dès qu'il verra partir la chasse.

La Comtesse, *se servant de l'éventail.*

Ouvre un peu la croisée sur le jardin. Il fait une chaleur ici!...

Suzanne.

C'est que Madame parle et marche avec action. (*Elle va ouvrir la croisée du fond.*)

La Comtesse, *rêvant long-tems²*.

Sans cette constance à me fuir... les hommes sont bien coupables!

Suzanne *crie de la fenêtre.*

Ah! voilà Monseigneur qui traverse à cheval le grand potager, suivi de Pédrille, avec deux, trois, quatre levriers.

---

1. Variante 88. — 2. Variante 89.

La Comtesse.

Nous avons du tems devant nous. (*Elle s'assied.*) On frappe, Suzon ?

Suzanne *court ouvrir en chantant.*

Ah, c'est mon Figaro ! ah, c'est mon Figaro !

———

SCÈNE II.

FIGARO, SUZANNE, LA COMTESSE, *assise.*

Suzanne.

Mon cher ami, viens donc ! Madame est dans une impatience !...

Figaro.

Et toi, ma petite Suzanne ? — Madame n'en doit prendre aucune. Au fait, de quoi s'agit-il ? d'une misère. Monsieur le Comte trouve notre jeune femme aimable, il voudrait en faire sa maîtresse, et c'est bien naturel.

Suzanne[1].

Naturel ?

Figaro.

Puis il m'a nommé courier de dépêches, et Suzon conseiller d'ambassade. Il n'y a pas là d'étourderie.

1. Variante 90.

Suzanne.

Tu finiras?

Figaro.

Et parce que Suzanne, ma fiancée, n'accepte pas le diplôme, il va favoriser les vues de Marceline ; quoi de plus simple encor? Se venger de ceux qui nuisent à nos projets, en renversant les leurs, c'est ce que chacun fait, c'est ce que nous allons faire nous mêmes. Hé bien, voilà tout pourtant.

La Comtesse.

Pouvez-vous, Figaro, traiter si légèrement un dessein qui nous coûte à tous le bonheur?

Figaro.

Qui dit cela, Madame?

Suzanne.

Au lieu de t'affliger de nos chagrins...

Figaro.

N'est-ce pas assez que je m'en occupe? Or, pour agir aussi méthodiquement que lui, tempérons d'abord son ardeur de nos possessions en l'inquiétant[1] sur les siennes.

La Comtesse.

C'est bien dit ; mais comment?

---

1. Variante 91.

Figaro.

C'est déjà fait, Madame; un faux avis donné sur vous...

La Comtesse.

Sur moi! la tête vous tourne!

Figaro.

O! c'est à lui qu'elle doit tourner.

La Comtesse.

Un homme aussi jaloux!..

Figaro.

Tant mieux; pour tirer parti des gens de ce caractère, il ne faut qu'un peu leur fouetter le sang; c'est ce que les femmes entendent si bien! Puis, les tient-on fâchés tout rouge, avec un brin d'intrigue on les mene où l'on veut, par le nez, dans le Guadalquivir[1]. Je vous ai fait rendre à Bazile un billet inconnu, lequel avertit Monseigneur qu'un galant doit chercher à vous voir aujourd'hui pendant le bal.

La Comtesse.

Et vous vous jouez ainsi de la vérité sur le compte d'une femme d'honneur?...

Figaro.

Il y en a peu, Madame, avec qui je l'eusse osé, crainte de rencontrer juste.

1. Variante 92.

La Comtesse.

Il faudra que je l'en remercie!

Figaro.

Mais dites-moi[1] s'il n'est pas charmant de lui avoir taillé ses morceaux de la journée, de façon qu'il passe à rôder, à jurer après sa Dame, le tems qu'il destinait à se complaire avec la nôtre! Il est déjà tout dérouté; galopera-t-il celle-ci? surveillera-t-il celle-là? dans son trouble d'esprit, tenez, tenez, le voilà qui court la plaine, et force un lievre qui n'en peut mais. L'heure du mariage arrive en poste, il n'aura pas pris de parti contre, et jamais il n'osera s'y opposer devant Madame.

Suzanne.

Non; mais Marceline, le bel esprit, osera le faire, elle.

Figaro.

Brrrr. Cela m'inquiète bien, ma foi[2]! Tu feras dire à Monseigneur que tu te rendras sur la brune au jardin.

Suzanne.

Tu comptes sur celui-là[3]?

Figaro.

O Dame! écoutez donc: les gens qui ne veulent rien faire

---

1. Variante 93. — 2. Variante 94. — 3. Variante 95.

de rien, n'avancent rien, et ne sont bons à rien. Voilà mon mot.

SUZANNE.

Il est joli !

LA COMTESSE.

Comme son idée. Vous consentiriez qu'elle s'y rendît ?

FIGARO[1].

Point du tout. Je fais endosser un habit de Suzanne à quelqu'un : surpris par nous au rendez-vous, le Comte pourra-t-il s'en dédire ?

SUZANNE.

A qui mes habits ?

FIGARO.

Chérubin.

LA COMTESSE.

Il est parti.

FIGARO.

Non pas pour moi. Veut-on me laisser faire ?

SUZANNE.

On peut s'en fier à lui pour mener une intrigue.

FIGARO.

Deux, trois, quatre à la fois ; bien embrouillées, qui se croisent. J'étais né pour être courtisan[2].

---

1. Variante 96. — 2. Variante 97.

SUZANNE.

On dit que c'est un métier si difficile !

FIGARO [1].

Recevoir, prendre et demander : voilà le secret en trois mots.

LA COMTESSE.

Il a tant d'assurance qu'il finit par m'en inspirer.

FIGARO.

C'est mon dessein.

SUZANNE.

Tu disais donc ?

FIGARO.

Que pendant l'absence de Monseigneur, je vais vous envoyer le Chérubin ; coëffez-le, habillez-le, je le renferme et l'endoctrine ; et puis dansez, Monseigneur. (*Il sort.*)

SCÈNE III[2].

SUZANNE, LA COMTESSE, *assise*.

LA COMTESSE, *tenant sa boëte à mouches.*

Mon dieu, Suzon, comme je suis faite !... ce jeune homme qui va venir !...

1. Variante 98. — 2. Variante 99.

SUZANNE.

Madame ne veut donc pas qu'il en réchappe ?

La Comtesse *rêve devant sa petite glace.*

Moi ?... tu verras comme je vais le gronder.

Suzanne.

Fesons-lui chanter sa romance. (*Elle la met sur la Comtesse.*)

La Comtesse.

Mais, c'est qu'en vérité mes cheveux sont dans un désordre !...

Suzanne, *riant.*

Je n'ai qu'à reprendre ces deux boucles, Madame le grondera bien mieux.

La Comtesse, *revenant à elle.*

Qu'est-ce que vous dites donc, Mademoiselle ?

SCÈNE IV.

CHÉRUBIN, *l'air honteux*; SUZANNE; LA COMTESSE, *assise.*

Suzanne.

Entrez, Monsieur l'Officier ; on est visible.

CHÉRUBIN *avance en tremblant.*

Ah, que ce nom m'afflige, Madame! il m'apprend qu'il faut quitter des lieux.... une maraine si.... bonne!...

SUZANNE.

Et si belle!

CHÉRUBIN, *avec un soupir.*

Ah! oui.

SUZANNE *le contrefait.*

Ah! oui. Le bon jeune homme, avec ses longues paupieres hypocrites! Allons, bel oiseau bleu, chantez la romance à Madame.

LA COMTESSE *la déplie.*

De qui.... dit-on qu'elle est?

SUZANNE.

Voyez la rougeur du coupable; en a-t-il un pied sur les joues?

CHÉRUBIN.

Est-ce qu'il est défendu.... de chérir....

SUZANNE *lui met le poing sous le nez.*

Je dirai tout, vaurien!

LA COMTESSE.

Là.... chante-t-il?

Chérubin.

O Madame, je suis si tremblant!...

Suzanne, *en riant.*

Et gnian, gnian, gnian, gnian, gnian, gnian, gnian. Dès que Madame le veut, modeste auteur ! Je vais l'accompagner.

La Comtesse.

Prens ma guitare. (*La Comtesse, assise, tient le papier pour suivre. Suzanne est derriere son fauteuil, et prélude en regardant la musique par-dessus sa maîtresse. Le petit Page est devant elle, les yeux baissés. Ce tableau est juste la belle estampe d'après Vanloo, appellée* La Conversation Espagnole*.)

ROMANCE[1].

Air : *Marlbroug s'en vat-en guerre.*

Premier Couplet.

Mon coursier hors d'haleine,
(Que mon cœur, mon cœur a de peine!)
J'errais de plaine en plaine,
Au gré du destrier.

II. Couplet.

Au gré du destrier ;
Sans Varlet, n'Écuyer ;
** Là près d'une fontaine,

---

* Chérubin, la Comtesse, Suzanne.
1. Variante 100.
** Au spectacle on a commencé la romance à ce vers, en disant : *Auprès d'une Fontaine.*

(Que mon cœur, mon cœur a de peine!)
   Songeant à ma Maraine,
   Sentais mes pleurs couler.

III. Couplet.

   Sentais mes pleurs couler,
   Prêt à me désoler;
   Je gravais sur un frêne
(Que mon cœur, mon cœur a de peine!)
   Sa lettre sans la mienne;
   Le Roi vint à passer.

IV. Couplet.

   Le Roi vint à passer,
   Ses Barons, son Clergier.
   Beau Page, dit la Reine,
(Que mon cœur, mon cœur a de peine!)
   Qui vous met à la gêne?
   Qui vous fait tant plorer?

V. Couplet.

   Qui vous fait tant plorer?
   Nous faut le déclarer.
   Madame et Souveraine,
(Que mon cœur, mon cœur a de peine!)
   J'avais une Maraine,
   Que toujours adorai*.

VI. Couplet.

   Que toujours adorai;
   Je sens que j'en mourrai.
   Beau Page, dit la Reine,
(Que mon cœur, mon cœur a de peine!)
   N'est-il qu'une Maraine?
   Je vous en servirai.

---

* Ici la Comtesse arrête le Page en fermant le papier. Le reste ne se chante pas au théatre.

VII. Couplet.

Je vous en servirai;
Mon Page vous ferai,
Puis à ma jeune Helène,
(Que mon cœur, mon cœur a de peine!)
Fille d'un Capitaine,
Un jour vous marierai.

VIII. Couplet.

Un jour vous marierai. —
Nenni n'en faut parler;
Je veux, traînant ma chaîne,
(Que mon cœur, mon cœur a de peine!)
Mourir de cette peine,
Mais non m'en consoler.

La Comtesse.

Il y a de la naïveté..., du sentiment même.

Suzanne *va poser la guitare sur un fauteuil* *.

O! pour du sentiment, c'est un jeune homme qui... Ah çà, Monsieur l'Officier, vous a-t-on dit que pour égayer la soirée, nous voulons savoir d'avance si un de mes habits vous ira passablement?

La Comtesse.

J'ai peur que non.

Suzanne *se mesure avec lui* [1].

Il est de ma grandeur. Otons d'abord le manteau. (*Elle le détache.*)

---

* Chérubin, Suzanne, la Comtesse.
1. Variante 101.

La Comtesse.

Et si quelqu'un entrait?

Suzanne.

Est-ce que nous fesons du mal donc? je vais fermer la porte. (*Elle court.*) Mais c'est la coëffure que je veux voir.

La Comtesse.

Sur ma toilette, une baigneuse à moi. (*Suzanne entre dans le cabinet dont la porte est au bord du théâtre.*)

SCÈNE V[1].

CHÉRUBIN, LA COMTESSE, *assise.*

La Comtesse.

Jusqu'à l'instant du bal, le Comte ignorera que vous soyez au château. Nous lui dirons après, que le tems d'expédier votre brevet nous a fait naître l'idée...

Chérubin *le lui montre.*

Hélas, Madame, le voici; Bazile me l'a remis de sa part.

1. Variante 102.

LA COMTESSE[1].

Déja? L'on a craint d'y perdre une minute. (*Elle lit.*) Ils se sont tant pressés, qu'ils ont oublié d'y mettre son cachet.
(*Elle le lui rend.*)

SCÈNE VI.

CHÉRUBIN, LA COMTESSE, SUZANNE.

Suzanne *entre avec un grand bonnet.*

Le cachet, à quoi?

LA COMTESSE.

A son brevet.

SUZANNE[2].

Déja?

LA COMTESSE.

C'est ce que je disais. Est-ce là ma baigneuse?

Suzanne *s'assied près de la Comtesse*[*].

Et la plus belle de toutes. (*Elle chante avec des épingles dans sa bouche.*)

Tournez-vous donc envers ici,
Jean de Lyra, mon bel ami.

---

1. Variante 10?. — 2. Variante 104.
* *Chérubin, Suzanne, la Comtesse.*

(*Chérubin se met à genoux*[1]. *Elle le coëffe.*) Madame, il est charmant!

LA COMTESSE.

Arrange son collet d'un air un peu plus féminin[2].

SUZANNE *l'arrange.*

Là... Mais voyez donc ce morveux, comme il est joli en fille! J'en suis jalouse, moi! (*Elle lui prend le menton*[3].) Voulez-vous bien n'être pas joli comme ça!

LA COMTESSE.

Qu'elle est folle! Il faut relever la manche, afin que l'amadis prenne mieux... (*Elle le retrousse.*) Qu'est-ce qu'il a donc au bras? Un ruban!

SUZANNE.

Et un ruban à vous. Je suis bien aise que Madame l'ait vu. Je lui avais dit que je le dirais, déja! O! si Monseigneur n'était pas venu, j'aurais bien repris le ruban, car je suis presque aussi forte que lui.

LA COMTESSE[4].

Il y a du sang! (*Elle détache le ruban*[5].)

CHÉRUBIN, *honteux.*

Ce matin, comptant partir, j'arrangeais la gourmette de mon cheval; il a donné de la tête, et la bossette m'a effleuré le bras.

---

1. Variante 105. — 2. Variante 106. — 3. Variante 107.— 4. Variante 108 — 5. Variante 109.

LA COMTESSE[1].

On n'a jamais mis un ruban...

SUZANNE.

Et sur-tout un ruban volé. — Voyons donc ce que la bossette,... la courbette,... la cornette du cheval[2]... Je n'entens rien à tous ces noms-là. — Ah! qu'il a le bras blanc[3]! c'est comme une femme! plus blanc que le mien! Regardez donc, Madame. (*Elle les compare.*)

LA COMTESSE, *d'un ton glacé.*

Occupez-vous plutôt de m'avoir du taffetas gommé, dans ma toilette.

(*Suzanne lui pousse la tête en riant : il tombe sur les deux mains. Elle entre dans le cabinet au bord du théâtre.*)

SCÈNE VII.

CHÉRUBIN, *à genoux;* LA COMTESSE, *assise.*

LA COMTESSE *reste un moment sans parler, les yeux sur son ruban. Chérubin la dévore de ses regards.*

Pour mon ruban, Monsieur..., comme c'est celui dont la couleur m'agrée le plus..., j'étais fort en colère de l'avoir perdu.

1. Variante 110. — 2. Variante 111. — 3. Variante 112.

SCÈNE VIII.

CHÉRUBIN, *à genoux;* LA COMTESSE, *assise;* SUZANNE.

Suzanne, *revenant.*

Et la ligature à son bras ? *(Elle remet à la Comtesse du taffetas gommé et des ciseaux.)*

La Comtesse.

En allant lui chercher tes hardes, prens le ruban d'un autre bonnet.

(Suzanne sort par la porte du fond, en emportant le manteau du Page.)

SCÈNE IX[1].

CHÉRUBIN, *à genoux;* LA COMTESSE, *assise.*

Chérubin, *les yeux baissés.*

Celui qui m'est ôté m'aurait guéri en moins de rien.

1. Variante 113.

La Comtesse.

Par quelle vertu? (*Lui montrant le taffetas.*) Ceci vaut mieux.

Chérubin, *hésitant.*

Quand un ruban... a serré la tête... ou touché la peau d'une personne....

La Comtesse, *coupant la phrase.*

...! Étrangère, il devient bon pour les blessures? J'ignorais cette propriété. Pour l'éprouver, je garde celui-ci qui vous a serré le bras. A la première égratignure... de mes femmes, j'en ferai l'essai.

Chérubin, *pénétré.*

Vous le gardez, et moi je pars.

La Comtesse.

Non pour toujours.

Chérubin.

Je suis si malheureux!

La Comtesse, *émue.*

Il pleure, à présent! C'est ce vilain Figaro avec son pronostic!

Chérubin, *exalté.*

Ah! je voudrais toucher au terme qu'il m'a prédit! Sûr de mourir à l'instant, peut-être ma bouche oserait...

La Comtesse *l'interrompt et lui essuie les yeux avec son mouchoir.*

Taisez-vous, taisez-vous, enfant ! Il n'y a pas un brin de raison dans tout ce que vous dites. (*On frappe à la porte, elle élève la voix.*) Qui frappe ainsi chez moi ?

SCÈNE X[1].

CHÉRUBIN, LA COMTESSE, LE COMTE, *en dehors.*

Le Comte, *en dehors.*

Pourquoi donc enfermée ?

La Comtesse, *troublée, se lève.*

C'est mon époux ! grands Dieux !... (*A Chérubin qui s'est levé aussi.*) Vous sans manteau, le col et les bras nuds ! seul avec moi ! cet air de désordre, un billet reçu, sa jalousie !...

Le Comte, *en dehors.*

Vous n'ouvrez pas ?

La Comtesse.

C'est que... je suis seule...

1. Variante 114.

Le Comte, *en dehors.*

Seule! Avec qui parlez-vous donc?

La Comtesse, *cherchant.*

... Avec vous, sans doute.

Chérubin, *à part.*

Après les scènes d'hier et de ce matin, il me tuerait sur la place! (*Il court au cabinet de toilette, y entre, et tire la porte sur lui.*)

SCÈNE XI[1].

La Comtesse, *seule, en ôte la clé et court ouvrir au Comte.*

Ah! quelle faute, quelle faute!

SCÈNE XII[2].

LE COMTE, LA COMTESSE.

Le Comte, *un peu sévère*[3].

Vous n'êtes pas dans l'usage de vous enfermer!

1. Variante 115. — 2. Variante 116. — 3. Variante 117.

La Comtesse, *troublée.*

Je..... je chiffonnais.... Oui, je chiffonnais avec Suzanne ; elle est passée un moment chez elle.

Le Comte *l'examine.*

Vous avez l'air et le ton bien altérés !

La Comtesse.

Ce n'est pas étonnant... pas étonnant du tout... je vous assure... Nous parlions de vous... Elle est passée, comme je vous dis.

Le Comte.

Vous parliez de moi !.... Je suis ramené par l'inquiétude ; en montant à cheval, un billet qu'on m'a remis, mais auquel je n'ajoute aucune foi, m'a... pourtant agité.

La Comtesse.

Comment, Monsieur ?... quel billet ?

Le Comte.

Il faut avouer, Madame, que vous ou moi sommes entourés d'êtres... bien méchans ! On me donne avis que, dans la journée, quelqu'un que je crois absent doit chercher à vous entretenir.

La Comtesse.

Quel que soit cet audacieux, il faudra qu'il pénètre ici ;

car mon projet est de ne pas quitter ma chambre de tout le jour.

LE COMTE.

Ce soir, pour la noce de Suzanne?

LA COMTESSE.

Pour rien au monde; je suis très-incommodée.

LE COMTE.

Heureusement le Docteur est ici.
(*Le Page fait tomber une chaise dans le cabinet.*)
Quel bruit entens-je?

LA COMTESSE, *plus troublée*.

Du bruit?

LE COMTE.

On a fait tomber un meuble.

LA COMTESSE.

Je... je n'ai rien entendu, pour moi.

LE COMTE.

Il faut que vous soyez furieusement préoccupée!

LA COMTESSE.

Préoccupée! de quoi?

LE COMTE.

Il y a quelqu'un dans ce cabinet, Madame.

LA COMTESSE[1].

Hé... qui voulez-vous qu'il y ait, Monsieur ?

LE COMTE.

C'est moi qui vous le demande : j'arrive.

LA COMTESSE.

Hé mais... Suzanne apparemment qui range.

LE COMTE.

Vous avez dit qu'elle était passée chez elle !

LA COMTESSE.

Passée... ou entrée là ; je ne sais lequel.

LE COMTE.

Si c'est Suzanne, d'où vient le trouble où je vous vois ?

LA COMTESSE.

Du trouble pour ma camariste ?

LE COMTE.

Pour votre camariste, je ne sais ; mais pour du trouble, assurément.

1. Variante 118.

LA COMTESSE.

Assurément, Monsieur, cette fille vous trouble et vous occupe beaucoup plus que moi.

LE COMTE, *en colère.*

Elle m'occupe à tel point, Madame, que je veux la voir à l'instant.

LA COMTESSE.

Je crois, en effet, que vous le voulez souvent; mais voilà bien les soupçons les moins fondés...

SCÈNE XIII[1].

LE COMTE, LA COMTESSE; SUZANNE *entre avec des hardes et pousse la porte du fond.*

LE COMTE[2].

Ils en seront plus aisés à détruire. (*Il parle au cabinet.*) — Sortez, Suzon; je vous l'ordonne.

(*Suzanne s'arrête auprès de l'alcove dans le fond.*)

LA COMTESSE.

Elle est presque nue, Monsieur. Vient-on troubler ainsi

1. Variante 119. — 2. Variante 120.

des femmes dans leur retraite? Elle essayait des hardes que je lui donne en la mariant; elle s'est enfuie quand elle vous a entendu.

LE COMTE.

Si elle craint tant de se montrer, au moins elle peut parler. (*Il se tourne vers la porte du cabinet.*) Répondez-moi, Suzanne ; êtes-vous dans ce cabinet?

(*Suzanne, restée au fond, se jette dans l'alcove et s'y cache.*)

LA COMTESSE, *vivement, parlant au cabinet.*

Suzon, je vous défens de répondre. (*Au Comte.*) On n'a jamais poussé si loin la tyrannie!

LE COMTE *s'avance au cabinet.*

Oh bien! puisqu'elle ne parle pas[1], vêtue ou non, je la verrai.

LA COMTESSE *se met au-devant.*

Par-tout ailleurs je ne puis l'empêcher; mais j'espère aussi que chez moi...

LE COMTE.

Et moi j'espère savoir dans un moment quelle est cette Suzanne mystérieuse. Vous demander la clé serait, je le vois, inutile; mais il est un moyen sûr de jetter en dedans cette légère porte. Holà, quelqu'un?

LA COMTESSE.

Attirer vos gens et faire un scandale public d'un soupçon qui nous rendrait la fable du château?

---

1. Variante 121.

Le Comte [1].

Fort bien, Madame; en effet, j'y suffirai; je vais à l'instant prendre chez moi ce qu'il faut... (*Il marche pour sortir et revient.*) Mais, pour que tout reste au même état, voudrez-vous bien m'accompagner sans scandale et sans bruit, puisqu'il vous déplaît tant?... Une chose aussi simple, apparamment, ne me sera pas refusée!

La Comtesse, *troublée*.

Eh! Monsieur, qui songe à vous contrarier?

Le Comte.

Ah! j'oubliais la porte qui va chez vos femmes; il faut que je la ferme aussi, pour que vous soyez pleinement justifiée. (*Il va fermer la porte du fond et en ôte la clé.*)

La Comtesse, *à part*.

O ciel! étourderie funeste!

Le Comte, *revenant à elle*.

Maintenant que cette chambre est close, acceptez mon bras, je vous prie; (*Il élève la voix.*) et quant à la Suzanne du cabinet, il faudra qu'elle ait la bonté de m'attendre[2], et le moindre mal qui puisse lui arriver à mon retour...

La Comtesse.

En vérité, Monsieur, voilà bien la plus odieuse avanture... (*Le Comte l'emmene et ferme la porte à la clé.*)

1. Variante 122. — 2. Variante 123.

SCÈNE XIV.

SUZANNE, CHÉRUBIN.

Suzanne *sort de l'alcove, accourt au cabinet et parle à la serrure.*

Ouvrez, Chérubin, ouvrez vîte, c'est Suzanne; ouvrez et sortez.

Chérubin *sort**.

Ah! Suzon, quelle horrible scène!

Suzanne.

Sortez, vous n'avez pas une minute.

Chérubin, *effrayé*.

Eh! par où sortir?

Suzanne.

Je n'en sais rien, mais sortez.

Chérubin.

S'il n'y a pas d'issue?

Suzanne.

Après la rencontre de tantôt, il vous écraserait[2]! et nous serions perdues. — Courez conter à Figaro...

---

1. Variante 124. — 2. Variante 125.
* *Chérubin, Suzanne.*

CHÉRUBIN.

La fenêtre du jardin n'est peut-être pas bien haute. (*Il court y regarder.*)

SUZANNE, *avec effroi.*

Un grand étage! Impossible! Ah ma pauvre maîtresse! et mon mariage, ô ciel!

CHÉRUBIN *revient.*

Elle donne sur la melonière; quitte à gâter une couche ou deux.

SUZANNE *le retient et s'écrie :*

Il va se tuer!

CHÉRUBIN, *exalté.*

Dans un gouffre allumé, Suzon! oui je m'y jetterais, plutôt que de lui nuire... Et ce baiser va me porter bonheur. (*Il l'embrasse et court sauter par la fenêtre.*)

SCÈNE XV[1].

SUZANNE, *seule; un cri de frayeur.*

Ah!... (*Elle tombe assise un moment. Elle va péniblement regarder à la fenêtre et revient.*) Il est déjà bien loin. O le

---

1. Variante 126.

petit garnement! aussi leste que joli! Si celui-là manque de femmes.... Prenons sa place au plutôt. (*En entrant dans le cabinet.*) Vous pouvez à présent, Monsieur le Comte, rompre la cloison si cela vous amuse; au diantre qui répond un mot!

(*Elle s'y enferme.*)

SCÈNE XVI[1].

LE COMTE, LA COMTESSE, *rentrent dans la chambre.*

Le Comte, *une pince à la main, qu'il jette sur le fauteuil.*

Tout est bien comme je l'ai laissé. Madame, en m'exposant à briser cette porte, réfléchissez aux suites : encor une fois, voulez-vous l'ouvrir[2]?

La Comtesse.

Eh! monsieur, quelle horrible humeur peut altérer ainsi les égards entre deux époux? Si l'amour vous dominait au point de vous inspirer ces fureurs, malgré leur déraison, je les excuserais; j'oublierais peut-être, en faveur du motif, ce qu'elles ont d'offensant pour moi. Mais la seule vanité peut-elle jeter dans cet excès un galant homme?

Le Comte.

Amour ou vanité, vous ouvrirez la porte[3], ou je vais à l'instant....

---

1. Variante 127. — 2. Variante 128. — 3. Variante 129.

La Comtesse, *au devant.*

Arrêtez, Monsieur, je vous prie. Me croyez-vous capable de manquer à ce que je me dois ?

Le Comte.

Tout ce qu'il vous plaira, Madame; mais je verrai qui est dans ce cabinet.

La Comtesse, *effrayée.*

Hé bien, Monsieur, vous le verrez. Écoutez-moi... tranquillement.

Le Comte.

Ce n'est donc pas Suzanne ?

La Comtesse, *timidement.*

Au moins n'est-ce pas non plus une personne.... dont vous deviez rien redouter.... Nous disposions une plaisanterie.... bien innocente en vérité, pour ce soir..., et je vous jure....

Le Comte.

Et vous me jurez ?

La Comtesse.

Que nous n'avions pas plus de dessein de vous offenser l'un que l'autre.

Le Comte, *vîte.*

L'un que l'autre ? c'est un homme.

La Comtesse.

Un enfant, Monsieur.

Le Comte.

Hé qui donc?

La Comtesse.

A peine osai-je le nommer !

Le Comte, *furieux*.

Je le tuerai.

La Comtesse.

Grands Dieux !

Le Comte.

Parlez donc.

La Comtesse[1].

Ce jeune.... Chérubin....

Le Comte.

Chérubin ! l'insolent ! Voilà mes soupçons et le billet expliqués.

La Comtesse, *joignant les mains*.

Ah ! Monsieur, gardez de penser....

Le Comte, *frappant du pied*.

(*A part.*) Je trouverai par-tout ce maudit Page ! (*Haut.*)

1. Variante 130.

Allons, Madame, ouvrez ; je sais tout maintenant[1]. Vous n'auriez pas été si émue en le congédiant ce matin ; il serait parti quand je l'ai ordonné ; vous n'auriez pas mis tant de fausseté dans votre conte de Suzanne ; il ne se serait pas si soigneusement caché, s'il n'y avait rien de criminel.

La Comtesse.

Il a craint de vous irriter en se montrant.

Le Comte, *hors de lui, crie au cabinet.*

Sors donc, petit malheureux !

La Comtesse *le prend à bras le corps, en l'éloignant*[2].

Ah ! Monsieur, Monsieur, votre colère me fait trembler pour lui. N'en croyez pas un injuste soupçon, de grace, et que le désordre où vous l'allez trouver....

Le Comte.

Du désordre !

La Comtesse.

Hélas ! oui ; prêt à s'habiller en femme, une coëffure à moi sur la tête, en veste et sans manteau, le col ouvert, les bras nuds ; il allait essayer....

Le Comte.

Et vous vouliez garder votre chambre ! Indigne épouse ! Ah ! vous la garderez.... long-tems ; mais il faut avant que

---

1. Variante 131. — 2. Variante 132.

j'en chasse un insolent, de manière à ne plus le rencontrer nulle part.

La Comtesse *se jette à genoux, les bras élevés*[1].

Monsieur le Comte, épargnez un enfant; je ne me consolerais pas d'avoir causé....

Le Comte.

Vos frayeurs aggravent son crime.

La Comtesse.

Il n'est pas coupable, il partait : c'est moi qui l'ai fait appeller.

Le Comte, *furieux*.

Levez-vous. Otez-vous.... Tu es bien audacieuse d'oser me parler pour un autre !

La Comtesse.

Eh bien! je m'ôterai, Monsieur, je me leverai; je vous remettrai même la clé du cabinet; mais, au nom de votre amour....

Le Comte.

De mon amour! Perfide !

La Comtesse *se lève et lui présente la clé*[2].

Promettez-moi que vous laisserez aller cet enfant sans

---

1. Variante 133. — 2. Variante 134.

lui faire aucun mal, et puisse, après, tout votre courroux tomber sur moi, si je ne vous convainc pas....

Le Comte, *prenant la clé*¹.

Je n'écoute plus rien.

La Comtesse *se jette sur une bergère, un mouchoir sur les yeux*.

O ciel! il va périr!

Le Comte *ouvre la porte*² *et recule.*

C'est Suzanne!

SCÈNE XVII[3].

LA COMTESSE, LE COMTE, SUZANNE.

Suzanne *sort en riant.*

Je le tuerai! je le tuerai! Tuez-le donc, ce méchant Page!

Le Comte, *à part.*

Ah! quelle école! (*Regardant la Comtesse qui est restée stupéfaite.*) Et vous aussi, vous jouez l'étonnement?... Mais peut-être elle n'y est pas seule. (*Il entre.*)

1. Variante 135. — 2. Variante 136. — 3. Variante 137.

SCÈNE XVIII.

LA COMTESSE, *assise;* SUZANNE.

Suzanne *accourt à sa Maîtresse.*

Remettez-vous, Madame, il est bien loin; il a fait un saut....

La Comtesse.

Ah! Suzon, je suis morte..

SCENE XIX.

LA COMTESSE, *assise;* SUZANNE, LE COMTE.

Le Comte *sort du cabinet d'un air confus. Après un court silence*[1].

Il n'y a personne, et pour le coup j'ai tort. — Madame... vous jouez fort bien la comédie.

Suzanne, *gaiment.*

Et moi, Monseigneur?

1. Variante 138.

La Comtesse, *son mouchoir sur sa bouche pour se remettre, ne parle pas*¹.

Le Comte *s'approche**.

Quoi, Madame, vous plaisantiez ?

La Comtesse, *se remettant un peu.*

Eh pourquoi non, Monsieur ?

Le Comte.

Quel affreux badinage ! et par quel motif, je vous prie ?...

La Comtesse.

Vos folies méritent-elles de la pitié ?

Le Comte.

Nommer folies ce qui touche à l'honneur !

La Comtesse, *assurant son ton par degrés.*

Me suis-je unie à vous pour être éternellement dévouée à l'abandon et à la jalousie, que vous seul osez concilier ?

Le Comte

Ah ! Madame, c'est sans ménagement².

Suzanne.

Madame n'avait qu'à vous laisser appeler les gens.

---

1. Variante 139. — 2. Variante 140.
* *Suzanne, la Comtesse assise, le Comte.*

####### Le Comte.

Tu as raison, et c'est à moi de m'humilier.... Pardon, je suis d'une confusion !....

####### Suzanne.

Avouez, Monseigneur[1], que vous la méritez un peu.

####### Le Comte.

Pourquoi donc ne sortais-tu pas lorsque je t'appelais ? Mauvaise !

####### Suzanne.

Je me r'habillais de mon mieux, à grand renfort d'épingles, et Madame, qui me le défendait, avait bien ses raisons pour le faire.

####### Le Comte.

Au lieu de rappeler mes torts[2], aides-moi plutôt à l'appaiser.

####### La Comtesse.

Non, Monsieur ; un pareil outrage ne se couvre point. Je vais me retirer aux Ursulines, et je vois trop qu'il en est tems.

####### Le Comte.

Le pourriez-vous sans quelques regrets ?

####### Suzanne.

Je suis sûre, moi, que le jour du départ serait la veille des larmes.

---

1. Variante 141. — 2. Variante 142.

LA COMTESSE.

Eh! quand cela serait, Suzon; j'aime mieux le regretter que d'avoir la bassesse de lui pardonner; il m'a trop offensée.

LE COMTE.

Rosine!....

LA COMTESSE.

Je ne la suis plus, cette Rosine que vous avez tant poursuivie! je suis la pauvre Comtesse Alma-Viva, la triste femme délaissée que vous n'aimez plus.

SUZANNE.

Madame....

LE COMTE, *suppliant*.

Par pitié....

LA COMTESSE.

Vous n'en aviez aucune pour moi.

LE COMTE.

Mais aussi ce billet.... Il m'a tourné le sang!

LA COMTESSE.

Je n'avais pas consenti qu'on l'écrivît.

LE COMTE.

Vous le saviez?

1. Variante 143.

LA COMTESSE.

C'est cet étourdi de Figaro....

LE COMTE[1].

Il en était ?

LA COMTESSE.

.... Qui l'a remis à Bazile.

LE COMTE.

Qui m'a dit le tenir d'un paysan. O perfide chanteur! lame à deux tranchans! c'est toi qui paieras pour tout le monde.

LA COMTESSE.

Vous demandez pour vous un pardon que vous refusez aux autres : voilà bien les hommes! Ah! si jamais je consentais à pardonner en faveur de l'erreur où vous a jeté ce billet, j'exigerais que l'amnistie fût générale.

LE COMTE.

Hé bien, de tout mon cœur, Comtesse : mais comment réparer une faute aussi humiliante ?

LA COMTESSE *se lève*[2].

Elle l'était pour tous deux.

LE COMTE.

Ah! dites pour moi seul. — Mais je suis encor à conce-

---

1. Variante 144. — 2. Variante 145.

voir comment les femmes prennent si vîte et si juste l'air et le ton des circonstances. Vous rougissiez, vous pleuriez, votre visage était défait.... D'honneur, il l'est encor.

La Comtesse, s'efforçant de sourire.

Je rougissais.... du ressentiment de vos soupçons. Mais les hommes sont-ils assez délicats pour distinguer l'indignation d'une ame honnête outragée[1] d'avec la confusion qui naît d'une accusation méritée?

Le Comte, souriant.

Et ce Page en désordre, en veste et presque nud[2]...

La Comtesse, montrant Suzanne.

Vous le voyez devant vous. N'aimez-vous pas mieux l'avoir trouvé que l'autre? En général, vous ne haïssez pas de rencontrer celui-ci.

Le Comte, riant plus fort[3].

Et ces prières, ces larmes feintes....

La Comtesse.

Vous me faites rire, et j'en ai peu d'envie.

Le Comte.

Nous croyons valoir quelque chose en politique, et nous ne sommes que des enfans. C'est vous, c'est vous, Madame, que le Roi devrait envoyer en ambassade à Londres! Il faut

---

1. Variante 146. — 2. Variante 147. — 3. Variante 148.

que votre sexe ait fait une étude bien réfléchie[1] de l'art de se composer pour réussir à ce point!

LA COMTESSE.

C'est toujours vous qui nous y forcez.

SUZANNE.

Laissez-nous prisonniers sur parole, et vous verrez si nous sommes gens d'honneur.

LA COMTESSE.

Brisons là, Monsieur le Comte. J'ai peut-être été trop loin; mais mon indulgence en un cas aussi grave doit au moins m'obtenir la vôtre.

LE COMTE.

Mais vous répéterez que vous me pardonnez.

LA COMTESSE.

Est-ce que je l'ai dit, Suzon?

SUZANNE.

Je ne l'ai pas entendu, Madame.

LE COMTE.

Eh bien, que ce mot vous échappe.

1. Variante 149.

LA COMTESSE.

Le méritez-vous donc, ingrat ?

LE COMTE.

Oui, par mon repentir.

SUZANNE[1].

Soupçonner un homme dans le cabinet de Madame !

LE COMTE.

Elle m'en a si sévèrement puni !

SUZANNE.

Ne pas s'en fier à elle quand elle dit que c'est sa camariste !

LE COMTE.

Rosine, êtes-vous donc implacable ?

LA COMTESSE[2].

Ah ! Suzon, que je suis faible ! quel exemple je te donne ! (*Tendant la main au Comte*[3].) On ne croira plus à la colère des femmes.

SUZANNE.

Bon ! Madame, avec eux ne faut-il pas toujours en venir là ?

LE COMTE *baise ardemment la main de sa femme.*

1. Variante 150. — 2. Variante 151. — 3. Variante 152.

SCÈNE XX[1].

SUZANNE, FIGARO, LA COMTESSE, LE COMTE.

Figaro, *arrivant tout essouflé.*

On disait Madame incommodée. Je suis vîte accouru.... Je vois avec joie qu'il n'en est rien.

Le Comte, *séchement.*

Vous êtes fort attentif!

Figaro.

Et c'est mon devoir. Mais puisqu'il n'en est rien, Monseigneur, tous vos jeunes vassaux des deux sexes sont en bas avec les violons et les cornemuses, attendant pour m'accompagner l'instant où vous permettrez que je mene ma fiancée....

Le Comte.

Et qui surveillera la Comtesse au château?

Figaro.

La veiller? Elle n'est pas malade.

Le Comte.

Non; mais cet homme absent qui doit l'entretenir?

1. Variante 153.

FIGARO.

Quel homme absent ?

LE COMTE.

L'homme du billet que vous avez remis à Bazile.

FIGARO.

Qui dit cela ?

LE COMTE.

Quand je ne le saurais pas d'ailleurs, fripon! ta physionomie, qui t'accuse, me prouverait déja que tu mens.

FIGARO.

S'il est ainsi, ce n'est pas moi qui mens, c'est ma physionomie.

SUZANNE.

Va, mon pauvre Figaro, n'uses pas ton éloquence en défaites : nous avons tout dit.

FIGARO.

Et quoi dit ? Vous me traitez comme un Bazile !

SUZANNE.

Que tu avais écrit le billet de tantôt pour faire accroire à Monseigneur, quand il entrerait, que le petit Page était dans ce cabinet où je me suis enfermée.

LE COMTE.

Qu'as-tu à répondre ?

LA COMTESSE.

Il n'y a plus rien à cacher, Figaro, le badinage est consommé.

FIGARO, *cherchant à deviner.*

Le badinage.... est consommé?

LE COMTE.

Oui, consommé. Que dis-tu là-dessus?

FIGARO.

Moi, je dis... que je voudrais bien qu'on en pût dire autant de mon mariage, et si vous l'ordonnez....

LE COMTE.

Tu conviens donc enfin du billet?

FIGARO.

Puisque Madame le veut, que Suzanne le veut, que vous le voulez vous-même, il faut bien que je le veuille aussi; mais à votre place, en vérité, Monseigneur, je ne croirais pas un mot de tout ce que nous vous disons.

LE COMTE.

Toujours mentir contre l'évidence! A la fin, cela m'irrite!

LA COMTESSE, *en riant.*

Eh! ce pauvre garçon! pourquoi voulez-vous, Monsieur, qu'il dise une fois la vérité?

FIGARO, *bas à Suzanne.*

Je l'avertis de son danger; c'est tout ce qu'un honnête homme peut faire.

SUZANNE, *bas.*

As-tu vu le petit Page?

FIGARO, *bas.*

Encor tout froissé.

SUZANNE, *bas.*

Ah! Pécaïre!

LA COMTESSE.

Allons, Monsieur le Comte, ils brûlent de s'unir; leur impatience est naturelle[1]; entrons pour la cérémonie.

LE COMTE, *à part.*

Et Marceline, Marceline.... (*Haut.*) Je voudrais être... au moins vêtu.

LA COMTESSE.

Pour nos gens! Est-ce que je le suis?

1. Variante 154.

SCÈNE XXI[1].

FIGARO, SUZANNE, LA COMTESSE, LE COMTE, ANTONIO.

Antonio, *demi-gris, tenant un pot de giroflées écrasées.*

Monseigneur! Monseigneur!

Le Comte[2].

Que me veux-tu, Antonio?

Antonio.

Faites donc une fois griller les croisées qui donnent sur mes couches. On jette toutes sortes de choses par ces fenêtres, et tout à l'heure encor on vient d'en jeter un homme.

Le Comte.

Par ces fenêtres[3]?

Antonio.

Regardez comme on arrange mes giroflées!

Suzanne, *bas à Figaro.*

Alerte, Figaro, alerte!

Figaro.

Monseigneur[4], il est gris dès le matin.

---

1. Variante 155. — 2. Variante 156. — 3. Variante 157. — 4. Variante 158.

ANTONIO.

Vous n'y êtes pas. C'est un petit reste d'hier. Voilà comme on fait des jugemens... ténébreux.

LE COMTE, *avec feu.*

Cet homme! cet homme! où est-il?

ANTONIO.

Où il est?

LE COMTE.

Oui.

ANTONIO.

C'est ce que je dis. Il faut me le trouver déja. Je suis votre domestique; il n'y a que moi qui prens soin de votre jardin; il y tombe un homme, et vous sentez.. que ma réputation en est effleurée.

SUZANNE, *bas à Figaro.*

Détourne, détourne.

FIGARO.

Tu boiras donc toujours?

ANTONIO.

Et si je ne buvais pas, je deviendrais enragé.

LA COMTESSE.

Mais en prendre ainsi sans besoin....

ANTONIO.

Boire sans soif et faire l'amour en tout tems, Madame, il n'y a que çà qui nous distingue des autres bêtes[1].

LE COMTE, *vivement.*

Répons-moi donc, ou je vais te chasser.

ANTONIO.

Est-ce que je m'en irais?

LE COMTE.

Comment donc?

ANTONIO, *se touchant le front.*

Si vous n'avez pas assez de çà pour garder un bon domestique, je ne suis pas assez bête, moi, pour renvoyer un si bon Maître.

LE COMTE *le secoue avec colère.*

On a, dis-tu, jetté un homme par cette fenêtre?

ANTONIO.

Oui, mon Excellence, tout-à-l'heure, en veste blanche, et qui s'est enfui, jarni, courant[2]....

LE COMTE, *impatienté.*

Après?

---

1. Variante 159. — 2. Variante 160.

ANTONIO.

J'ai bien voulu courir après, mais je me suis donné contre la grille une si fière gourde à la main, que je ne peux plus remuer ni pied ni patte de ce doigt-là. (*Levant le doigt*[1].)

LE COMTE.

Au moins tu reconnaîtrais l'homme ?

ANTONIO.

Oh! que oui-dà!... si je l'avais vu[2], pourtant !

SUZANNE, *bas à Figaro.*

Il ne l'a pas vu.

FIGARO.

Voilà bien du train pour un[3] pot de fleurs! Combien te faut-il, pleurard, avec ta giroflée? Il est inutile de chercher[4], Monseigneur : c'est moi qui ai sauté.

LE COMTE.

Comment, c'est vous ?

ANTONIO.

Combien te faut-il, pleurard? Votre corps a donc bien grandi depuis ce tems-là? car je vous ai trouvé beaucoup plus moindre et plus fluet!

1. Variante 161. — 2. Variante 162. — 3. Variante 163. — 4. Variante 164.

FIGARO.

Certainement : quand on saute, on se pelotone....

ANTONIO.

M'est avis que c'était plutôt... qui dirait, le gringalet de Page.

LE COMTE.

Chérubin, tu veux dire?

FIGARO.

Oui, revenu tout exprès avec son cheval de la porte de Séville, où peut-être il est déjà.

ANTONIO.

O non! je ne dis pas çà, je ne dis pas çà; je n'ai pas vu sauter de cheval, car je le dirais de même.

LE COMTE.

Quelle patience[1]!

FIGARO.

J'étais dans la chambre des femmes en veste blanche : il fait un chaud!.... J'attendais là ma Suzanette, quand j'ai ouï tout à coup la voix de Monseigneur et le grand bruit qui se fesait; je ne sais quelle crainte m'a saisi à l'occasion de ce billet, et, s'il faut avouer ma bétise, j'ai sauté sans réflexion sur les couches, où je me suis même un peu foulé le pied droit. (*Il frotte son pied.*)

1. Variante 165.

ANTONIO.

Puisque c'est vous, il est juste de vous rendre ce brinborion de papier qui a coulé de votre veste en tombant.

LE COMTE *se jette dessus.*

Donne-le-moi. (*Il ouvre le papier et le referme*[1].)

FIGARO, *à part.*

Je suis pris.

LE COMTE, *à Figaro.*

La frayeur ne vous aura pas fait oublier ce que contient ce papier, ni comment il se trouvait dans votre poche?

FIGARO, *embarrassé, fouille dans ses poches*[2] *et en tire des papiers.*

Non, sûrement.... Mais c'est que j'en ai tant; il faut répondre à tout[3]... (*Il regarde un des papiers.*) Ceci? ah! c'est une lettre de Marceline, en quatre pages; elle est belle... Ne serait-ce pas la requête de ce pauvre braconnier en prison?... Non, la voici.... J'avais l'état des meubles du petit château dans l'autre poche....

LE COMTE *r'ouvre le papier qu'il tient*[4].

LA COMTESSE, *bas à Suzanne.*

Ah dieux! Suzon, c'est le brevet d'Officier

1. Variante 166. — 2. Variante 167. — 3. Variante 168. — 4. Variante 169.

SUZANNE, *bas à Figaro.*

Tout est perdu, c'est le brevet.

LE COMTE *replie le papier.*

Eh bien! l'homme aux expédiens, vous ne le devinez pas?

ANTONIO, *s'approchant de Figaro* *.

Monseigneur dit si vous ne devinez pas?

FIGARO *le repousse.*

Fi donc! vilain qui me parle dans le nez¹!

LE COMTE.

Vous ne vous rappellez pas ce que ce peut être?

FIGARO.

A! a! a! ah! *Povero!* ce sera le brevet de ce malheureux enfant, qu'il m'avait remis et que j'ai oublié de lui rendre. O! o! o! oh! étourdi que je suis! Que fera-t-il sans son brevet? Il faut courir....

LE COMTE.

Pourquoi vous l'aurait-il remis?

FIGARO, *embarrassé.*

Il... desirait qu'on y fît quelque chose.

* *Antonio, Figaro, Suzanne, la Comtesse, le Comte.*
1. Variante 170.

LE COMTE *regarde son papier.*

Il n'y manque rien.

LA COMTESSE, *bas à Suzanne.*

Le cachet.

SUZANNE, *bas à Figaro.*

Le cachet manque.

LE COMTE, *à Figaro.*

Vous ne répondez pas?

FIGARO.

C'est... qu'en effet, il y manque peu de chose. Il dit que c'est l'usage....

LE COMTE[1].

L'usage! l'usage! l'usage de quoi?

FIGARO.

D'y apposer le sceau de vos armes. Peut-être aussi que cela ne valait pas la peine.

LE COMTE *r'ouvre le papier et le chiffonne de colère.*

Allons, il est écrit que je ne saurai rien[2]. (*A part.*) C'est ce Figaro qui les mene, et je ne m'en vengerais pas? (*Il veut sortir avec dépit.*)

1. Variante 171. — 2. Variante 172.

Figaro, *l'arrêtant.*

Vous sortez, sans ordonner mon mariage?

SCÈNE XXII[1].

BAZILE, BARTHOLO, MARCELINE, FIGARO, LE COMTE, GRIPE-SOLEIL, LA COMTESSE, SUZANNE, ANTONIO, *Valets du Comte, ses Vassaux.*

Marceline, *au Comte.*

Ne l'ordonnez pas, Monseigneur; avant de lui faire grace, vous nous devez justice. Il a des engagemens avec moi.

Le Comte, *à part.*

Voilà ma vengeance arrivée.

Figaro.

Des engagemens? De quelle nature? Expliquez-vous.

Marceline.

Oui, je m'expliquerai, malhonnête[2]!...

(*La Comtesse s'assied sur une bergère, Suzanne est derriere elle.*)

1. Variante 1;3. — 2. Variante 174.

LE COMTE.

De quoi s'agit-il, Marceline?

MARCELINE.

D'une obligation [1] de mariage.

FIGARO.

Un billet, voilà tout, pour de l'argent prêté.

MARCELINE, *au Comte* [2].

Sous condition de m'épouser. Vous êtes un grand Seigneur, le premier Juge de la Province...

LE COMTE.

Présentez-vous au Tribunal; j'y rendrai justice à tout le monde.

BAZILE, *montrant Marceline.*

En ce cas, votre Grandeur permet que je fasse aussi valoir mes droits sur Marceline [3]?

LE COMTE, *à part.*

Ah! voilà mon fripon du billet.

FIGARO.

Autre fou de la même espece!

1. Variante 175. — 2. Variante 176. — 3. Variante 177.

Le Comte, *en colère, à Bazile.*

Vos droits! vos droits! Il vous convient bien de parler devant moi, maître sot!

Antonio, *frappant dans sa main.*

Il ne l'a, ma foi, pas manqué [1] du premier coup : c'est son nom.

Le Comte.

Marceline, on suspendra tout jusqu'à l'examen de vos titres, qui se fera publiquement dans la grande salle d'audience. Honnête Bazile, agent fidele et sûr, allez au Bourg chercher les gens du Siége.

Bazile.

Pour son affaire?

Le Comte.

Et vous m'amenerez le Paysan du billet.

Bazile.

Est-ce que je le connais?

Le Comte.

Vous résistez!

Bazile.

Je ne suis pas entré au château [2] pour en faire les commissions.

Le Comte.

Quoi donc?

---

1. Variante 178. — 2. Variante 179.

Bazile.

Homme à talent sur l'orgue du Village, je montre le clavecin à Madame, à chanter à ses Femmes, la mandoline aux Pages, et mon emploi, sur-tout, est d'amuser votre compagnie avec ma guitare, quand il vous plaît me l'ordonner [1].

Gripe-Soleil *s'avance* [2].

J'irai bien, Monsigneu, si cela vous plaira?

Le Comte.

Quel est ton nom et ton emploi?

Gripe-Soleil.

Je suis Gripe-Soleil, mon bon Signeu; le petit Patouriau des chèvres, commandé pour le feu d'artifice. C'est fête aujourd'hui dans le troupiau, et je sais ous-ce-qu'est toute l'enragée boutique à procès du pays.

Le Comte.

Ton zèle me plaît, vas-y; mais vous (*à Bazile*), accompagnez Monsieur en jouant de la guitare, et chantant pour l'amuser en chemin. Il est de ma compagnie.

Gripe-Soleil, *joyeux* [3].

Oh! moi je suis de la.....
(*Suzanne l'appaise de la main en lui montrant la Comtesse.*)

1. Variante 180. — 2. Variante 181. — 3. Variante 182.

BAZILE, *surpris.*

Que j'accompagne Gripe-Soleil en jouant?

LE COMTE.

C'est votre emploi; partez, ou je vous chasse.

(*Il sort.*)

SCÈNE XXIII.

Les Acteurs précédents, excepté le Comte.

BAZILE, *à lui-même.*

Ah! je n'irai pas lutter contre. le pot de fer, moi qui ne suis.....

FIGARO.

Qu'une cruche [2].

BAZILE, *à part.*

Au lieu d'aider à leur mariage, je m'en vais assurer le mien avec Marceline. (*A Figaro.*) Ne conclus rien, crois-moi, que je ne sois de retour. (*Il va prendre la guitare sur le fauteuil du fond.*)

FIGARO *le suit.*

Conclure! Oh! va, ne crains rien; quand même tu ne re-

1. Variante 183. — 2. Variante 184.

viendrais jamais... Tu n'as pas l'air en train de chanter ; veux-tu que je commence?... Allons gai! haut la-mi-la pour ma fiancée. (*Il se met en marche à reculons, danse en chantant la séguedille suivante; Baȝile accompagne, et tout le monde le suit.*)

SÉGUEDILLE : *Air noté.*

    Je préfère à richesse,
        La sagesse
      De ma Suzon;
       Zon, zon, zon,
       Zon, zon, zon,
       Zon, zon, zon,
       Zon, zon, zon.
    Aussi sa gentillesse
      Est maitresse
      De ma raison;
       Zon, zon, zon,
       Zon, zon, zon,
       Zon, zon, zon,
       Zon, zon, zon.

(*Le bruit s'éloigne, on n'entend pas le reste.*)

SCÈNE XXIV[1].

SUZANNE, LA COMTESSE.

L<small>A</small> C<small>OMTESSE</small>, *dans sa bergère.*

Vous voyez, Suzanne, la jolie scène que votre étourdi m'a value avec son billet.

---

1. Variante 185.

SUZANNE.

Ah ! Madame, quand je suis rentrée du cabinet, si vous aviez vu votre visage ! Il s'est terni tout à coup[1] ; mais ce n'a été qu'un nuage, et, par degrés, vous êtes devenue rouge, rouge, rouge !

La Comtesse.

Il a donc sauté par la fenêtre ?

Suzanne.

Sans hésiter, le charmant enfant ! Léger... comme une abeille.

La Comtesse.

Ah ce fatal jardinier ! Tout cela m'a remuée au point..... que je ne pouvais rassembler deux idées.

Suzanne.

Ah ! Madame, au contraire ; et c'est là que j'ai vu combien l'usage du grand monde donne d'aisance aux Dames comme il faut pour mentir sans qu'il y paraisse.

La Comtesse.

Crois-tu que le Comte en soit la dupe ? et s'il trouvait cet enfant au château !

Suzanne.

Je vais recommander de le cacher si bien...

---

1. Variante 186.

LA COMTESSE.

Il faut qu'il parte. Après ce qui vient d'arriver, vous croyez bien que je ne suis pas tentée de l'envoyer au jardin à votre place.

SUZANNE.

Il est certain que je n'irai pas non plus. Voilà donc mon mariage encor une fois...

LA COMTESSE *se lève*.

Attends... Au lieu d'un autre ou de toi, si j'y allais moi-même?

SUZANNE.

Vous, Madame?

LA COMTESSE[1].

Il n'y aurait personne d'exposé... le Comte alors ne pourrait nier... Avoir puni sa jalousie et lui prouver son infidélité! cela serait... Allons : le bonheur d'un premier hazard m'enhardit à tenter le second. Fais-lui savoir promtement que tu te rendras au jardin. Mais, sur-tout, que personne...

SUZANNE.

Ah! Figaro.

LA COMTESSE.

Non, non. Il voudrait mettre ici du sien... Mon masque de velours et ma canne, que j'aille y rêver sur la terrasse. (*Suzanne entre dans le cabinet de toilette.*)

1. Variante 187.

SCÈNE XX[1].

SUZANNE, FIGARO, LA COMTESSE, LE COMTE.

FIGARO, *arrivant tout essouflé.*

On disait Madame incommodée. Je suis vîte accouru.... Je vois avec joie qu'il n'en est rien.

LE COMTE, *séchement.*

Vous êtes fort attentif!

FIGARO.

Et c'est mon devoir. Mais puisqu'il n'en est rien, Monseigneur, tous vos jeunes vassaux des deux sexes sont en bas avec les violons et les cornemuses, attendant pour m'accompagner l'instant où vous permettrez que je mene ma fiancée....

LE COMTE.

Et qui surveillera la Comtesse au château?

FIGARO.

La veiller? Elle n'est pas malade.

LE COMTE.

Non; mais cet homme absent qui doit l'entretenir?

1. Variante 153.

SUZANNE, *avec joie.*

Madame, il est charmant, votre projet. Je viens d'y réfléchir. Il rapproche tout, termine tout, embrasse tout; et, quelque chose qui arrive, mon mariage est maintenant certain. (*Elle baise la main de sa maîtresse.*)

(*Elles sortent.*)

FIN DU SECOND ACTE.

Pendant l'entr'acte[1], *des valets arrangent la salle d'audience : on apporte les deux banquettes à dossier des Avocats, que l'on place aux deux côtés du théâtre, de façon que le passage soit libre par derrière. On pose une estrade à deux marches dans le milieu du théâtre vers le fond, sur laquelle on place le fauteuil du Comte. On met la table du Greffier et son tabouret de côté sur le devant, et des siéges pour Brid'oison et d'autres Juges, des deux côtés de l'estrade du Comte.*

1 Variante 190.

ACTE III.

Le Théâtre représente une salle du Château, appellée salle du Trône et servant de salle d'audience, ayant sur le côté une impériale en dais, et, dessous, le portrait du Roi[1].

SCÈNE PREMIERE[2].

LE COMTE ; PEDRILLE, *en veste et botté, tenant un paquet cacheté.*

Le Comte, *vîte.*

M'as-tu bien entendu ?

Pedrille.

Excellence, oui. (*Il sort.*)

1. Variante 191. — 2. Variante 192.

SCÈNE II.

Le Comte, *seul, criant.*

Pedrille?

SCÈNE III.

LE COMTE, PEDRILLE *revient.*

PEDRILLE.

Excellence?

Le Comte.

On ne t'a pas vu?

PEDRILLE.

Ame qui vive.

Le Comte.

Prenez le cheval barbe.

PEDRILLE.

Il est à la grille du potager, tout sellé.

Le Comte.

Ferme, d'un trait, jusqu'à Séville.

PEDRILLE.

Il n'y a que trois lieues, elles sont bonnes.

LE COMTE.

En descendant, sachez si le Page est arrivé.

PEDRILLE.

Dans l'hôtel?

LE COMTE.

Oui, sur-tout depuis quel tems.

PEDRILLE.

J'entens.

LE COMTE.

Remets-lui son brevet, et reviens vîte.

PEDRILLE.

Et s'il n'y était pas?

LE COMTE.

Revenez plus vîte, et m'en rendez compte. Allez:

SCÈNE IV.

LE COMTE, *seul, marche en rêvant.*

J'ai fait une gaucherie en éloignant Bazile!... La colère n'est bonne à rien[1]. — Ce billet, remis par lui, qui m'aver-

1. Variante 193.

tit d'une entreprise sur la Comtesse... La camariste enfermée quand j'arrive... La maîtresse affectée d'une terreur fausse ou vraie... Un homme qui saute par la fenêtre, et l'autre après qui avoue... ou qui prétend que c'est lui... Le fil m'échappe. Il y a là dedans une obscurité !... Des libertés chez mes Vassaux, qu'importe à gens de cette étoffe ? Mais la Comtesse ! Si quelque insolent attentait... Où m'égarai-je ?... En vérité, quand la tête se monte, l'imagination la mieux réglée devient folle comme un rêve ! — Elle s'amusait; ces ris étouffés, cette joie mal éteinte ! — Elle se respecte, et mon honneur... où diable on l'a placé ! De l'autre part, où suis-je ? Cette friponne de Suzanne a-t-elle trahi mon secret ? Comme il n'est pas encore le sien !... Qui donc m'enchaîne à cette fantaisie ? J'ai voulu vingt fois y renoncer... Étrange effet de l'irrésolution ! Si je la voulais sans débat, je la désirerais mille fois moins. — Ce Figaro se fait bien attendre ! il faut le sonder adroitement[1] (*Figaro paraît dans le fond; il s'arrête*), et tâcher, dans la conversation que je vais avoir avec lui, de démêler d'une manière détournée s'il est instruit ou non de mon amour pour Suzanne.

SCÈNE V[2].

LE COMTE, FIGARO.

FIGARO, *à part*[3].

Nous y voilà.

1. Variante 194. — 2. Variante 195. — 3. Variante 196.

Le Comte.

... S'il en sait par elle un seul mot...

Figaro, *à part*.

Je m'en suis douté.

Le Comte.

... Je lui fais épouser la vieille.

Figaro, *à part*.

Les amours de Monsieur Bazile?

Le Comte.

... Et voyons ce que nous ferons de la jeune.

Figaro, *à part*.

Ah! ma femme, s'il vous plaît.

Le Comte *se retourne*.

Hein? quoi? qu'est-ce que c'est?

Figaro *s'avance*.

Moi, qui me rends à vos ordres.

Le Comte.

Et pourquoi ces mots?

FIGARO.

Je n'ai rien dit.

LE COMTE *répète.*

Ma femme, s'il vous plaît?

FIGARO.

C'est... la fin d'une réponse que je fesais : *Allez le dire à ma femme, s'il vous plaît.*

LE COMTE *se promene.*

Sa femme!... Je voudrais bien savoir quelle affaire peut arrêter Monsieur, quand je le fais appeller?

FIGARO, *feignant d'assurer son habillement.*

Je m'étais sali sur ces couches en tombant, je me changeais.

LE COMTE.

Faut-il une heure?

FIGARO.

Il faut le tems.

LE COMTE.

Les domestiques, ici..., sont plus longs à s'habiller que les maîtres!

FIGARO.

C'est qu'ils n'ont point de valets pour les y aider.

LE COMTE.

... Je n'ai pas trop compris ce qui vous avait forcé tantôt de courir un danger inutile, en vous jettant...

FIGARO.

Un danger! On dirait que je me suis engoufré tout vivant[1]...

LE COMTE.

Essayez de me donner le change en feignant de le prendre, insidieux valet! Vous entendez fort bien que ce n'est pas le danger qui m'inquiette, mais le motif.

FIGARO.

Sur un faux avis, vous arrivez furieux, renversant tout, comme le torrent de *la Morena;* vous cherchez un homme, il vous le faut, ou vous allez briser les portes, enfoncer les cloisons! Je me trouve là par hazard: qui sait, dans votre emportement, si...

LE COMTE, *interrompant.*

Vous pouviez fuir par l'escalier.

FIGARO.

Et vous, me prendre au corridor.

LE COMTE, *en colère.*

Au corridor? *(A part.)* Je m'emporte, et nuis[2] à ce que je veux savoir.

---

1. Variante 197. — 2. Variante 198.

FIGARO, *à part*.

Voyons-le venir, et jouons serré.

LE COMTE, *radouci*.

Ce n'est pas ce que je voulais dire, laissons cela. J'avais... oui, j'avais quelqu'envie de t'emmener à Londres, courrier de dépêches;... mais, toutes réflexions faites...

FIGARO.

Monseigneur a changé d'avis?

LE COMTE.

Premierement, tu ne sais pas l'anglais.

FIGARO.

Je sais *God-dam*.

LE COMTE.

Je n'entens pas.

FIGARO.

Je dis que je sais *God-dam*.

LE COMTE.

Hé bien?

FIGARO

Diable! c'est une belle langue que l'anglais; il en faut peu pour aller loin. Avec *God-dam*, en Angleterre, on ne manque de rien nulle part. — Voulez-vous tâter d'un bon poulet gras: entrez dans une taverne, et faites seulement ce geste au garçon (*il tourne la broche*), *God-dam!* on vous apporte un pied de bœuf salé sans pain. C'est admirable! Aimez-vous à boire un coup d'excellent Bourgogne ou de Clairet, rien que celui-ci (*il débouche une bouteille*) : *God-dam!* on vous sert un pot de bierre, en bel étain, la mousse aux bords. Quelle satisfaction! Rencontrez-vous une de ces jolies personnes qui vont trottant menu, les yeux baissés, coudes en arrière et tortillant un peu des hanches : mettez mignardement tous les doigts unis sur la bouche. Ah! *God-dam!* elle vous sangle un soufflet de crocheteur. Preuve qu'elle entend. Les Anglais, à la vérité, ajoutent par-ci par-là quelques autres mots en conversant; mais il est bien aisé de voir que *God-dam* est le fond de la langue; et si Monseigneur n'a pas d'autre motif de me laisser en Espagne...

LE COMTE, *à part*.

Il veut venir à Londres, elle n'a pas parlé.

FIGARO, *à part*.

Il croit que je ne sais rien, travaillons-le un peu dans son genre[1].

LE COMTE.

Quel motif avait la Comtesse, pour me jouer un pareil tour?

FIGARO.

Ma foi, Monseigneur, vous le savez mieux que moi[2].

LE COMTE.

Je la préviens sur tout et la comble de présens.

1. Variante 199. — 2. Variante 200.

Figaro.

Vous lui donnez, mais vous êtes infidele. Sait-on gré du superflu à qui nous prive du nécessaire[1] ?

Le Comte.

... Autrefois tu me disais tout.

Figaro.

Et maintenant je ne vous cache rien.

Le Comte.

Combien la Comtesse t'a-t-elle donné pour cette belle association ?

Figaro.

Combien me donnâtes-vous pour la tirer des mains du Docteur ? Tenez, Monseigneur, n'humilions pas l'homme qui nous sert bien, crainte d'en faire un mauvais valet.

Le Comte.

Pourquoi faut-il qu'il y ait toujours du louche en ce que tu fais ?

Figaro.

C'est qu'on en voit par-tout quand on cherche des torts.

Le Comte.

Une réputation détestable !

---

1. Variante 201.

Figaro.

Et si je vaux mieux qu'elle? Y a-t-il beaucoup de Seigneurs qui puissent en dire autant?

Le Comte.

Cent fois je t'ai vu marcher à la fortune, et jamais aller droit.

Figaro.

Comment voulez-vous? La foule est là; chacun veut courir, on se presse, on pousse, on coudoie, on renverse, arrive qui peut; le reste est écrasé. Aussi c'est fait; pour moi, j'y renonce.

Le Comte.

A la fortune? (*A part.*) Voici du neuf.

Figaro, *à part*[1].

A mon tour maintenant. (*Haut.*) Votre Excellence m'a gratifié de la conciergerie du château; c'est un fort joli sort : à la vérité je ne serai pas le courier étrenné des nouvelles intéressantes; mais, en revanche, heureux avec ma femme au fond de l'Andalousie...

Le Comte.

Qui t'empêcherait de l'emmener à Londres?

Figaro.

Il faudrait la quitter si souvent, que j'aurais bientôt du mariage par-dessus la tête.

1. Variante 202.

Le Comte[1].

Avec du caractère et de l'esprit, tu pourrais un jour t'avancer dans les bureaux.

Figaro.

De l'esprit pour s'avancer? Monseigneur se rit du mien. Médiocre et rampant, et l'on arrive à tout.

Le Comte.

... Il ne faudrait qu'étudier un peu sous moi la politique.

Figaro.

Je la sais.

Le Comte.

Comme l'anglais : le fond de la langue !

Figaro.

Oui, s'il y avait ici de quoi se vanter ; mais, feindre d'ignorer ce qu'on sait, de savoir tout ce qu'on ignore, d'entendre ce qu'on ne comprend pas, de ne point ouïr ce qu'on entend, sur-tout de pouvoir au-delà de ses forces ; avoir souvent pour grand secret de cacher qu'il n'y en a point, s'enfermer pour tailler des plumes et paraître profond quand on n'est, comme on dit, que vuide et creux, jouer bien ou mal un personnage[2], répandre des espions et pensionner des traîtres, amolir des cachets, intercepter des lettres et tâcher d'ennoblir la pauvreté[3] des moyens par l'importance des objets ; voilà toute la politique, ou je meurs !

1. Variante 203. — 2. Variante 204. — 3. Variante 205.

Le Comte.

Eh! c'est l'intrigue que tu définis!

Figaro.

La politique, l'intrigue, volontiers; mais, comme je les crois un peu germaines, en fasse qui voudra. *J'aime mieux, ma mie au gué*, comme dit la chanson du bon Roi.

Le Comte, *à part*[1].

Il veut rester. J'entens... Suzanne m'a trahi.

Figaro, *à part*.

Je l'enfile et le paye en sa monnaie.

Le Comte.

Ainsi tu espères gagner ton procès contre Marceline?

Figaro[2].

Me feriez-vous un crime de refuser une vieille fille, quand Votre Excellence se permet de nous souffler toutes les jeunes?

Le Comte, *raillant*.

Au tribunal, le Magistrat s'oublie et ne voit plus que l'ordonnance.

Figaro[3].

Indulgente aux grands, dure aux petits...

---

1. Variante 206. — 2. Variante 207. — 3. Variante 208.

Le Comte.

Crois-tu donc que je plaisante?

Figaro.

Eh! qui le sait, Monseigneur? *Tempo e galant'uomo*, dit l'Italien; il dit toujours la vérité : c'est lui qui m'apprendra[1] qui me veut du mal ou du bien.

Le Comte, *à part*.

Je vois qu'on lui a tout dit; il épousera la duègne.

Figaro, *à part*.

Il a joué au fin avec moi; qu'a-t-il appris?

SCÈNE VI[2].

LE COMTE, UN LAQUAIS, FIGARO.

Le Laquais, *annonçant*.

Dom Gusman Brid'oison.

Le Comte.

Brid'oison?

1. Variante 209. — 2. Variante 210.

FIGARO.

Eh! sans doute. C'est le juge ordinaire, le Lieutenant du siége, votre Prud'homme.

LE COMTE.

Qu'il attende.

(*Le laquais sort.*)

SCÈNE VII[1].

LE COMTE, FIGARO.

FIGARO *reste un moment à regarder le Comte qui rêve.*

... Est-ce là ce que Monseigneur voulait?

LE COMTE, *revenant à lui.*

Moi?... je disais d'arranger ce salon pour l'audience publique.

FIGARO.

Hé, qu'est-ce qu'il manque[2]? le grand fauteuil pour vous, de bonnes chaises aux Prud'hommes[3], le tabouret du greffier, deux banquettes aux Avocats, le plancher pour le beau monde et la canaille derrière. Je vais renvoyer[4] les frotteurs.

(*Il sort.*)

1. Variante 211. — 2. Variante 212. — 3. Variante 213. — 4. Variante 214.

SCÈNE VIII[1].

Le Comte, *seul*.

Le maraut m'embarrassait! en disputant, il prend son avantage, il vous serre, vous enveloppe[2]..... Ah friponne et fripon! vous vous entendez pour me jouer? Soyez amis, soyez amans, soyez ce qu'il vous plaira, j'y consens; mais, parbleu, pour époux...

SCÈNE IX[3].

SUZANNE, LE COMTE.

Suzanne, *essoufflée*.

Monseigneur... pardon, Monseigneur.

Le Comte, *avec humeur*.

Qu'est-ce qu'il y a, Mademoiselle?

Suzanne.

Vous êtes en colère?

Le Comte.

Vous voulez quelque chose, apparemment?

1. Variante 215. — 2. Variante 216. — 3. Variante 217.

Suzanne, *timidement.*

C'est que ma maîtresse a ses vapeurs[1]. J'accourais vous prier de nous prêter votre flacon d'éther. Je l'aurais rapporté dans l'instant.

Le Comte *le lui donne.*

Non, non, gardez-le pour vous même. Il ne tardera pas à vous être utile.

Suzanne.

Est-ce que les femmes de mon état ont des vapeurs, donc? C'est un mal de condition, qu'on ne prend que dans les boudoirs.

Le Comte.

Une fiancée bien éprise, et qui perd son futur...

Suzanne.

En payant Marceline avec la dot que vous m'avez promise...

Le Comte.

Que je vous ai promise, moi[2]?

Suzanne, *baissant les yeux.*

Monseigneur, j'avais cru l'entendre.

Le Comte.

Oui, si vous consentiez à m'entendre vous-même[3].

---

1. Variante 218. — 2. Variante 219. — 3. Variante 220.

SUZANNE, *les yeux baissés.*

Et n'est-ce pas mon devoir d'écouter son Excellence?

LE COMTE.

Pourquoi donc, cruelle fille, ne me l'avoir pas dit plutôt?

SUZANNE.

Est-il jamais trop tard pour dire la vérité?

LE COMTE.

Tu te rendrais sur la brune au jardin?

SUZANNE

Est-ce que je ne m'y promene pas tous les soirs?

LE COMTE.

Tu m'as traité ce matin si durement!

SUZANNE.

Ce matin?... — Et le Page derrière le fauteuil[1]?

LE COMTE.

Elle a raison, je l'oubliais. Mais pourquoi ce refus obstiné, quand Bazile, de ma part?...

SUZANNE.

Quelle nécessité qu'un Bazile?...

1. Variante 221.

Le Comte.

Elle a toujours raison. Cependant il y a un certain Figaro à qui je crains bien que vous n'ayez tout dit !

Suzanne.

Dame ! oui, je lui dis tout, hors ce qu'il faut lui taire.

Le Comte, *en riant.*

Ah charmante ! Et, tu me le promets? Si tu manquais à ta parole, entendons-nous, mon cœur; point de rendez-vous, point de dot, point de mariage.

Suzanne, *fesant la révérence.*

Mais aussi, point de mariage, point de droit du Seigneur, Monseigneur.

Le Comte.

Où prend-elle ce qu'elle dit? D'honneur, j'en rafollerai ! Mais ta maîtresse attend le flacon...

Suzanne, *riant et rendant le flacon.*

Aurais-je pu vous parler sans un prétexte?

Le Comte *veut l'embrasser.*

Délicieuse créature !

Suzanne *s'échappe.*

Voilà du monde.

LE COMTE, *à part.*

Elle est à moi.

(*Il s'enfuit.*)

SUZANNE.

Allons vîte rendre compte à Madame.

SCÈNE X[1].

SUZANNE, FIGARO.

FIGARO.

Suzanne, Suzanne! où cours-tu donc si vîte en quittant Monseigneur?

SUZANNE.

Plaide à présent, si tu le veux; tu viens de gagner ton procès. (*Elle s'enfuit.*)

FIGARO *la suit.*

Ah! mais, dis donc...

1. Variante 222.

SCÈNE XI[1].

Le Comte *rentre seul.*

Tu viens de gagner ton procès! — Je donnais-là dans un bon piége! O mes chers insolens! je vous punirai de façon.. Un bon arrêt, bien juste... Mais, s'il allait payer la duègne... Avec quoi? S'il payait... Eeeeh! n'ai-je pas le fier Antonio, dont le noble orgueil dédaigne en Figaro un inconnu pour sa niece? En caressant cette manie... Pourquoi non? Dans le vaste champ de l'intrigue, il faut savoir tout cultiver, jusqu'à la vanité d'un sot. (*Il appelle.*) Anto... (*Il voit entrer Marceline, etc.*)

(*Il sort.*)

SCÈNE XII[2].

BARTHOLO, MARCELINE, BRID'OISON.

Marceline, *à Brid'oison.*

Monsieur, écoutez mon affaire.

Brid'oison, *en robe et bégayant un peu.*

Eh bien! pa-arlons-en verbalement.

1. Variante 223. — 2. Variante 224.

BARTHOLO.

C'est une promesse de mariage.

MARCELINE.

Accompagnée d'un prêt d'argent.

BRID'OISON.

J'en-entend, *et cætera*, le reste.

MARCELINE.

Non, Monsieur, point d'*et cætera*.

BRID'OISON.

J'en-entens ; vous avez la somme ?

MARCELINE.

Non, Monsieur, c'est moi qui l'ai prêtée.

BRID'OISON.

J'en-entens bien ; vou-ous redemandez l'argent ?

MARCELINE.

Non, Monsieur ; je demande qu'il m'épouse.

BRID'OISON.

Eh mais, j'en-entens fort bien ; et lui, veu-eut-il vous épouser ?

MARCELINE.

Non, Monsieur; voilà tout le procès !

BRID'OISON.

Croyez-vous que je ne l'en-entende pas, le procès?

MARCELINE.

Non, Monsieur. (*A Bartholo.*) Où sommes-nous ! (*A Brid'oison*). Quoi, c'est vous qui nous jugerez ?

BRID'OISON.

Est-ce que j'ai a-acheté ma charge pour autre chose?

MARCELINE, *en soupirant*.

C'est un grand abus que de les vendre!

BRID'OISON.

Oui, l'on-on ferait mieux de nous les donner pour rien[1]. Contre qui plai-aidez-vous?

1. Variante 225.

SCÈNE XIII[1].

BARTHOLO, MARCELINE, BRID'OISON; FIGARO
rentre en se frottant les mains.

MARCELINE, *montrant Figaro.*

Monsieur, contre ce malhonnête homme.

FIGARO, *très-gaiment, à Marceline.*

Je vous gêne peut-être. — Monseigneur revient dans l'instant, Monsieur le Conseiller [2].

BRID'OISON.

J'ai vu ce ga-arçon-là quelque part.

FIGARO.

Chez Madame votre femme, à Séville, pour la servir, Monsieur le Conseiller.

BRID'OISON.

Dan-ans quel tems?

FIGARO.

Un peu moins d'un an avant la naissance de Monsieur votre fils, le cadet, qui est un bien joli enfant, je m'en vante.

1. Variante 226. — 2. Variante 227.

BRID'OISON.

Oui, c'est le plus jo-oli de tous. On dit que tu-u fais ici des tiennes ?

FIGARO.

Monsieur est bien bon. Ce n'est-là qu'une misère.

BRID'OISON.

Une promesse de mariage. A-ah le pauvre benêt !

FIGARO.

Monsieur...

BRID'OISON.

A-t-il vu mon-on Secrétaire, ce bon garçon ?

FIGARO.

N'est-ce pas Double-main, le Greffier ?

BRID'OISON.

Oui, c'è-est qu'il mange à deux rateliers.

FIGARO.

Manger! je suis garant qu'il dévore. Oh que oui, je l'ai vu, pour l'extrait, et pour le supplément d'extrait ; comme cela se pratique, au reste.

BRID'OISON.

On-on doit remplir les formes.

FIGARO.

Assurément, Monsieur : si le fond des procès appartient aux Plaideurs, on sait bien que la forme est le patrimoine[1] des Tribunaux.

BRID'OISON.

Ce garçon-là n'è-est pas si niais que je l'avais cru d'abord. Hé bien, l'ami, puisque tu en sais tant, nou-ous aurons soin de ton affaire.

FIGARO.

Monsieur, je m'en rapporte à votre équité, quoique vous soyez de notre Justice.

BRID'OISON.

Hein[2]?... Oui, je suis de la-a Justice. Mais si tu dois et que tu-u ne paye pas?...

FIGARO.

Alors Monsieur voit bien que c'est comme si je ne devais pas.

BRID'OISON.

San-ans doute. — Hé mais, qu'est-ce donc qu'il dit?

1. Variante 228. — 2. Variante 229.

SCÈNE XIV[1].

BARTHOLO, MARCELINE, LE COMTE, BRID'OISON, FIGARO, UN HUISSIER.

L'Huissier, *précédant le Comte, crie :*

Monseigneur, Messieurs!

Le Comte.

En robe ici, Seigneur Brid'oison! ce n'est qu'une affaire domestique. L'habit de ville[2] était trop bon.

Brid'oison.

C'è-est vous qui l'êtes, Monsieur le Comte. Mais je ne vais jamais san-ans elle; parce que la forme, voyez-vous, la forme! Tel rit d'un Juge en habit court, qui-i tremble au seul aspect d'un Procureur en robe. La forme, la-a forme!

Le Comte, *à l'Huissier.*

Faites entrer l'audience.

l'Huissier *va ouvrir en glapissant.*

L'audience!

1. Variante 230. — 2. Variante 231.

SCÈNE XV[1].

Les Acteurs précédens, Antonio, les Valets du Château, les Paysans et Paysannes *en habits de fête;* le Comte *s'assied sur le grand fauteuil;* Brid'oison, *sur une chaise à côté;* le Greffier, *sur le tabouret derrière sa table;* les Juges, les Avocats, *sur les banquettes;* Marceline, *à côté de* Bartholo; Figaro, *sur l'autre banquette;* les Paysans et Valets *debout derrière.*

Brid'oison, *à Double-main*[2].

Double-main, a-appellez les causes.

Double-main *lit un papier.*

Noble, très-noble, infiniment noble, *Dom Pédro George, Hidalgo, Baron de Los altos, y montes fieros, y otros montes,* contre *Alonzo Calderon,* jeune Auteur dramatique. Il est question d'une comédie mor-née, que chacun désavoue, et rejette sur l'autre.

Le Comte.

Ils ont raison tous deux. Hors de Cour. S'ils font ensemble un autre ouvrage, pour qu'il marque un peu dans le grand monde, ordonné que le noble y mettra son nom, le poëte son talent.

Double-main *lit un autre papier.*

André Pétrutchio, Laboureur, contre le Receveur de la Province. Il s'agit d'un forcement arbitraire.

1. Variante 232. — 2. Variante 233.

Le Comte.

L'affaire n'est pas de mon ressort. Je servirai mieux mes vassaux en les protégeant près du Roi. Passez.

Double-main *en prend un troisieme. Bartholo et Figaro se lèvent.*

Barbe-Agar-Raab-Magdelaine-Nicole-Marceline de Verte-allure, fille majeure (*Marceline se lève et salue*), contre *Figaro*... nom de batême en blanc?

Figaro.

Anonyme.

Brid'oison.

A-anonyme? Què-el patron est-ce là?

Figaro.

C'est le mien.

Double-main *écrit.*

Contre anonyme *Figaro*. Qualités?

Figaro.

Gentilhomme.

Le Comte.

Vous êtes Gentilhomme? (*Le Greffier écrit.*)

Figaro.

Si le ciel l'eût voulu, je serais fils d'un Prince.

Le Comte, *au Greffier.*

Allez.

L'Huissier, *glapissant.*

Silence, Messieurs!

Double-main *lit.*

... Pour cause d'opposition faite au mariage dudit *Figaro*, par ladite *de Verte-allure.* Le Docteur *Bartholo* plaidant pour la demanderesse, et ledit *Figaro* pour lui-même, si la Cour le permet, contre le vœu de l'usage et la jurisprudence du Siége.

Figaro.

L'usage, maître Double-main, est souvent un abus; le Client un peu instruit sait toujours mieux sa cause que certains Avocats qui, suant à froid, criant à tue tête, et connaissant tout, hors le fait, s'embarrassent aussi peu de ruiner le plaideur que d'ennuyer l'auditoire et d'endormir Messieurs [1]; plus boursouflés après que s'ils eussent composé l'*oratio pro Murena.* Moi je dirai le fait en peu de mots. Messieurs...

Double-main.

En voilà beaucoup d'inutiles, car vous n'êtes pas demandeur et n'avez que la défense. Avancez, Docteur, et lisez la promesse.

Figaro.

Oui, promesse!

1. Variante 234.

BARTHOLO, *mettant ses lunettes.*

Elle est précise.

BRID'OISON.

J-Il faut la voir.

DOUBLE-MAIN[1].

Silence donc, Messieurs.

L'HUISSIER, *glapissant.*

Silence !

BARTHOLO *lit.*

Je soussigné reconnais avoir reçu de Damoiselle, etc... Marceline de Verte-allure, dans le château d'Aguas-Frescas, la somme de deux mille piastres fortes cordonnées; laquelle somme je lui rendrai à sa réquisition, dans ce château, et je l'épouserai, par forme de reconnaissance, etc. Signé *Figaro,* tout court. Mes conclusions sont au paiement du billet et à l'exécution de la promesse, avec dépens. (*Il plaide.*) Messieurs... jamais cause plus intéressante ne fut soumise au jugement de la Cour! et depuis Alexandre le Grand, qui promit mariage à la belle Thalestris...

LE COMTE, *interrompant.*

Avant d'aller plus loin, Avocat, convient-on de la validité du titre?

BRID'OISON, *à Figaro.*

Qu'opo.., qu'opo-osez vous à cette lecture ?

1. Variante 235.

FIGARO.

Qu'il y a, Messieurs, malice, erreur ou distraction dans la manière dont on a lu la piece; car il n'est pas dit dans l'écrit : *laquelle somme je lui rendrai ET je l'épouserai;* mais : *laquelle somme je lui rendrai, OU je l'épouserai;* ce qui est bien différent.

LE COMTE.

Y a-t-il ET, dans l'acte; ou bien QU?

BARTHOLO.

Il y a ET.

FIGARO.

Il y a OU.

BRID'OISON.

Dou-ouble-main, lisez vous-même.

DOUBLE-MAIN, *prenant le papier*[1].

Et c'est le plus sûr, car souvent les Parties déguisent en lisant. (*Il lit.*) E. e. e. *Damoiselle* e. e. e. *de Verte-allure* e. e. e. Ha! *la quelle somme je lui rendrai à sa réquisition, dans ce château...* ET... OU... ET... OU... Le mot est si mal écrit... il y a un pâté...

BRID'OISON[2].

Un pâ-âté? je sais ce que c'est.

BARTHOLO, *plaidant.*

Je soutiens, moi, que c'est la conjonction copulative ET

1. Variante 236. — 2. Variante 237.

qui lie les membres co-relatifs de la phrase; je paierai la demoiselle, ET je l'épouserai[1].

FIGARO, *plaidant.*

Je soutiens, moi, que c'est la conjonction alternative OU qui sépare lesdits membres ; je paierai la donzelle OU je l'épouserai : à pédant, pédant et demi; qu'il s'avise de parler latin, j'y suis grec ; je l'extermine.

LE COMTE.

Comment juger pareille question?

BARTHOLO.

Pour la trancher, Messieurs, et ne plus chicaner sur un mot, nous passons qu'il y ait OU.

FIGARO.

J'en demande acte.

BARTHOLO.

Et nous y adhérons[2]. Un si mauvais refuge ne sauvera pas le coupable : examinons le titre en ce sens. (*Il lit.*) *Laquelle somme je lui rendrai dans ce château où je l'epouserai;* c'est ainsi qu'on dirait, Messieurs : *vous vous ferez saigner dans ce lit* où *vous resterez chaudement,* c'est dans lequel. *Il prendra deux gros de rhubarbe* où *vous mêlerez un peu de tamarin* : dans lesquels on mêlera. Ainsi *château* où *je l'épouserai,* Messieurs, *c'est château dans lequel...*

FIGARO[3].

Point du tout; la phrase est dans le sens de celle-ci : ou

1. Variante 238. — 2. Variante 239. — 3. Variante 240.

la maladie vous tuera, ou *ce sera le Médecin ;* ou bien *le Médecin*, c'est incontestable. Autre exemple : ou *vous n'écrirez rien qui plaise,* ou *les sots vous dénigreront ;* ou bien *les sots*, le sens est clair ; car, audit cas, *sots ou méchants* sont le substantif qui gouverne. Maître Bartholo croit-il donc que j'aye oublié ma syntaxe ? Ainsi, je la paierai dans ce château, *virgule ; ou* je l'épouserai...

BARTHOLO, *vite.*

Sans virgule.

FIGARO, *vite.*

Elle y est. C'est, *virgule,* Messieurs, ou bien je l'épouserai.

BARTHOLO, *regardant le papier : vite.*

Sans virgule, Messieurs.

FIGARO, *vite.*

Elle y était, Messieurs. D'ailleurs, l'homme qui épouse est-il tenu de rembourser ?

BARTHOLO, *vite.*

Oui ; nous nous marions séparés de biens.

FIGARO, *vite.*

Et nous de corps, dès que mariage n'est pas quittance. (*Les juges se lèvent et opinent tout bas.*)

BARTHOLO.

Plaisant acquittement !

DOUBLE-MAIN[1].

Silence, Messieurs.

L'HUISSIER, *glapissant*.

Silence !

BARTHOLO.

Un pareil fripon appelle cela payer ses dettes !

FIGARO.

Est-ce votre cause, Avocat, que vous plaidez ?

BARTHOLO.

Je défens cette Demoiselle.

FIGARO.

Continuez à déraisonner[2] ; mais cessez d'injurier. Lorsque, craignant l'emportement des plaideurs, les Tribunaux ont toléré qu'on appellât des tiers, ils n'ont pas entendu que ces défenseurs modérés deviendraient impunément des insolens privilégiés. C'est dégrader le plus noble institut.

(*Les Juges continuent d'opiner bas.*)

ANTONIO, *à Marceline, montrant les Juges*.

Qu'ont-ils à balbucifier[3] ?

MARCELINE.

On a corrompu le grand Juge, il corrompt l'autre, et je perds mon procès.

1. Variante 241. — 2. Variante 242. — 3. Variante 243.

BARTHOLO, *bas, d'un ton sombre.*

J'en ai peur.

FIGARO, *gaiment.*

Courage, Marceline¹!

DOUBLE-MAIN *se lève; à Marceline.*

Ah, c'est trop fort! Je vous dénonce, et pour l'honneur du Tribunal, je demande qu'avant faire droit sur l'autre affaire, il soit prononcé sur celle-ci.

LE COMTE *s'assied.*

Non, Greffier, je ne prononcerai point sur mon injure personelle. Un Juge espagnol n'aura point à rougir d'un excès digne au plus des tribunaux asiatiques; c'est assez des autres abus! J'en vais corriger un second en vous motivant mon arrêt: tout Juge qui s'y refuse est un grand ennemi des lois! Que peut requérir la demanderesse? Mariage à défaut de paiement; les deux ensemble impliqueraient.

DOUBLE-MAIN.

Silence, Messieurs!

L'HUISSIER, *glapissant.*

Silence!

LE COMTE.

Que nous répond le défendeur²? qu'il veut garder sa personne; à lui permis.

---

1. Variante 244. — 2. Variante 245.

FIGARO, *avec joie.*

J'ai gagné.

LE COMTE.

Mais comme le texte dit : *laquelle somme je paierai à la première réquisition, ou bien j'épouserai, etc.*, la Cour condamne le défendeur à payer[1] deux mille piastres fortes à la demanderesse, ou bien à l'épouser dans le jour. (*Il se lève.*)

FIGARO, *stupéfait.*

J'ai perdu.

ANTONIO, *avec joie*[2].

Superbe arrêt.

FIGARO.

En quoi superbe ?

ANTONIO.

En ce que tu n'es plus mon neveu. Grand merci, Monseigneur !

L'HUISSIER, *glapissant..*

Passez, Messieurs. (*Le peuple sort.*)

ANTONIO.

Je m'en vas tout conter à ma niece. (*Il sort.*)

1. Variante 246. — 2. Variante 247.

SCÈNE XVI[1].

LE COMTE, *allant de côté et d'autre ;* MARCELINE, BARTHOLO, FIGARO, BRID'OISON.

MARCELINE *s'assied.*

Ah ! je respire.

FIGARO.

Et moi, j'étouffe[2].

LE COMTE, *à part.*

Au moins, je suis vengé ; cela soulage.

FIGARO, *à part.*

Et ce Bazile qui devait s'opposer au mariage de Marceline ; voyez comme il revient ! — (*Au Comte qui sort.*) Monseigneur, vous nous quittez ?

LE COMTE.

Tout est jugé.

FIGARO, *à Brid'oison.*

C'est ce gros enflé de Conseiller...

BRID'OISON.

Moi, gro-os enflé !

FIGARO[3].

Sans doute. Et je ne l'épouserai pas : je suis Gentilhomme une fois. (*Le Comte s'arrête.*)

1 Variante 248. — 2. Variante 249. — 3. Variante 250.

BARTHOLO.

Vous l'épouserez.

FIGARO.

Sans l'aveu de mes nobles parens?

BARTHOLO.

Nommez-les, montrez-les.

FIGARO.

Qu'on me donne un peu de tems; je suis bien près de les revoir : il y a quinze ans que je les cherche.

BARTHOLO.

Le fat! c'est quelqu'enfant trouvé!

FIGARO.

Enfant perdu, docteur; ou plutôt enfant volé.

LE COMTE *revient.*

Volé, perdu, la preuve? Il crierait qu'on lui fait injure!

FIGARO.

Monseigneur, quand les langes à dentelles, tapis brodés et joyaux d'or trouvés sur moi par les brigans n'indiqueraient pas ma haute naissance, la précaution qu'on avait prise de me faire des marques distinctives témoignerait assez combien j'étais un fils précieux : et cet hiéroglyphe à mon bras[1]... (*Il veut se dépouiller le bras droit.*)

1. Variante 251.

MARCELINE, *se levant vivement.*

Une spatule à ton bras droit?

FIGARO.

D'où savez-vous que je dois l'avoir?

MARCELINE[1].

Dieux! c'est lui!

FIGARO.

Oui, c'est moi.

BARTHOLO, *à Marceline.*

Et qui? lui!

MARCELINE, *vivement.*

C'est Emmanuel.

BARTHOLO, *à Figaro.*

Tu fus enlevé par des Bohémiens?

FIGARO, *exalté.*

Tout près d'un château. Bon Docteur, si vous me rendez à ma noble famille, mettez un prix à ce service; des monceaux d'or n'arrêteront pas mes illustres parens.

BARTHOLO, *montrant Marceline.*

Voilà ta mère.

FIGARO.

... Nourrice?

1. Variante 252.

BARTHOLO.

Ta propre mère[1].

LE COMTE.

Sa mère !

FIGARO.

Expliquez-vous.

MARCELINE, *montrant Bartholo.*

Voilà ton père.

FIGARO, *désolé.*

O o oh ! aye de moi[2].

MARCELINE.

Est-ce que la nature ne te l'a pas dit mille fois ?

FIGARO.

Jamais.

LE COMTE, *à part.*

Sa mère !

BRID'OISON.

C'est clair, i-il ne l'épousera pas.

☞ BARTHOLO.

Ni moi non plus.

MARCELINE.

Ni vous ! Et votre fils ? Vous m'aviez juré...

1. Variante 253. — 2. Variante 254.

☞ Ce qui suit, enfermé entre ces deux index, a été retranché par les Comédiens Français aux représentations de Paris.

BARTHOLO.

J'étais fou. Si pareils souvenirs engageaient, on serait tenu d'épouser tout le monde.

BRID'OISON.

E-et si l'on y regardait de si près, per-ersonne n'épouserait personne.

BARTHOLO.

Des fautes si connues! une jeunesse déplorable!

MARCELINE, *s'échauffant par degrés.*

Oui, déplorable, et plus qu'on ne croit! Je n'entens pas nier mes fautes, ce jour les a trop bien prouvées! Mais, qu'il est dur de les expier après trente ans d'une vie modeste! J'étais née, moi, pour être sage, et je la suis devenue sitôt qu'on m'a permis d'user de ma raison. Mais dans l'âge des illusions, de l'inexpérience et des besoins, où les séducteurs nous assiégent, pendant que la misère nous poignarde, que peut opposer une enfant à tant d'ennemis rassemblés? Tel nous juge ici sévèrement, qui, peut-être, en sa vie a perdu dix infortunées!

FIGARO.

Les plus coupables sont les moins généreux; c'est la règle.

MARCELINE, *vivement.*

Hommes plus qu'ingrats, qui flétrissez par le mépris les jouets de vos passions, vos victimes! c'est vous qu'il faut punir des erreurs de notre jeunesse; vous et vos magistrats, si vains du droit de nous juger, et qui nous laissent enlever, par leur coupable négligence, tout honnête moyen de subsister. Est-il un seul état pour les malheureuses filles? Elles avaient un droit naturel à toute la parure des femmes; on y laisse former mille ouvriers de l'autre sexe.

FIGARO, *en colère.*

Ils font broder jusqu'aux soldats!

MARCELINE, *exaltée.*

Dans les rangs même plus élevés, les femmes n'obtiennent de vous qu'une considération dérisoire : leurées de respects apparens, dans une servitude réelle, traitées en mineures pour nos biens, punies en majeures pour nos fautes! Ah, sous tous les aspects, votre conduite avec nous fait horreur ou pitié.

FIGARO.

Elle a raison!

LE COMTE, *à part.*

Que trop raison!

BRID'OISON.

Elle a, mon-on dieu, raison.

MARCELINE.

Mais que nous font, mon fils, les refus d'un homme injuste? Ne regarde pas d'où tu viens, vois où tu vas; cela seul importe à chacun. Dans quelques mois ta fiancée ne dépendra plus que d'elle-même; elle t'acceptera, j'en réponds : vis entre une épouse, une mère tendres qui te chériront à qui mieux-mieux. Sois indulgent pour elles, heureux pour toi, mon fils ; gai, libre et bon pour tout le monde : il ne manquera rien à ta mère.

FIGARO.

Tu parles d'or, maman, et je me tiens à ton avis. Qu'on est sot, en effet ! Il y a des mille mille ans que le monde roule, et dans cet océan de durée où j'ai, par hazard, attrapé quelques chétifs trente ans qui ne reviendront plus, j'irais me tourmenter pour savoir à qui je les dois ! tant pis pour qui s'en inquiete. Passer ainsi la vie à chamailler, c'est peser sur le collier sans relâche comme les malheureux chevaux de la remonte des fleuves, qui ne reposent pas, même quand ils s'arrêtent, et qui tirent toujours quoi qu'ils cessent de marcher. Nous attendrons.

LE COMTE.

Sot événement qui me dérange !

BRID'OISON, *à Figaro.*

Et la noblesse et le château ? Vous impo-osez à la justice ?

FIGARO.

Elle allait me faire faire une belle sotise, la justice ! après que j'ai manqué, pour ces maudits cent écus, d'assommer vingt fois Monsieur, qui se trouve aujourd'hui mon père[1] ! Mais, puisque le ciel a sauvé ma vertu de ces dangers, mon père, agréez mes excuses[2]... Et vous, ma mère, embrassez-moi... le plus maternellement que vous pourrez.

(*Marceline lui saute au cou.*)

1. Variante 255. — 2. Variante 256.

SCÈNE XVII[1].

BARTHOLO, FIGARO, MARCELINE, BRID'OISON, SUZANNE, ANTONIO, LE COMTE.

Suzanne, *accourant, une bourse à la main.*

Monseigneur, arrêtez; qu'on ne les marie pas : je viens payer Madame avec la dot que ma maîtresse me donne.

Le Comte, *à part.*

Au diable la maîtresse! Il semble que tout conspire...

(*Il sort*[2].)

SCÈNE XVIII[3].

BARTHOLO, ANTONIO, SUZANNE, FIGARO, MARCELINE, BRID'OISON.

Antonio, *voyant Figaro embrasser sa mère, dit à Suzanne.*

Ah oui, payer! Tiens, tiens.

Suzanne *se retourne.*

J'en vois assez : sortons, mon oncle.

1. Variante 257. — 2. Variante 258. — 3. Variante 259.

FIGARO, *l'arrêtant.*

Non, s'il vous plaît. Que vois-tu donc?

SUZANNE[1].

Ma bêtise et ta lâcheté.

FIGARO[2].

Pas plus de l'une que de l'autre.

SUZANNE, *en colère.*

Et que tu l'épouses à gré, puisque tu la caresses.

FIGARO, *gaiment.*

Je la caresse, mais je ne l'épouse pas[3].

(*Suzanne veut sortir, Figaro la retient.*)

SUZANNE *lui donne un soufflet.*

Vous êtes bien insolent d'oser me retenir!

FIGARO, *à la compagnie.*

C'est-il ça de l'amour? Avant de nous quitter, je t'en supplie, envisage bien cette chère femme-là.

SUZANNE.

Je la regarde.

FIGARO.

Et tu la trouves?

---

1. Variante 260. — 2. Variante 261. — 3. Variante 262

Suzanne.

Affreuse.

Figaro.

Et vive la jalousie! elle ne vous marchande pas¹.

Marceline, *les bras ouverts*.

Embrasse ta mère, ma jolie Suzanette. Le méchant qui te tourmente est mon fils.

Suzanne *court à elle*.

Vous sa mère? (*Elles restent dans les bras l'une de l'autre.*)

Antonio.

C'est donc de tout à l'heure?

Figaro.

...Que je le sais².

Marceline, *exaltée*.

Non, mon cœur entraîné vers lui ne se trompait que de motif; c'était le sang qui me parlait.

Figaro.

Et moi le bon sens, ma mère, qui me servait d'instinct quand je vous refusais; car j'étais loin de vous haïr; témoin l'argent³...

---

1. Variante 263. — 2. Variante 264. — 3. Variante 265.

MARCELINE *lui remet un papier.*

Il est à toi; reprens ton billet, c'est ta dot.

SUZANNE *lui jette la bourse.*

Prens encor celle-ci.

FIGARO.

Grand merci.

MARCELINE, *exaltée*[1].

Fille assez malheureuse, j'allais devenir la plus misérable des femmes, et je suis la plus fortunée des mères! Embrassez-moi, mes deux enfans; j'unis dans vous toutes mes tendresses. Heureuse autant que je puis l'être, ah, mes enfans, combien je vais aimer!

FIGARO, *attendri, avec vivacité.*

Arrête donc, chère mère! arrête donc! Voudrais-tu voir se fondre en eau mes yeux noyés des premieres larmes que je connaisse? Elles sont de joie, au moins. Mais quelle stupidité! j'ai manqué d'en être honteux; je les sentais couler entre mes doigts, regarde (*il montre ses doigts écartés*); et je les retenais bêtement! Vas te promener, la honte! Je veux rire et pleurer en même tems; on ne sent pas deux fois ce que j'éprouve. (*Il embrasse sa mère d'un côté, Suzanne de l'autre.*)

MARCELINE.

O mon ami!

---

1. Variante 266.
* Bartholo, Antonio, Suzanne, Figaro, Marceline, Brid'oison.

SUZANNE.

Mon cher ami!

BRID'OISON, *s'essuyant les yeux d'un mouchoir*[1].

Eh bien, moi, je suis donc bê-ête aussi!

FIGARO, *exalté*.

Chagrin, c'est maintenant que je puis te défier! Atteins-moi, si tu l'oses, entre ces deux femmes chéries[2].

ANTONIO, *à Figaro*.

Pas tant de cajoleries, s'il vous plaît. En fait de mariage dans les familles, celui des parens va devant, savez! Les vôtres se baillent-ils la main?

BARTHOLO.

Ma main? puisse-t-elle se dessécher et tomber, si jamais je la donne à la mère d'un tel drôle!

ANTONIO, *à Bartholo*.

Vous n'êtes donc qu'un père marâtre? (*A Figaro.*) En ce cas, not' galant, plus de parole.

SUZANNE.

Ah, mon oncle!...

ANTONIO.

Irai-je donner l'enfant de not' sœur à sti qui n'est l'enfant de personne?

1. Variante 267. — 2. Variante 268.

BRID'OISON.

Est-ce que cela-a se peut, imbécille ? on-on est toujours l'enfant de quelqu'un.

ANTONIO.

Tarare !... il ne l'aura jamais. (*Il sort.*)

SCÈNE XIX.

BARTHOLO, SUZANNE, FIGARO, MARCELINE, BRID'OISON.

BARTHOLO, *à Figaro.*

Et cherche à présent qui t'adopte. (*Il veut sortir.*)

MARCELINE, *courant prendre Bartholo à bras le corps, le ramene.*

Arrêtez, Docteur, ne sortez pas.

FIGARO, *à part.*

Non, tous les sots de l'Andalousie sont, je crois, déchaînés contre mon mariage !

SUZANNE*, *à Bartholo.*

Bon petit Papa, c'est votre fils.

MARCELINE, *à Bartholo.*

De l'esprit, des talens, de la figure.

FIGARO, *à Bartholo.*

Et qui ne vous a pas coûté une obole.

BARTHOLO.

Et les cent écus qu'il m'a pris?

MARCELINE, *le caressant.*

Nous aurons tant de soin de vous, Papa!

SUZANNE, *le caressant.*

Nous vous aimerons tant, petit Papa!

BARTHOLO, *attendri.*

Papa! bon papa! petit papa! voilà que je suis plus bête encor que Monsieur, moi. (*Montrant Brid'oison.*) Je me laisse aller comme un enfant. (*Marceline et Suzanne l'embrassent.*) Oh! non, je n'ai pas dit oui. (*Il se retourne.*) Qu'est donc devenu Monseigneur?

FIGARO.

Courons le joindre; arrachons-lui son dernier mot. S'il

---

* *Suzanne, Bartholo, Marceline, Figaro, Brid'oison.*

machinait quelqu'autre intrigue, il faudrait tout recommencer.

Tous ensemble.

Courons, courons.

(*Ils entraînent Bartholo dehors.*)

SCÈNE XX.

Brid'oison, *seul.*

Plus bê-ête encor que Monsieur! On peut se dire à soi-même ces-es sortes de choses-là, mais... I-ils ne sont pas polis du tout dan-ans cet endroit-ci. (*Il sort.*)

FIN DU TROISIÈME ACTE.

ACTE IV.

Le théâtre représente une galerie ornée de candelabres, de lustres allumés, de fleurs, de guirlandes, en un mot préparée pour donner une fête. Sur le devant, à droite, est une table avec une ecritoire, un fauteuil derrière[1].

SCÈNE PREMIERE.

FIGARO, SUZANNE.

Figaro, *la tenant à bras le corps.*

Hé bien! amour, es-tu contente? Elle a converti son Docteur, cette fine langue dorée de ma mère! Malgré sa répugnance, il l'épouse, et ton bouru d'oncle est bridé; il n'y a que Monseigneur qui rage, car enfin notre hymen va devenir le prix du leur. Ris donc un peu de ce bon résultat[2].

Suzanne.

As-tu rien vu de plus étrange?

1. Variante 269. — 2. Variante 270.

FIGARO.

Ou plutôt d'aussi gai. Nous ne voulions qu'une dot arrachée à l'Excellence; en voilà deux dans nos mains, qui ne sortent pas des siennes. Une rivale acharnée te poursuivait; j'étais tourmenté par une furie! tout cela s'est changé pour nous, dans *la plus bonne* des mères. Hier j'étais comme seul au monde, et voilà que j'ai tous mes parens; pas si magnifiques, il est vrai, que je me les étais galonés, mais assez bien pour nous, qui n'avons pas la vanité des riches.

SUZANNE.

Aucune des choses que tu avais disposées, que nous attendions, mon ami, n'est pourtant arrivée !

FIGARO.

Le hazard a mieux fait que nous tous, ma petite ; ainsi va le monde : on travaille, on projette, on arrange d'un côté; la fortune accomplit de l'autre : et depuis l'affamé conquérant qui voudrait avaler la Terre, jusqu'au paisible aveugle qui se laisse mener par son chien, tous sont le jouet de ses caprices; encor l'aveugle est-il souvent mieux conduit, moins trompé dans ses vues, que l'autre aveugle avec son entourage. — Pour cet aimable aveugle, qu'on nomme Amour..... (*Il la reprend tendrement à bras le corps.*)

SUZANNE.

Ah! c'est le seul qui m'intéresse!

FIGARO.

Permets donc que, prenant l'emploi de la folie[1], je sois le

1. Variante 271.

bon chien qui le mène à ta jolie mignone porte, et nous voilà logés pour la vie.

SUZANNE, *riant*.

L'Amour et moi?

FIGARO.

Moi et l'Amour.

SUZANNE.

Et vous ne chercherez pas d'autre gîte ?

FIGARO.

Si tu m'y prens, je veux bien que mille millions de galans.....

SUZANNE.

Tu vas exagérer : dis ta bonne vérité.

FIGARO.

Ma vérité la plus vraie !

SUZANNE.

Fi donc, vilain! en a-t-on plusieurs ?

FIGARO.

Oh! que oui. Depuis qu'on a remarqué qu'avec le tems vieilles folies deviennent sagesse, et qu'anciens petits mensonges assez mal plantés ont produit de grosses, grosses vérités, on en a de mille especes. Et celles qu'on fait sans oser les divulguer, car toute vérité n'est pas bonne à dire; et celles qu'on vante sans y ajouter foi, car toute vérité n'est pas bonne à croire; et les sermens passionnés, les menaces des mères, les protestations des buveurs, les promesses des gens en place, le dernier mot de nos marchands : cela ne finit pas. Il n'y a que mon amour pour Suzon qui soit une vérité de bon aloi.

SUZANNE.

J'aime ta joie, parce qu'elle est folle; elle annonce que tu es heureux. Parlons du rendez-vous du Comte.

FIGARO.

Ou plutôt, n'en parlons jamais; il a failli me coûter Suzanne.

SUZANNE.

Tu ne veux donc plus qu'il ait lieu?

FIGARO.

Si vous m'aimez, Suzon, votre parole d'honneur sur ce point : qu'il s'y morfonde, et c'est sa punition.

SUZANNE.

Il m'en a plus coûté de l'accorder que je n'ai de peine à le rompre; il n'en sera plus question.

FIGARO.

Ta bonne vérité!

SUZANNE.

Je ne suis pas comme vous autres savans, moi; je n'en ai qu'une.

FIGARO.

Et tu m'aimeras un peu?

SUZANNE.

Beaucoup.

FIGARO.

Ce n'est guère.

SUZANNE[1].

Et comment?

FIGARO.

En fait d'amour, vois-tu, trop n'est pas même assez.

SUZANNE.

Je n'entens pas toutes ces finesses; mais je n'aimerai que mon mari.

FIGARO.

Tiens parole, et tu feras[2] une belle exception à l'usage. (*Il veut l'embrasser.*)

SCÈNE II.

FIGARO, SUZANNE, LA COMTESSE.

LA COMTESSE.

Ah! j'avais raison de le dire; en quelque endroit qu'ils

1. Variante 272. — 2. Variante 273.

soient, croyez qu'ils sont ensemble. Allons donc, Figaro, c'est voler l'avenir, le mariage et vous-même, que d'usurper un tête à tête. On vous attend, on s'impatiente.

FIGARO.

Il est vrai, Madame, je m'oublie[1]. Je vais leur montrer mon excuse.
(*Il veut emmener Suzanne.*)

La Comtesse *la retient.*

Elle vous suit.

SCÈNE III.

SUZANNE, LA COMTESSE.

La Comtesse.

As-tu ce qu'il nous faut pour troquer de vêtement?

Suzanne.

Il ne faut rien, Madame; le rendez-vous ne tiendra pas.

La Comtesse.

Ah! vous changez d'avis?

1. Variante 274.

Suzanne.

C'est Figaro.

La Comtesse.

Vous me trompez.

Suzanne.

Bonté divine !

La Comtesse.

Figaro n'est pas homme à laisser échapper une dot.

Suzanne.

Madame ! eh que croyez-vous donc ?

La Comtesse.

Qu'enfin, d'accord avec le Comte, il vous fâche à présent de m'avoir confié ses projets. Je vous sais par cœur. Laissez-moi.

(Elle veut sortir.)

Suzanne *se jette à genoux.*

Au nom du Ciel, espoir de tous ! vous ne savez pas, Madame, le mal que vous faites à Suzanne ! après vos bontés continuelles et la dot que vous me donnez !...

La Comtesse *la relève.*

Hé mais... je ne sais ce que je dis ! En me cédant ta place au jardin, tu n'y vas pas, mon cœur; tu tiens parole à ton mari; tu m'aides à ramener le mien.

SUZANNE.

Comme vous m'avez affligée!

LA COMTESSE.

C'est que je ne suis qu'une étourdie[1]. (*Elle la baise au front.*) Où est ton rendez-vous?

SUZANNE *lui baise la main.*

Le mot de jardin m'a seul frappé.

LA COMTESSE, *montrant la table.*

Prens cette plume, et fixons un endroit.

SUZANNE.

Lui écrire!

LA COMTESSE.

Il le faut.

SUZANNE.

Madame! au moins, c'est vous...

LA COMTESSE.

Je mets tout sur mon compte. (*Suzanne s'assied, la Comtesse dicte.*)

Chanson nouvelle, sur l'air :..... « Qu'il fera beau, ce soir, sous les grands Maronniers... Qu'il fera beau ce soir...»

---

1. Variante 275.

SUZANNE *écrit.*

Sous les grands Maronniers... Après?

LA COMTESSE.

Crains-tu qu'il n'entende pas?

SUZANNE *relit.*

C'est juste. (*Elle plie le billet.*) Avec quoi cacheter?

LA COMTESSE.

Une épingle, dépêche : elle servira de réponse. Écris sur le revers : *Renvoyez-moi le cachet.*

SUZANNE *écrit en riant*[1].

Ah! *le cachet!...* Celui-ci, Madame, est plus gai que celui du brevet.

LA COMTESSE, *avec un souvenir douloureux.*

Ah!

SUZANNE *cherche sur elle.*

Je n'ai pas d'épingle, à présent!

LA COMTESSE *détache sa lévite.*

Prens celle-ci. (*Le ruban du Page tombe de son sein à terre.*) Ah, mon ruban!

SUZANNE *le ramasse.*

C'est celui du petit voleur! Vous avez eu la cruauté?...

1. Variante 276.

La Comtesse.

Falait-il le laisser à son bras? c'eût été joli! Donnez donc!

Suzanne¹.

Madame ne le portera plus, taché du sang de ce jeune homme.

La Comtesse *le reprend.*

Excellent pour Fanchette... Le premier bouquet qu'elle m'apportera².

SCÈNE IV³.

Une jeune Bergere, Chérubin, *en fille*, Fanchette *et beaucoup de jeunes filles habillées comme elle et tenant des bouquets.*

LA COMTESSE, SUZANNE.

Fanchette.

Madame, ce sont les filles du bourg qui viennent vous présenter des fleurs.

La Comtesse, *serrant vîte son ruban.*

Elles sont charmantes! Je me reproche, mes belles pe-

1. Variante 277. — 2. Variante 278. — 3. Variante 279.

tites, de ne pas vous connaître toutes. (*Montrant Chérubin.*) Quelle est cette aimable enfant qui a l'air si modeste ?

UNE BERGERE.

C'est une cousine à moi, Madame, qui n'est ici que pour la noce.

LA COMTESSE.

Elle est jolie. Ne pouvant porter vingt bouquets, fesons honneur à l'étrangère. (*Elle prend le bouquet de Chérubin et le baise au front.*) Elle en rougit ! (*A Suzanne.*) Ne trouves-tu pas, Suzon..., qu'elle ressemble à quelqu'un ?

SUZANNE.

A s'y méprendre, en vérité.

CHÉRUBIN, *à part, les mains sur son cœur.*

Ah! Ce baiser-là m'a été bien loin !

SCÈNE V.

LES JEUNES FILLES, CHÉRUBIN *au milieu d'elles*, FANCHETTE, ANTONIO, LE COMTE, LA COMTESSE, SUZANNE.

ANTONIO.

Moi je vous dis, Monseigneur, qu'il y est ; elles l'ont habillé chez ma fille ; toutes ses hardes y sont encor, et voilà son chapeau d'ordonnance que j'ai retiré du paquet. (*Il s'avance, et, regardant toutes les filles, il reconnaît Chérubin, lui enlève son bonnet de femme, ce qui fait retomber ses longs cheveux en cadenette. Il lui met sur la tête le chapeau d'ordonnance et dit :*) Eh, parguenne, v'la notre officier !

La Comtesse *recule.*

Ah ciel !

Suzanne.

Ce friponneau !

Antonio.

Quand je disais là haut que c'était lui !...

Le Comte, *en colère.*

Hé bien, Madame ?

La Comtesse.

Hé bien, Monsieur ! vous me voyez plus surprise que vous, et, pour le moins, aussi fâchée.

Le Comte.

Oui ; mais tantôt, ce matin ?

La Comtesse.

Je serais coupable, en effet, si je dissimulais encor. Il était descendu chez moi. Nous entamions le badinage que ces enfans viennent d'achever ; vous nous avez surprises l'habillant : votre premier mouvement est si vif ! il s'est sauvé, je me suis troublée, l'effroi général a fait le reste.

Le Comte, *avec dépit, à Chérubin*[1].

Pourquoi n'êtes-vous pas parti ?

Chérubin, *ôtant son chapeau brusquement*[2].

Monseigneur...

Le Comte.

Je punirai ta désobéissance.

Fanchette, *étourdiment*.

Ah! Monseigneur, entendez-moi. Toutes les fois que vous venez m'embrasser, vous savez bien que vous dites toujours : *Si tu veux m'aimer, petite Fanchette, je te donnerai ce que tu voudras.*

Le Comte, *rougissant*.

Moi! j'ai dit cela ?

Fanchette.

Oui, Monseigneur. Au lieu de punir Chérubin, donnez-le-moi en mariage, et je vous aimerai à la folie.

Le Comte, *à part*[3].

Être ensorcelé par un Page !

La Comtesse.

Hé bien! Monsieur, à votre tour; l'aveu de cette enfant,

---

1. Variante 280. — 2. Variante 281. — 3. Variante 282.

aussi naïf que le mien, atteste enfin deux vérités : que c'est toujours sans le vouloir si je vous cause des inquiétudes, pendant que vous épuisez tout pour augmenter et justifier les miennes.

ANTONIO.

Vous aussi, Monseigneur¹ ? Dame! je vous la redresserai comme feue sa mère, qui est morte... Ce n'est pas pour la conséquence ; mais c'est que Madame sait bien que les petites filles, quand elles sont grandes...

LE COMTE, *déconcerté, à part.*

Il y a un mauvais génie qui tourne tout ici contre moi!

SCÈNE VI.

LES JEUNES FILLES, CHÉRUBIN, ANTONIO, FIGARO, LE COMTE, LA COMTESSE, SUZANNE.

FIGARO.

Monseigneur, si vous retenez nos filles, on ne pourra commencer ni la fête ni la danse.

LE COMTE.

Vous, danser! vous n'y pensez pas. Après votre chûte de ce matin, qui vous a foulé le pied droit!

1. Variante 283.

FIGARO, *remuant la jambe.*

Je soufre encore un peu ; ce n'est rien. (*Aux jeunes filles.*) Allons mes belles, allons !

LE COMTE *le retourne.*

Vous avez été fort heureux que ces couches ne fussent que du terreau bien doux !

FIGARO.

Très-heureux, sans doute, autrement...

ANTONIO *le retourne.*

Puis il s'est pelotonné en tombant jusqu'en bas.

FIGARO.

Un plus adroit, n'est-ce pas, serait resté en l'air ! (*Aux jeunes filles.*) Venez-vous, Mesdemoiselles ?

ANTONIO *le retourne.*

Et pendant ce tems le petit Page galopait sur son cheval à Séville ?

FIGARO.

Galopait, ou marchait au pas !...

LE COMTE *le retourne.*

Et vous aviez son brevet dans la poche ?

FIGARO, *un peu étonné.*

Assurément ; mais quelle enquête ? (*Aux jeunes filles.*) Allons donc, jeunes filles !

ANTONIO, *attirant Chérubin par le bras.*

En voici un qui prétend que mon neveu futur n'est qu'un menteur.

FIGARO, *surpris.*

Chérubin !... (*A part.*) Peste du petit fat !

ANTONIO.

Y es-tu maintenant ?

FIGARO, *cherchant.*

J'y suis... j'y suis... Hé, qu'est-ce qu'il chante ?

LE COMTE, *sèchement.*

Il ne chante pas ; il dit que c'est lui qui a sauté sur les giroflées.

FIGARO, *rêvant.*

Ah ! s'il le dit..., cela se peut ! Je ne dispute pas de ce que j'ignore.

LE COMTE.

Ainsi vous et lui ?

FIGARO.

Pourquoi non ? la rage de sauter peut gagner : voyez les

moutons de Panurge ; et quand vous êtes en colère, il n'y a personne qui n'aime mieux risquer...

Le Comte.

Comment, deux à la fois !

Figaro.

On aurait sauté deux douzaines ; et qu'est-ce que cela fait, Monseigneur, dès qu'il n'y a personne de blessé ? (*Aux jeunes filles.*) Ah ça, voulez-vous venir, ou non ?

Le Comte, *outré.*

Jouons-nous une Comédie ? (*On entend un prélude de fanfare.*)

Figaro.

Voilà le signal de la marche. A vos postes, les belles, à vos postes. Allons, Suzanne, donne-moi le bras.

(*Tous s'enfuient, Chérubin reste seul, la tête baissée.*)

SCÈNE VII.

CHÉRUBIN, LE COMTE, LA COMTESSE.

Le Comte, *regardant aller Figaro.*

En voit-on de plus audacieux ? (*Au Page.*) Pour vous,

Monsieur le sournois, qui faites le honteux, allez vous r'habiller bien vîte, et que je ne vous rencontre nulle part de la soirée.

LA COMTESSE.

Il va bien s'ennuyer.

CHÉRUBIN, *étourdiment*.

M'ennuyer! J'emporte à mon front du bonheur pour plus de cent années de prison. (*Il met son chapeau et s'enfuit.*)

SCÈNE VIII.

LE COMTE, LA COMTESSE.

LA COMTESSE *s'évente fortement sans parler*.

LE COMTE.

Qu'a-t-il au front de si heureux?

LA COMTESSE, *avec embarras*.

Son... premier chapeau d'officier, sans doute ; aux enfans tout sert de hochet.
(*Elle veut sortir.*)

Le Comte.

Vous ne nous restez pas, Comtesse ?

La Comtesse.

Vous savez que je ne me porte pas bien.

Le Comte.

Un instant pour votre protégée, ou je vous croirais en colère [1].

La Comtesse.

Voici les deux noces, asseyons-nous donc pour les recevoir.

Le Comte, *à part.*

La noce ! il faut souffrir ce qu'on ne peut empêcher.

(Le Comte et la Comtesse s'asseoient vers un des côtés de la galerie.)

---

1. Variante 284.

SCÈNE IX.

LE COMTE, LA COMTESSE, *assis; l'on joue les folies d'Espagne d'un mouvement de marche.* (Simphonie notée.)

MARCHE.

Les Gardes-Chasse, *fusil sur l'épaule.*

L'Alguazil, les Prud'hommes, Brid'oison.

Les Paysans et Paysannes *en habits de fête.*

Deux jeunes Filles, *portant la toque virginale à plumes blanches.*

Deux autres, *le voile blanc.*

Deux autres, *les gants et le bouquet de côté.*

Antonio *donne la main à* Suzanne, *comme étant celui qui la marie à* Figaro.

D'autres jeunes Filles *portent une autre toque, un autre voile, un autre bouquet blanc, semblables aux premiers, pour* Marceline.

Figaro *donne la main à* Marceline, *comme celui qui doit la remettre au* Docteur, *lequel ferme la marche, un gros bouquet au côté. Les jeunes filles, en passant devant le Comte, remettent à ses valets tous les ajustemens destinés à* Suzanne *et à* Marceline.

Les Paysans et Paysannes *s'étant rangés sur deux co-*

lonnes à chaque côté du salon, on danse une reprise du fendango (Air noté.) avec des castagnettes ; puis on joue la ritournelle du Duo, pendant laquelle Antonio conduit Suzanne au Comte ; elle se met à genoux devant lui.

Pendant que le Comte lui pose la toque, le voile, et lui donne le bouquet, deux jeunes filles chantent le Duo suivant. (Air noté.)

> Jeune Epouse, chantez les bienfaits et la gloire
> D'un Maître qui renonce aux droits qu'il eut sur vous :
> Préférant au plaisir la plus noble victoire,
> Il vous rend chaste et pure aux mains de votre époux.

Suzanne *est à genoux, et, pendant les derniers vers du Duo, elle tire le Comte par son manteau et lui montre le billet qu'elle tient ; puis elle porte la main qu'elle a du côté des Spectateurs à sa tête, où le Comte a l'air d'ajuster sa toque ; elle lui donne le billet.*

Le Comte *le met furtivement dans son sein; on acheve de chanter le Duo; la Fiancée se relève et lui fait une grande révérence.*

Figaro *vient la recevoir des mains du Comte et se retire avec elle à l'autre côté du salon, près de Marceline.* (On danse une autre reprise du fendango pendant ce tems.)

Le Comte, *pressé de lire ce qu'il a reçu, s'avance au bord du théâtre et tire le papier de son sein; mais en le sortant il fait le geste d'un homme qui s'est cruellement piqué le doigt; il le secoue, le presse, le suce, et, regardant le papier cacheté d'une épingle, il dit :*

Le Comte.

(*Pendant qu'il parle, ainsi que* Figaro, *l'orchestre joue pianissimo.*)

Diantre soit des femmes, qui fourent des épingles partout! (*Il la jette à terre, puis il lit le billet et le baise.*)

Figaro, *qui a tout vu, dit à sa mère et à Suzanne.*

C'est un billet doux qu'une fillette aura glissé dans sa main en passant. Il était cacheté d'une épingle qui l'a outrageusement piqué[1].

La danse reprend. Le Comte, qui a lu le billet, le retourne; il y voit l'invitation de renvoyer le cachet pour réponse. Il cherche à terre et retrouve enfin l'épingle, qu'il attache à sa manche.

Figaro, *à Suzanne et Marceline.*

D'un objet aimé tout est cher[2]. Le voilà qui ramasse l'épingle. Ah, c'est une drôle de tête!

Pendant ce tems, Suzanne a des signes d'intelligence avec la Comtesse. La danse finit, la ritournelle du duo recommence.

Figaro *conduit* Marceline *au* Comte, *ainsi qu'on a conduit* Suzanne[3]; *à l'instant où le Comte prend la toque et où l'on va chanter le duo, on est interrompu par les cris suivans:*

L'Huissier, *criant à la porte.*

Arrêtez donc, Messieurs, vous ne pouvez entrer tous.....

1. Variante 285. — 2. Variante 286. — 3. Variante 287.

Ici les gardes! les gardes! (*Les gardes vont vîte à cette porte.*)

LE COMTE, *se levant.*

Qu'est-ce qu'il y a?

L'HUISSIER.

Monseigneur, c'est Monsieur Bazile entouré d'un village entier, parce qu'il chante en marchant[1].

LE COMTE.

Qu'il entre seul.

LA COMTESSE.

Ordonnez-moi de me retirer.

LE COMTE.

Je n'oublie pas votre complaisance.

LA COMTESSE.

Suzanne?... elle reviendra. (*A part à Suzanne.*) Allons changer d'habits. (*Elle sort avec Suzanne.*)

MARCELINE.

Il n'arrive jamais que pour nuire.

FIGARO.

Ah! je m'en vais vous le faire déchanter!

1. Variante 288.

SCÈNE X.

Tous les Acteurs précédens, *excepté la Comtesse et Suzanne;* BAZILE, *tenant sa guittare;* GRIPE-SOLEIL.

Bazile *entre en chantant sur l'air du Vaudeville de la fin.*
(Air noté.)

    Cœurs sensibles, cœurs fidèles,
    Qui blâmez l'amour léger,
    Cessez vos plaintes cruelles,
    Est-ce un crime de changer?
    Si l'amour porte des aîles,
    N'est-ce pas pour voltiger?
    N'est-ce pas pour voltiger?
    N'est-ce pas pour voltiger?

Figaro *s'avance à lui.*

Oui, c'est pour cela justement qu'il a des aîles au dos : notre ami, qu'entendez-vous par cette musique?

Bazile, *montrant Gripe-Soleil.*

Qu'après avoir prouvé mon obéissance à Monseigneur, en amusant Monsieur, qui est de sa compagnie, je pourrai, à mon tour, réclamer sa justice [1].

Gripe-Soleil.

Bah! Monsigneu! il ne m'a pas amusé du tout, avec leux guenilles d'ariettes..

---

1. Variante 289.

Le Comte.

Enfin, que demandez-vous, Bazile?

Bazile.

Ce qui m'appartient, Monseigneur, la main de Marceline; et je viens m'opposer...

Figaro *s'approche*[1].

Y a-t-il long-tems que Monsieur n'a vu la figure d'un fou?

Bazile.

Monsieur, en ce moment même.

Figaro.

Puisque mes yeux vous servent si bien de miroir, étudiez-y l'effet de ma prédiction. Si vous faites mine seulement d'approximer Madame[2]...

Bartholo, *en riant*.

Eh pourquoi? laisse le parler.

Brid'oison *s'avance entre deux*.

Fau-aut-il que deux amis?....

Figaro.

Nous, amis?

1. Variante 290. — 2. Variante 291.

BAZILE.

Quelle erreur!

FIGARO, *vîte* [1].

Parce qu'il fait de plats airs de chapelle?

BAZILE, *vîte*.

Et lui, des vers comme un Journal?

FIGARO, *vîte*.

Un musicien de guinguette!

BAZILE, *vîte*.

Un postillon de gazette!

FIGARO, *vîte*.

Cuistre d'oratorio!

BAZILE, *vîte*.

Jockey diplomatique!

LE COMTE, *assis*.

Insolens tous les deux!

BAZILE.

Il me manque en toute occasion.

1. Variante 292.

FIGARO.

C'est bien dit, si cela se pouvait!

BAZILE.

Disant par-tout que je ne suis qu'un sot.

FIGARO.

Vous me prenez donc pour un écho?

BAZILE.

Tandis qu'il n'est pas un chanteur que mon talent n'ait fait briller.

FIGARO.

Brailler.

BAZILE.

Il le répete!

FIGARO.

Et pourquoi non, si cela est vrai? Es-tu un Prince, pour qu'on te flagorne? Souffre la vérité, Coquin! puisque tu n'a pas de quoi gratifier un menteur; ou si tu la crains de notre part, pourquoi viens-tu troubler nos noces?

BAZILE, *à Marceline*[1].

M'avez-vous promis, oui ou non, si dans quatre ans vous n'étiez pas pourvue, de me donner la préférence[2]?

1. Variante 293. — 2. Variante 294.

MARCELINE.

A quelle condition l'ai-je promis ?

BAZILE.

Que si vous retrouviez un certain fils perdu, je l'adopterais par complaisance.

TOUS ENSEMBLE.

Il est trouvé.

BAZILE.

Qu'à cela ne tienne !

TOUS ENSEMBLE, *montrant Figaro.*

Et le voici.

BAZILE, *reculant de frayeur.*

J'ai vu le diable !

BRID'OISON, *à Bazile.*

Et vou-ous renoncez à sa chere mère !

BAZILE.

Qu'y aurait-il de plus fâcheux que d'être cru le père d'un garnement ?

FIGARO.

D'en être cru le fils ; tu te moques de moi !

BAZILE, *montrant Figaro*[1].

Dès que Monsieur est de quelque chose ici, je déclare, moi, que je n'y suis plus de rien.

(*Il sort.*)

SCÈNE XI.

LES ACTEURS PRÉCÉDENS, *excepté Bazile*.

BARTHOLO, *riant*.

Ah! ah! ah! ah!

FIGARO, *sautant de joie*.

Donc à la fin j'aurai ma femme!

LE COMTE, *à part*.

Moi, ma maîtresse. (*Il se leve.*)

BRID'OISON, *à Marceline*.

Et tou-out le monde est satisfait.

LE COMTE.

Qu'on dresse les deux contrats; j'y signerai.

TOUS ENSEMBLE.

Vivat! (*Ils sortent.*)

1. Variante 295.

Le Comte.

J'ai besoin d'une heure de retraite.

(*Il veut sortir avec les autres.*)

SCÈNE XII.

GRIPE-SOLEIL, FIGARO, MARCELINE, LE COMTE.

Gripe-Soleil, *à Figaro.*

Et moi je vais aider à ranger le feu d'artifice sous les grands maronniers, comme on l'a dit.

Le Comte *revient en courant.*

Quel sot a donné un tel ordre?

Figaro.

Où est le mal?

Le Comte, *vivement.*

Et la Comtesse qui est incommodée, d'où le verra-t-elle l'artifice? C'est sur la terrasse qu'il le faut, vis-à-vis son appartement.

Figaro.

Tu l'entens, Gripe-Soleil? la terrasse.

Le Comte.

Sous les grands maronniers! belle idée! (*En s'en allant, à part.*) Ils allaient incendier mon rendez-vous!

SCÈNE XIII.

FIGARO, MARCELINE.

Figaro.

Quel excès d'attention pour sa femme[1] !
(*Il veut sortir.*)

Marceline *l'arrête*.

Deux mots, mon fils. Je veux m'acquitter avec toi : un sentiment mal dirigé m'avait rendu injuste envers ta charmante femme[2] ; je la supposais d'accord avec le Comte, quoique j'eusse appris de Bazile qu'elle l'avait toujours rebuté[3].

Figaro.

Vous connaissiez mal votre fils, de le croire ébranlé par ces impulsions féminines[4]. Je puis défier la plus rusée de m'en faire accroire.

---

1. Variante 296. — 2. Variante 297. — 3. Variante 298. — 4. Variante 299.

MARCELINE.

Il est toujours heureux de le penser, mon fils; la jalousie....

FIGARO.

..... N'est qu'un sot enfant de l'orgueil, ou c'est la maladie d'un fou. Oh! j'ai là-dessus, ma mère, une philosophie... imperturbable; et si Suzanne doit me tromper un jour, je le lui pardonne d'avance; elle aura long-tems travaillé..... (*Il se retourne et apperçoit Fanchette qui cherche de côté et d'autre.*)

SCÈNE XIV.

FIGARO, FANCHETTE, MARCELINE.

FIGARO.

E e eh,... ma petite cousine qui nous écoute!

FANCHETTE.

Oh! pour ça non : on dit que c'est malhonnête.

FIGARO.

Il est vrai; mais comme cela est utile, on fait aller souvent l'un pour l'autre.

FANCHETTE.

Je regardais si quelqu'un était là.

FIGARO.

Déja dissimulée, friponne! vous savez bien qu'il n'y peut être.

FANCHETTE.

Et qui donc?

FIGARO.

Chérubin.

FANCHETTE[1].

Ce n'est pas lui que je cherche, car je sais fort bien où il est; c'est ma cousine Suzanne.

FIGARO.

Et que lui veut ma petite cousine?

FANCHETTE.

A vous, petit cousin, je le dirai. — C'est... ce n'est qu'une épingle que je veux lui remettre.

FIGARO, *vivement*.

Une épingle! une épingle!... et de quelle part, coquine? A votre âge vous faites déjà un met... (*Il se reprend, et dit d'un ton doux.*) Vous faites déjà très-bien tout ce que vous

---

1. Variante 300.

entreprenez, Fanchette; et ma jolie cousine est si obligeante¹..

FANCHETTE.

A qui donc en a-t-il de se fâcher? je m'en vais.

FIGARO, *l'arrêtant.*

Non, non, je badine²; tiens, ta petite épingle est celle que Monseigneur t'a dit de remettre à Suzanne, et qui servait à cacheter un petit papier qu'il tenait ; tu vois que je suis au fait.

FANCHETTE.

Pourquoi donc le demander, quand vous le savez si bien?

FIGARO, *cherchant.*

C'est qu'il est assez gai de savoir comment Monseigneur s'y est pris pour t'en donner la commission.

FANCHETTE, *naïvement.*

Pas autrement que vous le dites : *Tiens, petite Fanchette, rens cette épingle à ta belle cousine, et dis lui seulement que c'est le cachet des grands maronniers.*

FIGARO.

Des grands?...

FANCHETTE.

Maronniers. Il est vrai qu'il a ajouté : *Prens garde que personne ne te voye.*

1. Variante 301. — 2. Variante 302.

####### Figaro.

Il faut obéir, ma cousine ; heureusement personne ne vous a vue. Faites donc joliment votre commission, et n'en dites pas plus à Suzanne que Monseigneur n'a ordonné.

####### Fanchette.

Et pourquoi lui en dirais-je ? Il me prend pour un enfant, mon cousin. (*Elle sort en sautant.*)

SCÈNE XV.

FIGARO, MARCELINE.

####### Figaro.

Hé bien, ma mère ?

####### Marceline.

Hé bien, mon fils ?

####### Figaro, *comme étouffé*.

Pour celui-ci !.... il y a réellement des choses !...

####### Marceline.

Il y a des choses ! hé qu'est-ce qu'il y a ?

FIGARO, *les mains sur la poitrine.*

Ce que je viens d'entendre, ma mère, je l'ai là comme un plomb.

MARCELINE, *riant.*

Ce cœur plein d'assurance n'était donc qu'un ballon gonflé? une épingle a tout fait partir!

FIGARO, *furieux.*

Mais cette épingle, ma mère, est celle qu'il a ramassée¹!..

MARCELINE, *rapellant ce qu'il a dit.*

La jalousie! Oh! j'ai là-dessus, ma mère, une philosophie... imperturbable; et si Suzanne m'attrape un jour, je le lui pardonne...

FIGARO, *vivement.*

Oh, ma mère! on parle comme on sent : mettez le plus glacé des Juges à plaider dans sa propre cause, et voyez-le expliquer la loi²! — Je ne m'étonne plus s'il avait tant d'humeur sur ce feu³! — Pour la mignonne aux fines épingles, elle n'en est pas où elle le croit, ma mère, avec ses maronniers! Si mon mariage est assez fait pour légitimer ma colère, en revanche il ne l'est pas assez pour que je n'en pusse épouser une autre et l'abandonner...

MARCELINE.

Bien conclu⁴! Abîmons tout sur un soupçon! Qui t'a

1. Variante 303.— 2. Variante 304.— 3. Variante 305.— 4. Variante 306

prouvé, dis-moi, que c'est toi qu'elle joue et non le Comte? L'as-tu étudiée de nouveau, pour la condamner sans appel? Sais-tu si elle se rendra sous les arbres, à quelle intention elle y va ; ce qu'elle y dira, ce qu'elle y fera? Je te croyais plus fort en jugement¹!

FIGARO, *lui baisant la main avec respect.*

Elle a raison, ma mère ; elle a raison, raison, toujours raison! Mais accordons, maman, quelque chose à la nature ; on en vaut mieux après². Examinons en effet avant d'accuser et d'agir. Je sais où est le rendez-vous. Adieu, ma mère !

(*Il sort.*)

SCÈNE-XVI.

MARCELINE, *seule.*

Adieu ; et moi aussi je le sais. Après l'avoir arrêté, veillons sur les voies de Suzanne, ou plutôt avertissons-la ; elle est si jolie créature! Ah! quand l'intérêt personnel ne nous arme pas les unes contre les autres, nous sommes toutes portées à soutenir notre pauvre sexe opprimé contre ce fier, ce terrible... (*en riant*) et pourtant un peu nigaud de sexe masculin. (*Elle sort.*)

1. Variante 307. — 2. Variante 308.

FIN DU QUATRIÈME ACTE

ACTE V.

Le théâtre représente une salle de maronniers, dans un parc ; deux pavillons, kiosques ou temples de jardins, sont à droite et à gauche : le fond est une clairière ornée, un siége de gazon sur le devant. Le théâtre est obscur.

SCÈNE PREMIÈRE [1].

FANCHETTE, *seule, tenant d'une main deux biscuits et une orange, et de l'autre une lanterne de papier allumée.*

Dans le pavillon à gauche, a-t-il dit. C'est celui-ci. — S'il allait ne pas venir à présent ; mon petit rôle... Ces vilaines gens de l'office qui ne voulaient pas seulement me donner une orange et deux biscuits ! — Pour qui, Mademoiselle ? — Eh bien, Monsieur, c'est pour quelqu'un. — Oh ! nous savons. — Et quand ça serait ; parce que Monseigneur ne veut pas le voir, faut-il qu'il meure de faim ? — Tout ça pourtant m'a coûté un fier baiser sur la joue !...

1. Variante 309.

Que sait-on? Il me le rendra peut-être! (*Elle voit Figaro qui vient l'examiner; elle fait un cri.*) Ah!... (*Elle s'enfuit, et elle entre dans le pavillon à sa gauche.*)

SCÈNE II.

FIGARO, *un grand manteau sur les épaules, un large chapeau rabattu.* BAZILE, ANTONIO, BARTHOLO, BRID'OISON, GRIPE-SOLEIL, Troupe de Valets et de Travailleurs.

Figaro, *d'abord seul.*

C'est Fanchette[1]! (*Il parcourt des yeux les autres à mesure qu'ils arrivent, et dit d'un ton farouche:*) Bonjour, Messieurs, bonsoir; êtes-vous tous ici?

Bazile.

Ceux que tu as pressés d'y venir.

Figaro.

Quelle heure est-il bien à peu près?

Antonio *regarde en l'air.*

La lune devrait être levée.

1. Variante 310.

BARTHOLO.

Eh quels noirs apprêts fais-tu donc? Il a l'air d'un conspirateur!

FIGARO, *s'agitant.*

N'est-ce pas pour une noce, je vous prie, que vous êtes rassemblés au château?

BRID'OISON[1].

Cè-ertainement.

ANTONIO.

Nous allions là-bas, dans le parc, attendre un signal pour ta fête.

FIGARO.

Vous n'irez pas plus loin, Messieurs; c'est ici, sous ces maronniers, que nous devons tous célébrer l'honnête fiancée que j'épouse et le loyal Seigneur qui se l'est destinée.

BAZILE, *se rappellant la journée.*

Ah! vraiment, je sais ce que c'est. Retirons-nous, si vous m'en croyez : il est question d'un rendez-vous; je vous conterai cela près d'ici.

BRID'OISON, *à Figaro.*

Nou-ous reviendrons.

1. Variante 311.

FIGARO.

Quand vous m'entendrez appeller, ne manquez pas d'accourir tous, et dites du mal de Figaro, s'il ne vous fait voir une belle chose.

BARTHOLO.

Souviens-toi qu'un homme sage ne se fait point d'affaire avec les grands.

FIGARO.

Je m'en souviens.

BARTHOLO.

Qu'ils ont quinze et bisque sur nous, par leur état.

FIGARO.

Sans leur industrie, que vous oubliez. Mais souvenez-vous aussi que l'homme qu'on sait timide est dans la dépendance de tous les fripons.

BARTHOLO.

Fort bien.

FIGARO.

Et que j'ai nom *de Verte-allure*, du chef honoré de ma mère.

BARTHOLO.

Il a le diable au corps.

BRID'OISON.

I-il l'a.

BAZILE, *à part*[1].

Le Comte et Suzanne se sont arrangés sans moi? Je ne suis pas fâché de l'algarade.

FIGARO, *aux Valets*.

Pour vous autres, coquins, à qui j'ai donné l'ordre, illuminez-moi ces entours, ou, par la mort que je voudrais tenir aux dents, si j'en saisis un par le bras[2]... (*Il secoue le bras de Gripe-Soleil.*)

GRIPE-SOLEIL *s'en va en criant et pleurant*.

A, a, o, oh! Damné brutal!

BAZILE, *en s'en allant*.

Le ciel vous tienne en joie, Monsieur du marié!

(*Ils sortent.*)

SCÈNE III[3].

FIGARO, *seul, se promenant dans l'obscurité, dit du ton le plus sombre*.

O femme! femme! femme! créature faible et décevante!... nul animal créé ne peut manquer à son instinct; le tien

1. Variante 312. — 2. Variante 313. — 3. Variante 314.

est-il donc de tromper? Après m'avoir obstinément refusé quand je l'en pressais devant sa maîtresse; à l'instant qu'elle me donne sa parole; au milieu même de la cérémonie... Il riait en lisant, le perfide! et moi, comme un benêt!... Non, Monsieur le Comte, vous ne l'aurez pas... vous ne l'aurez pas¹... Parce que vous êtes un grand Seigneur, vous vous croyez un grand génie!... noblesse, fortune, un rang, des places : tout cela rend si fier! Qu'avez-vous fait pour tant de biens? Vous vous êtes donné la peine de naître, et rien de plus; du reste, homme assez ordinaire! tandis que moi, morbleu! perdu dans la foule obscure, il m'a fallu déployer plus de science et de calculs pour subsister seulement², qu'on n'en a mis depuis cent ans à gouverner toutes les Espagnes: et vous voulez jouter!... On vient... c'est elle³... ce n'est personne. — La nuit est noire en diable, et me voilà fesant le sot métier de mari, quoique je ne le sois qu'à moitié! (*Il s'assied sur un banc.*) Est-il rien de plus bizarre que ma destinée! Fils de je ne sais pas qui, volé par des bandits, élevé dans leurs mœurs, je m'en dégoûte et veux courir une carriere honnête⁴; et par-tout je suis repoussé⁵! J'apprens la Chimie, la Pharmacie, la Chirurgie⁶, et tout le crédit d'un grand Seigneur peut à peine me mettre à la main une lancette⁷ vétérinaire! — Las d'attrister des bêtes malades et pour faire un métier contraire, je me jette à corps perdu dans le Théâtre; me fussé-je mis une pierre au cou! Je broche une comédie⁸ dans les mœurs du sérail; auteur espagnol, je crois pouvoir y fronder Mahomet, sans scrupule : à l'instant, un Envoyé... de je ne sais où se plaint de ce que j'offense dans mes vers la Sublime Porte, la Perse, une partie de la Presqu'Isle de l'Inde, toute l'Égypte, les Royaumes de Barca, de Tripoly, de Tunis, d'Alger et de Maroc : et voilà ma comedie flam-

---

1. Variante 315. — 2. Variante 316. — 3. Variante 317. — 4. Variante 318. — 5. Variante 319. — 6. Variante 320. — 7. Variante 321. — 8. Variante 322.

bée¹, pour plaire aux Princes Mahométans, dont pas un, je crois, ne sait lire, et qui nous meurtrissent l'omoplate, en nous disant : *chiens de Chrétiens!* — Ne pouvant avilir l'esprit, on se venge en le maltraitant. — Mes joues creusaient²; mon terme était échu, je voyais de loin arriver l'affreux record, la plume fichée dans la perruque : en frémissant je m'évertue. Il s'élève une question sur la nature des richesses, et, comme il n'est pas nécessaire de tenir les choses pour en raisonner, n'ayant pas un sol, j'écris sur la valeur de l'argent et sur son produit net; si-tôt je vois, du fond d'un fiacre, baisser pour moi le pont d'un Château fort³, à l'entrée duquel je laissai l'espérance et la liberté. (*Il se leve.*) Que je voudrais bien tenir un de ces Puissans de quatre jours, si légers sur le mal qu'ils ordonnent, quand une bonne disgrâce a cuvé son⁴ orgueil! je lui dirais... que les sottises imprimées n'ont d'importance qu'aux lieux où l'on en gêne le cours; que sans la liberté de blâmer il n'est point d'éloge flatteur, et qu'il n'y a que les petits hommes qui redoutent les petits écrits. (*Il se rassied.*) Las de nourrir un obscur pensionnaire, on me met un jour dans la rue; et comme il faut dîner quoiqu'on ne soit plus en prison, je taille encor ma plume et demande à chacun de quoi il est question : on me dit que pendant ma retraite économique il s'est établi dans Madrid un système de liberté sur la vente des productions, qui s'étend même à celles de la presse; et que, pourvu que je ne parle en mes écrits ni de l'autorité, ni du culte, ni de la politique, ni de la morale, ni des gens en place, ni des corps en crédit, ni de l'Opéra, ni des autres spectacles, ni de personne qui tienne à quelque chose, je puis tout imprimer librement, sous l'inspection de deux ou trois Censeurs. Pour profiter de cette douce liberté, j'annonce un écrit périodique, et, croyant n'aller

1. Variante 323. — 2. Variante 324. — 3. Variante 325. — 4. Variante 326.

sur les brisées d'aucun autre, je le nomme *Journal inutile.* Pou-ou! je vois s'élever contre moi mille pauvres diables à la feuille; on me supprime, et me voilà de rechef sans emploi¹! — Le désespoir m'allait saisir; on pense à moi pour une place, mais par malheur j'y étais propre : il fallait un calculateur, ce fut un danseur qui l'obtint. Il ne me restait plus qu'à voler; je me fais Banquier de Pharaon : alors bonnes gens! je soupe en ville, et les personnes dites *comme il faut* m'ouvrent poliment leur maison en retenant pour elles les trois quarts du profit. J'aurais bien pu me remonter²; je commençais même à comprendre que pour gagner du bien, le savoir-faire vaut mieux que le savoir. Mais comme chacun pillait autour de moi en exigeant que je fusse honnête, il fallut bien périr encor. Pour le coup je quittais le monde, et vingt brasses d'eau m'en allaient séparer, lorsqu'un Dieu bienfaisant m'appelle à mon premier état. Je reprens ma trousse et mon cuir anglais; puis, laissant la fumée aux sots³ qui s'en nourrissent, et la honte au milieu du chemin, comme trop lourde à un piéton, je vais razant de ville en ville et je vis enfin sans souci. Un grand Seigneur passe à Séville; il me reconnaît, je le marie, et pour prix d'avoir eu par mes soins son épouse, il veut intercepter la mienne! Intrigue, orage à ce sujet. Prêt à tomber dans un abîme, au moment d'épouser ma mère, mes parens⁴ m'arrivent à la file. (*Il se lève en s'échauffant.*) On se débat; c'est vous, c'est lui, c'est moi, c'est toi; non, ce n'est pas nous : eh mais qui donc? (*Il retombe assis.*) O bizare suite d'événemens! Comment cela m'est-il arrivé? Pourquoi ces choses et non·pas d'autres? Qui les a fixées sur ma tête? Forcé de parcourir la route où je suis entré sans le savoir, comme j'en sortirai sans le vouloir, je l'ai jonchée d'autant de fleurs que ma gaité me l'a permis; en-

---

1. Variante 327.— 2. Variante 328. — 3. Variante 329.— 4. Variante 330.

cor je dis ma gaité, sans savoir si elle est à moi plus que le reste, ni même quel est ce *Moi* dont je m'occupe¹ : un assemblage informe de parties inconnues, puis un chétif être imbécile, un petit animal folâtre, un jeune homme ardent au plaisir, ayant tous les goûts pour jouir, fesant tous les métiers pour vivre; maître ici, valet là, selon qu'il plaît à la fortune! ambitieux par vanité, laborieux par nécessité, mais paresseux... avec délices! orateur selon le danger, poëte par délassement, musicien par occasion, amoureux par folles bouffées, j'ai tout vu, tout fait, tout usé. Puis l'illusion s'est détruite, et trop désabusé²... Désabusé!... Suzon, Suzon, Suzon! que tu me donnes de tourmens! — J'entens marcher... on vient. Voici l'instant de la crise.

(*Il se retire près de la première coulisse à sa droite.*)

SCÈNE IV³.

FIGARO, LA COMTESSE *avec les habits de Suzon*, SUZANNE *avec ceux de la Comtesse*, MARCELINE.

Suzanne, *bas à la Comtesse.*

Oui, Marceline m'a dit que Figaro y serait.

Marceline.

Il y est aussi; baisse la voix.

1. Variante 331. — 2. Variante 332. — 3. Variante 333.

SUZANNE.

Ainsi l'un nous écoute, et l'autre va venir me chercher; commençons.

MARCELINE.

Pour n'en pas perdre un mot, je vais me cacher dans le pavillon. (*Elle entre dans le pavillon où est entrée Fanchette.*)

SCÈNE V.

FIGARO, LA COMTESSE, SUZANNE.

SUZANNE, *haut.*

Madame tremble! est-ce qu'elle aurait froid?

LA COMTESSE, *haut.*

La soirée est humide, je vais me retirer.

SUZANNE, *haut.*

Si Madame n'avait pas besoin de moi, je prendrais l'air un moment sous ces arbres.

LA COMTESSE, *haut.*

C'est le serein que tu prendras.

SUZANNE, *haut.*

J'y suis toute faite.

FIGARO, *à part.*

Ah oui, le serein !

(*Suzanne se retire près de la coulisse, du côté opposé à Figaro.*)

SCÈNE VI[1].

FIGARO, CHÉRUBIN, LE COMTE, LA COMTESSE, SUZANNE.

Figaro et Suzanne retirés de chaque côté sur le devant.

CHÉRUBIN, *en habit d'Officier, arrive en chantant gaiment la reprise de l'air de la romance.*

La, la, la, etc.

J'avais une maraine,
Que toujours adorai.

LA COMTESSE, *à part.*

Le petit Page !

CHÉRUBIN, *s'arrête.*

On se promene ici ; gagnons vîte mon asyle, où la petite Fanchette... C'est une femme !

1. Variante 334.

La Comtesse *écoute.*

Ah grands Dieux !

Chérubin *se baisse en regardant de loin.*

Me trompai-je ? à cette coëffure en plumes qui se dessine au loin dans le crépuscule, il me semble que c'est Suzon.

La Comtesse, *à part.*

Si le Comte arrivait !....
(*Le Comte paraît dans le fond.*)

Chérubin *s'approche et prend la main de la Comtesse, qui se défend.*

Oui, c'est la charmante fille qu'on nomme Suzanne. Eh ! pourrais-je m'y méprendre à la douceur de cette main, à ce petit tremblement qui l'a saisie ; sur-tout au battement de mon cœur ! (*Il veut y appuyer le dos de la main de la Comtesse, elle la retire.*)

La Comtesse, *bas.*

Allez-vous-en.

Chérubin.

Si la compassion t'avait conduite exprès dans cet endroit du parc, où je suis caché depuis tantôt ?

La Comtesse.

Figaro va venir.

LE COMTE, *s'avançant, dit à part.*

N'est-ce pas Suzanne que j'apperçois ?

CHÉRUBIN *à la Comtesse.*

Je ne crains point du tout Figaro, car ce n'est pas lui que tu attens.

LA COMTESSE.

Qui donc ?

LE COMTE, *à part.*

Elle est avec quelqu'un.

CHÉRUBIN.

C'est Monseigneur, friponne, qui t'a demandé ce rendez-vous, ce matin, quand j'étais derrière le fauteuil.

LE COMTE, *à part, avec fureur.*

C'est encor le Page infernal[1] !

FIGARO, *à part.*

On dit qu'il ne faut pas écouter !

SUZANNE, *à part.*

Petit bavard !

LA COMTESSE, *au Page.*

Obligez-moi de vous retirer.

1. Variante 335.

CHÉRUBIN.

Ce ne sera pas au moins sans avoir reçu le prix de mon obéissance.

LA COMTESSE, *effrayée.*

Vous prétendez?...

CHÉRUBIN, *avec feu.*

D'abord vingt baisers pour ton compte, et puis cent pour ta belle maîtresse.

LA COMTESSE.

Vous oseriez ?

CHÉRUBIN.

Oh que oui, j'oserai! tu prens sa place auprès de Monseigneur, moi celle du Comte auprès de toi : le plus attrapé, c'est Figaro.

FIGARO, *à part.*

Ce brigandeau!

SUZANNE, *à part.*

Hardi comme un Page.

(*Chérubin veut embrasser la Comtesse. — Le Comte se met entre deux et reçoit le baiser.*)

LA COMTESSE, *se retirant.*

Ah ciel!

FIGARO, *à part, entendant le baiser.*

J'épousais une jolie mignonne!

(*Il écoute.*)

CHÉRUBIN, *tâtant les habits du Comte.*

(*A part.*) C'est Monseigneur. (*Il s'enfuit dans le pavillon où sont entrées Fanchette et Marceline.*)

SCENE VII.

FIGARO, LE COMTE, LA COMTESSE, SUZANNE.

FIGARO *s'approche.*

Je vais....

LE COMTE, *croyant parler au Page.*

Puisque vous ne redoublez pas le baiser....

(*Il croit lui donner un soufflet.*)

FIGARO, *qui est à portée, le reçoit.*

Ah !

LE COMTE.

.... Voilà toujours le premier payé.

FIGARO, *à part, s'éloigne en se frottant la joue.*

Tout n'est pas gain non plus en écoutant.

SUZANNE, *riant tout haut de l'autre côté.*

Ah, ah, ah, ah !

Le Comte *à la Comtesse, qu'il prend pour Suzanne.*

Enten-t-on quelque chose à ce Page ! il reçoit le plus rude soufiet, et s'enfuit en éclatant de rire.

Figaro, *à part.*

S'il s'affligeait de celui-ci !....

Le Comte[1].

Comment! je ne pourrai faire un pas..... (*A la Comtesse.*) Mais laissons cette bizarerie; elle empoisonnerait le plaisir que j'ai de te trouver dans cette salle.

La Comtesse, *imitant le parler de Suzanne.*

L'espériez-vous ?

Le Comte.

Après ton ingénieux billet ! (*Il lui prend la main.*) Tu trembles ?

La Comtesse.

J'ai eu peur.

Le Comte.

Ce n'est pas pour te priver du baiser que je l'ai pris. (*Il la baise au front.*)

1. Variante 336.

La Comtesse.

Des libertés !

Figaro, *à part.*

Coquine !

Suzanne, *à part.*

Charmante !

Le Comte *prend la main de sa femme.*

Mais quelle peau fine et douce, et qu'il s'en faut que la Comtesse ait la main aussi belle !

La Comtesse, *à part.*

Oh ! la prévention !

Le Comte.

A-t-elle ce bras ferme et rondelet ? ces jolis doigts pleins de grace et d'espiéglerie ?

La Comtesse, *de la voix de Suzanne.*

Ainsi l'amour ?....

Le Comte.

L'amour... n'est que le roman du cœur ; c'est le plaisir qui en est l'histoire : il m'amene à tes genoux.

La Comtesse.

Vous ne l'aimez plus ?

LE COMTE[1].

Je l'aime beaucoup, mais trois ans d'union rendent l'himen si respectable !

LA COMTESSE.

Que vouliez-vous en elle ?

LE COMTE, *la caressant.*

Ce que je trouve en toi, ma Beauté....

LA COMTESSE.

Mais dites donc ?

LE COMTE.

..... Je ne sais : moins d'uniformité peut-être ; plus de piquant dans les manières ; un je ne sais quoi qui fait le charme ; quelquefois un refus ; que sais-je ? Nos femmes croyent tout accomplir en nous aimant. Cela dit une fois, elles nous aiment, nous aiment ! (quand elles nous aiment;) et sont si complaisantes et si constamment obligeantes, et toujours, et sans relâche, qu'on est tout surpris un beau soir de trouver la satiété où l'on recherchait le bonheur.

LA COMTESSE, *à part.*

Ah ! quelle leçon !

LE COMTE.

En vérité, Suzon, j'ai pensé mille fois que si nous poursuivons ailleurs ce plaisir qui nous fuit chez elles, c'est

---

1. Variante 337.

qu'elles n'étudient pas assez l'art de soutenir notre goût, de se renouveller à l'amour, de ranimer, pour ainsi dire, le charme de leur possession par celui de la variété.

La Comtesse, *piquée.*

Donc elles doivent tout ?...

Le Comte, *riant.*

Et l'homme rien ? changerons-nous la marche de la nature ? notre tâche, à nous, fut de les obtenir ; la leur.....

La Comtesse.

La leur ?

Le Comte.

Est de nous retenir : on l'oublie trop.

La Comtesse.

Ce ne sera pas moi.

Le Comte.

Ni moi.

Figaro, *à part.*

Ni moi.

Suzanne *à part.*

Ni moi.

Le Comte *prend la main de sa femme.*

Il y a de l'écho ici, parlons plus bas. Tu n'as nul besoin d'y songer, toi que l'amour a faite et si vive et si jolie ! avec un grain de caprice tu seras la plus agaçante maîtresse ! (*Il la baise au front.*) Ma Suzanne, un Castillan n'a que sa parole. Voici tout l'or promis pour le rachat du droit que je n'ai plus sur le délicieux moment que tu m'accordes. Mais, comme la grace que tu daignes y mettre est sans prix, j'y joindrai ce brillant que tu porteras pour l'amour de moi.

LA COMTESSE, *une révérence.*

Suzanne accepte tout.

FIGARO, *à part.*

On n'est pas plus coquine que cela.

SUZANNE, *à part.*

Voilà du bon bien qui nous arrive.

LE COMTE, *à part.*

Elle est intéressée, tant mieux.

LA COMTESSE *regarde au fond.*

Je vois des flambeaux.

LE COMTE.

Ce sont les apprêts de ta noce[1], entrons-nous un moment dans l'un de ces pavillons pour les laisser passer?

LA COMTESSE.

Sans lumière[2]?

---

1. Variante 338. — 2. Variante 339.

Le Comte *l'entraîne doucement.*

A quoi bon? nous n'avons rien à lire[1].

Figaro, *à part.*

Elle y va, ma foi! je m'en doutais.

(*Il s'avance.*)

Le Comte *grossit sa voix en se retournant.*

Qui passe ici?

Figaro, *en colère.*

Passer! on vient exprès.

Le Comte, *bas à la Comtesse.*

C'est Figaro!... (*Il s'enfuit.*)

La Comtesse.

Je vous suis.

(*Elle entre dans le pavillon à sa droite, pendant que le Comte se perd dans le bois, au fond.*)

1. Variante 340.

SCÈNE VIII.

FIGARO, SUZANNE, dans l'obscurité.

Figaro cherche à voir où vont le Comte et la Comtesse, qu'il prend pour Suzanne.

Je n'entens plus rien, ils sont entrés; m'y voilà. (*D'un ton altéré.*) Vous autres époux mal-à-droits, qui tenez des espions à gages et tournez des mois entiers autour d'un soupçon, sans l'asseoir; que ne m'imitez-vous? Dès le premier jour je suis ma femme, et je l'écoute; en un tour de main on est au fait, c'est charmant : plus de doute, on sait à quoi s'en tenir. (*Marchant vivement.*) Heureusement que je ne m'en soucie guère, et que sa trahison ne me fait plus rien du tout. Je les tiens donc enfin !

SUZANNE, *qui s'est avancée doucement dans l'obscurité.*

(*A part.*) Tu vas payer tes beaux soupçons. (*Du ton de voix de la Comtesse.*) Qui va là?

FIGARO, *extravagant.*

Qui va là? Celui qui voudrait de bon cœur que la peste eût étouffé en naissant[1]...

SUZANNE, *du ton de la Comtesse.*

Eh ! mais, c'est Figaro !

---

1. Variante 341.

FIGARO *regarde, et dit vivement.*

Madame la Comtesse!

SUZANNE.

Parlez bas.

FIGARO, *vîte.*

Ah! Madame, que le ciel vous amene à propos! Où croyez-vous qu'est Monseigneur?

SUZANNE.

Que m'importe un ingrat? Dis-moi...

FIGARO, *plus vîte.*

Et Suzanne mon épousée; où croyez-vous qu'elle soit?

SUZANNE.

Mais parlez bas.

FIGARO, *très-vîte.*

Cette Suzon qu'on croyait si vertueuse, qui fesait de la réservée! Ils sont enfermés là-dedans. Je vais appeller.

SUZANNE, *lui fermant la bouche avec sa main, oublie de déguiser sa voix.*

N'appellez pas.

FIGARO, *à part.*

Eh c'est Suzon! God-dam!

SUZANNE, *du ton de la Comtesse.*

Vous paraissez inquiet.

FIGARO, *à part.*

Traîtresse ! qui veut me surprendre[1] !

SUZANNE.

Il faut nous venger, Figaro.

FIGARO.

En sentez-vous le vif desir ?

SUZANNE.

Je ne serais donc pas de mon sexe ! Mais les hommes en ont cent moyens.

FIGARO, *confidemment.*

Madame, il n'y a personne ici de trop. Celui des femmes .. les vaut tous.

SUZANNE, *à part.*

Comme je le soufletterais !

FIGARO, *à part.*

Il serait bien gai qu'avant la noce !

1. Variante 342.

SUZANNE.

Mais qu'est-ce qu'une telle vengeance, qu'un peu d'amour n'assaisonne pas?

FIGARO.

Par-tout où vous n'en voyez point, croyez que le respect dissimule.

SUZANNE, *piquée.*

Je ne sais si vous le pensez de bonne foi, mais vous ne le dites pas de bonne grace.

FIGARO, *avec une chaleur comique, à genoux.*

Ah! Madame, je vous adore. Examinez le tems, le lieu, les circonstances, et que le dépit supplée en vous aux graces qui manquent à ma prière.

SUZANNE, *à part.*

La main me brûle.

FIGARO, *à part.*

Le cœur me bat.

SUZANNE.

Mais, Monsieur, avez-vous songé?...

FIGARO.

Oui, Madame, oui j'ai songé.

SUZANNE.

... Que pour la colère et l'amour...

FIGARO.

... Tout ce qui se diffère est perdu. Votre main, Madame?

SUZANNE, *de sa voix naturelle et lui donnant un souflet.*

La voilà !

FIGARO.

Ah Demonio ! quel souflet !

SUZANNE *lui en donne un second.*

Quel souflet ! et celui-ci?

FIGARO.

Et *ques-à-quo!* de par le diable! est-ce ici la journée des tapes?

SUZANNE *le bat à chaque phrase.*

Ah! *ques-à-quo?* Suzanne : et voilà pour tes soupçons; voilà pour tes vengeances et pour tes trahisons, tes expédiens, tes injures et tes projets. C'est-il ça de l'amour? dis donc comme ce matin[1].

FIGARO *en se relevant.*

Santa Barbara! oui, c'est de l'amour. Oh bonheur! oh dé-

1. Variante 343.

lices! ô cent fois heureux Figaro! Frappe, ma bien aimée, sans te lasser. Mais quand tu m'auras diapré tout le corps de meurtrissures, regarde avec bonté, Suzon, l'homme le plus fortuné qui fut jamais battu par une femme.

SUZANNE.

Le plus fortuné! bon fripon, vous n'en séduisiez pas moins la Comtesse, avec un si trompeur babil que, m'oubliant moi-même, en vérité, c'était pour elle que je cédais.

FIGARO.

Ai-je pu me méprendre au son de ta jolie voix[1]?

SUZANNE, *en riant.*

Tu m'as reconnue? Ah comme je m'en vengerai!

FIGARO.

Bien rosser et garder rancune est aussi par trop féminin! Mais, dis-moi donc par quel bonheur je te vois là, quand je te croyais avec lui; et comment cet habit, qui m'abusait, te montre enfin innocente.....

SUZANNE.

Eh! c'est toi qui es un innocent, de venir te prendre au piége apprêté pour un autre! Est-ce notre faute à nous, si voulant muzeler un renard nous en attrapons deux?

1. Variante 344

FIGARO

Qui donc prend l'autre?

SUZANNE.

Sa femme.

FIGARO.

Sa femme?

SUZANNE.

Sa femme.

FIGARO, *follement.*

Ah Figaro, pends-toi; tu n'as pas deviné celui-là! — Sa femme? O douze ou quinze mille fois spirituelles femelles! — Ainsi les baisers de cette salle?

SUZANNE.

Ont été donnés à Madame.

FIGARO.

Et celui du Page?

SUZANNE, *riant.*

A Monsieur.

FIGARO.

Et tantôt, derrière le fauteuil?

SUZANNE.

A personne.

FIGARO.

En êtes-vous sûre?

SUZANNE, *riant*.

Il pleut des soufiets, Figaro.

FIGARO *lui baise la main*.

Ce sont des bijoux que les tiens. Mais celui du Comte était de bonne guerre.

SUZANNE.

Allons, Superbe ! humilie-toi.

FIGARO *fait tout ce qu'il annonce*.

Cela est juste ; à genoux, bien courbé, prosterné, ventre à terre.

SUZANNE, *en riant*.

Ah ce pauvre Comte ! quelle peine il s'est donnée.....

FIGARO *se relève sur ses genoux*.

.... Pour faire la conquête de sa femme[1] !

1. Variante 345

SCÈNE IX[1].

LE COMTE *entre par le fond du théâtre, et va droit au pavillon à sa droite.* FIGARO, SUZANNE.

Le Comte, *à lui-même.*

Je la cherche en vain dans le bois, elle est peut-être entrée ici.

Suzanne, *à Figaro, parlant bas.*

C'est lui.

Le Comte, *ouvrant le pavillon.*

Suzon, es-tu là-dedans?

Figaro, *bas.*

Il la cherche, et moi je croyais.....

Suzanne, *bas.*

Il ne l'a pas reconnue.

Figaro.

Achevons-le, veux-tu? (*Il lui baise la main.*)

Le Comte *se retourne.*

Un homme aux pieds de la Comtesse!.... Ah! je suis sans armes. (*Il s'avance.*)

1. Variante 346.

Figaro *se relève tout à fait en déguisant sa voix.*

Pardon, Madame, si je n'ai pas réfléchi que ce rendez-vous ordinaire était destiné pour la noce.

Le Comte, *à part.*

C'est l'homme du cabinet de ce matin. (*Il se frappe le front.*)

Figaro *continue.*

Mais il ne sera pas dit qu'un obstacle aussi sot aura retardé nos plaisirs.

Le Comte, *à part.*

Massacre, mort, enfer [1] !

Figaro, *la conduisant au cabinet.*

(*Bas.*) Il jure. (*Haut.*) Pressons-nous donc, Madame, et réparons le tort qu'on nous a fait tantôt, quand j'ai sauté par la fenêtre.

Le Comte, *à part.*

Ah ! tout se découvre enfin.

Suzanne, *près du pavillon à sa gauche.*

Avant d'entrer, voyez si personne n'a suivi. (*Il la baise au front.*)

1. Variante 347.

LE COMTE *s'écrie.*

Vengeance !

(*Suzanne s'enfuit dans le pavillon où sont entrés Fanchette, Marceline et Chérubin.*)

SCÈNE X[1].

LE COMTE, FIGARO.

Le Comte saisit le bras de Figaro.

FIGARO, *jouant la frayeur excessive.*

C'est mon maître.

LE COMTE *le reconnaît.*

Ah scélérat, c'est toi ! Holà quelqu'un, quelqu'un ?

SCÈNE XI.

PÉDRILLE, LE COMTE, FIGARO.

PÉDRILLE, *botté.*

Monseigneur, je vous trouve enfin.

1. Variante 348.

LE COMTE.

Bon, c'est Pédrille. Es-tu tout seul?

PÉDRILLE.

Arrivant de Séville, à étripe cheval.

LE COMTE.

Approche-toi de moi, et crie bien fort.

PÉDRILLE, *criant à tue tête.*

Pas plus de Page que sur ma main. Voilà le paquet.

LE COMTE *le repousse.*

Eh l'animal!

PÉDRILLE.

Monseigneur me dit de crier.

LE COMTE, *tenant toujours Figaro.*

Pour appeller. — Holà quelqu'un; si l'on m'entend, accourez tous!

PÉDRILLE.

Figaro et moi, nous voilà deux; que peut-il donc vous arriver?

SCÈNE XII[1].

Les Acteurs précédens, BRID'OISON, BARTHOLO, BAZILE, ANTONIO, GRIPE-SOLEIL, *toute la noce accourt avec des flambeaux.*

BARTHOLO, *à Figaro.*

Tu vois qu'à ton premier signal.....

LE COMTE, *montrant le pavillon à sa gauche*[2].

Pédrille, empare-toi de cette porte.
                                    (*Pédrille y va.*)

BAZILE, *bas à Figaro.*

Tu l'as surpris avec Suzanne?

LE COMTE, *montrant Figaro.*

Et vous, tous mes vassaux, entourez-moi cet homme, et m'en répondez sur la vie[3].

BAZILE.

Ha! ha[4]!

LE COMTE, *furieux.*

Taisez-vous donc. (*A Figaro d'un ton glacé.*) Mon Cavalier, répondez-vous à mes questions?

1. Variante 349. — 2. Variante 350.— 3. Variante 351 — 4. Variante 352.

FIGARO, *froidement.*

Eh! qui pourrait m'en exempter, Monseigneur? Vous commandez à tout ici, hors à vous-même.

LE COMTE, *se contenant.*

Hors à moi-même!

ANTONIO.

C'est ça parler.

LE COMTE *reprend sa colère.*

Non, si quelque chose pouvait augmenter ma fureur! ce serait l'air calme qu'il affecte.

FIGARO.

Sommes-nous des soldats qui tuent et se font tuer pour des intérêts qu'ils ignorent! je veux savoir, moi, pourquoi je me fâche.

LE COMTE, *hors de lui.*

O rage! (*Se contenant.*) Homme de bien qui feignez d'ignorer! Nous ferez vous au moins la faveur de nous dire, quelle est la dame actuellement par vous amenée dans ce pavillon[1]?

FIGARO, *montrant l'autre avec malice.*

Dans celui-là?

LE COMTE, *vîte.*

Dans celui-ci.

1. Variante 353.

FIGARO, *froidement.*

C'est différent. Une jeune personne qui m'honore de ses bontés particulières.

BAZILE, *étonné.*

Ha, ha!

LE COMTE, *vîte.*

Vous l'entendez, Messieurs.

BARTHOLO, *étonné.*

Nous l'entendons?

LE COMTE, *à Figaro.*

Et cette jeune personne a-t-elle un autre engagement que vous sachiez?

FIGARO, *froidement.*

Je sais qu'un grand Seigneur s'en est occupé quelque tems : mais, soit qu'il l'ait négligée, ou que je lui plaise mieux qu'un plus aimable, elle me donne aujourd'hui la préférence.

LE COMTE, *vivement.*

La préf..... (*Se contenant.*) Au moins il est naïf! car ce qu'il avoue, Messieurs, je l'ai oui, je vous jure, de la bouche même de sa complice.

BRID'OISON, *stupéfait.*

Sa-a complice!

Le Comte, *avec fureur.*

Or, quand le déshonneur est public, il faut que la vengeance le soit aussi.

(*Il entre dans le pavillon.*)

SCENE XIII[1].

Tous les Acteurs précédens, *hors* LE COMTE.

Antonio.

C'est juste.

Brid'oison, *à Figaro.*

Qui-i donc a pris la femme de l'autre ?

Figaro, *en riant.*

Aucun n'a eu cette joie là[2].

SCÈNE XIV.

Les Acteurs précédens, LE COMTE, CHÉRUBIN.

Le Comte *parlant dans le pavillon et attirant quelqu'un qu'on ne voit pas encor.*

Tous vos efforts sont inutiles ; vous êtes perdue, Ma-

1. Variante 354. — 2. Variante 355.

dame, et votre heure est bien arrivée! (*Il sort sans regarder.*) Quel bonheur qu'aucun gage d'une union aussi détestée....

FIGARO *s'écrie.*

Chérubin!

LE COMTE.

Mon Page?

BAZILE.

Ha, ha[1]!

LE COMTE, *hors de lui (à part).*

Et toujours le Page endiablé! (*A Chérubin.*) Que fesiez-vous dans ce sallon?

CHÉRUBIN, *timidement.*

Je me cachais, comme vous l'avez ordonné.

PÉDRILLE.

Bien la peine de crever un cheval!

LE COMTE.

Entres-y toi, Antonio; conduis devant son juge l'infâme qui m'a deshonoré.

BRID'OISON.

C'est Madame que vous y-y cherchez?

ANTONIO.

L'y a parguenne une bonne Providence; vous en avez tant fait dans le pays[2]!...

---

1. Variante 356. — 2. Variante 357.

Le Comte, *furieux*.

Entre donc. (*Antonio entre.*)

SCÈNE XV[1].

Les Acteurs précédens, *excepté* ANTONIO.

Le Comte.

Vous allez voir, Messieurs, que le Page n'y était pas seul.

Chérubin, *timidement*.

Mon sort eût été trop cruel, si quelqu'ame sensible n'en eût adouci l'amertume[2].

SCÈNE XVI[3].

Les Acteurs précédens, ANTONIO, FANCHETTE.

Antonio, *attirant par le bras quelqu'un qu'on ne voit pas encor.*

Allons, Madame, il ne faut pas vous faire prier pour en sortir, puisqu'on sait que vous y êtes entrée.

1. Variante 358. — 2. Variante 359. — 3. Variante 360.

FIGARO *s'écrie.*

La petite cousine !

BAZILE.

Ha, ha !

LE COMTE.

Fanchette !

ANTONIO *se retourne et s'écrie.*

Ah palsambleu ! Monseigneur, il est gaillard de me choisir pour montrer à la compagnie que c'est ma fille qui cause tout ce train-là !

LE COMTE, *outré.*

Qui la savait là-dedans ?

(*Il veut rentrer*[1].)

BARTHOLO, *au-devant.*

Permettez, Monsieur le Comte, ceci n'est pas plus clair. Je suis de sang froid, moi.

(*Il entre.*)

BRID'OISON.

Voilà une affaire au-aussi trop embrouillée[2].

---

1. Variante 361. — 2. Variante 362.

SCÈNE XVII[1].

Les Acteurs précédens, MARCELINE.

BARTHOLO, *parlant en dedans, et sortant.*

Ne craignez rien, Madame, il ne vous sera fait aucun mal. J'en répons. (*Il se retourne et s'écrie.*) Marceline!...

BAZILE.

Ha, ha!

FIGARO, *riant.*

Eh quelle folie[2]! ma mère en est?

ANTONIO.

A qui pis fera.

LE COMTE, *outré.*

Que m'importe à moi? La Comtesse...

SCÈNE XVIII[3].

Les Acteurs précédens, SUZANNE.
Suzanne, son éventail sur le visage.

LE COMTE.

... Ah! la voici qui sort. (*Il la prend violemment par*

1. Variante 363. — 2. Variante 364. — 3. Variante 365.

le bras.) Que croyez-vous, Messieurs, que mérite une odieuse...

(*Suzanne se jette à genoux la tête baissée.*)

Le Comte.

Non, non.

(*Figaro se jette à genoux de l'autre côté.*)

Le Comte, *plus fort.*

Non, non.

(*Marceline se jette à genoux devant lui*)

Le Comte, *plus fort.*

- Non, non.

(*Tous se mettent à genoux, excepté Brid'oison.*)

Le Comte, *hors de lui.*

Y fussiez-vous un cent!

SCÈNE XIX et *dernière*[1].

TOUS LES ACTEURS PRÉCÉDENS, LA COMTESSE *sort de l'autre pavillon.*

La Comtesse *se jette à genoux.*

Au moins je ferai nombre.

[1] Variante 366.

Le Comte, *regardant la Comtesse et Suzanne.*

Ah! qu'est-ce que je vois!

Brid'oison, *riant.*

Eh pardi! c'è-est Madame.

Le Comte *veut relever la Comtesse*[1].

Quoi! c'était vous, Comtesse? (*D'un ton suppliant.*): Il n'y a qu'un pardon bien généreux...

La Comtesse, *en riant.*

Vous diriez, *non, non,* à ma place; et moi, pour la troisième fois d'aujourd'hui, je l'accorde sans condition. (*Elle se relève.*)

Suzanne *se relève.*

Moi aussi.

Marceline *se relève.*

Moi aussi.

Figaro *se relève.*

Moi aussi; il y a de l'écho ici!

(*Tous se relèvent.*)

Le Comte.

De l'écho! — J'ai voulu ruser avec eux; ils m'ont traité comme un enfant!

La Comtesse, *en riant..*

Ne le regrettez pas, Monsieur le Comte.

1. Variante 367.

Figaro, *s'essuyant les genoux avec son chapeau.*

Une petite journée comme celle-ci, forme bien un Ambassadeur!

Le Comte, *à Suzanne.*

Ce billet fermé d'une épingle?...

Suzanne.

C'est Madame qui l'avait dicté.

Le Comte.

La réponse lui en est bien due.

(*Il baise la main de la Comtesse.*)

La Comtesse.

Chacun aura ce qui lui appartient.
(*Elle donne la bourse à Figaro et le diamant à Suzanne.*)

Suzanne, *à Figaro.*

Encor une dot.

Figaro, *frappant la bourse dans sa main.*

Et de trois. Celle-ci fut rude à arracher[1]!

Suzanne.

Comme notre mariage.

1. Variante 368.

GRIPE-SOLEIL.

Et la jarretière de la mariée, l'aurons-je?

LA COMTESSE *arrache le ruban qu'elle a tant gardé dans son sein, et le jette à terre:*

La jarretière? Elle était avec ses habits; la voilà.

(*Les Garçons de la noce veulent la ramasser.*)

CHÉRUBIN, *plus alerte, court la prendre et dit :*

Que celui qui la veut vienne me la disputer.

LE COMTE, *en riant, au Page.*

Pour un Monsieur si chatouilleux, qu'avez-vous trouvé de gai à certain souflet de tantôt?

CHÉRUBIN *recule en tirant à moitié son épée.*

A moi, mon Colonel?

FIGARO, *avec une colère comique.*

C'est sur ma joue qu'il l'a reçu : voilà comme les grands font justice !

LE COMTE, *riant.*

C'est sur sa joue? Ah, ah, ah, qu'en dites-vous donc, ma chere Comtesse?

La Comtesse, *absorbée, revient à elle et dit avec sensibilité.*

Ah! oui, cher Comte, et pour la vie, sans distraction, je vous le jure[1].

Le Comte, *frappant sur l'épaule du Juge.*

Et vous, Don-Brid'oison, votre avis maintenant?

Brid'oison.

Su-ur tout ce que je vois, Monsieur le Comte?... Ma-a foi, pour moi je-e ne sais que vous dire : voilà ma façon de penser.

Tous ensemblé.

Bien jugé.

Figaro.

J'étais pauvre, on me méprisait. J'ai montré quelque esprit, la haine est accourue. Une jolie femme et de la fortune.....

Bartholo, *en riant.*

Les cœurs vont te revenir en foule.

Figaro.

Est-il possible?

Bartholo.

Je les connais.

---

1. Variante 369.

Figaro, *saluant les Spectateurs.*

Ma femme et mon bien mis à part; tous me feront honneur et plaisir.

On joue la ritournelle du Vaudeville. (Air noté.)

VAUDEVILLE.

Bazile.

Premier Couplet.

Triple dot, femme superbe;
Que de biens pour un époux!
D'un Seigneur, d'un Page imberbe,
Quelque sot serait jaloux.
Du latin d'un vieux proverbe
L'homme adroit fait son parti.

Figaro.

Je le sais...

(*Il chante.*) *Gaudeant bene nati.*

Bazile.

Non...

(*Il chante.*) *Gaudeat bene* nanti.

Suzanne.

II. Couplet.

Qu'un mari sa foi trahisse,
Il s'en vante, et chacun rit;
Que sa femme ait un caprice,
S'il l'accuse, on la punit.
De cette absurde injustice
Faut-il dire le pourquoi?
Les plus forts ont fait la loi. . . *Bis.*

Figaro.

III. Couplet.

Jean Jeannot, jaloux risible,
Veut unir femme et repos ;
Il achete un chien terrible,
Et le lâche en son enclos.
La nuit, quel vacarme horrible !
Le chien court, tout est mordu ;
Hors l'amant qui l'a vendu . . . *Bis.*

La Comtesse.

IV. Couplet.

Telle est fière et répond d'elle,
Qui n'aime plus son mari ;
Telle autre, presque infidèle,
Jure de n'aimer que lui.
La moins folle, hélas ! est celle
Qui se veille en son lien,
Sans oser jurer de rien . . . . . *Bis.*

Le Comte.

V. Couplet.

D'une femme de province
A qui ses devoirs sont chers,
Le succès est assez mince ;
Vive la femme aux bons airs !
Semblable à l'écu du Prince,
Sous le coin d'un seul époux,
Elle sert au bien de tous . . . . *Bis.*

Marceline.

VI. Couplet.

Chacun sait la tendre mère
Dont il a reçu le jour ;

Tout le reste est un mystère,
C'est le secret de l'amour.

Figaro *continue l'air*.

Ce secret met en lumière
Comment le fils d'un butor
Vaut souvent son pesant d'or. . *Bis* [1].

VII. Couplet.

Par le sort de la naissance,
L'un est Roi, l'autre est Berger ;
Le hazard fit leur distance :
L'esprit seul peut tout changer.
De vingt Rois que l'on encense
Le trépas brise l'autel,
Et Voltaire est immortel ! . . . . *Bis.*

Chérubin.

VIII. Couplet.

Sexe aimé, sexe volage,
Qui tourmentez nos beaux jours,
Si de vous chacun dit rage,
Chacun vous revient toujours.
Le parterre est votre image :
Tel paraît le dédaigner,
Qui fait tout pour le gagner . . *Bis.*

Suzanne.

IX. Couplet.

Si ce gai, ce fol ouvrage,
Renfermait quelque leçon,
En faveur du badinage
Faites grace à la raison.

---

1. Variante 370.

Ainsi la nature sage
Nous conduit, dans nos desirs,
A son but, par les plaisirs. . . . *Bis.*

BRID'OISON.

X. COUPLET.

Or Messieurs la Co-omédie,
Que l'on juge en cè-et instant;
Sauf erreur, nous pein-eint la vie
Du bon peuple qui l'entend.
Qu'on l'opprime, il peste, il crie;
Il s'agite en cent fa-açons :
Tout fini-it par des chansons . . *Bis.*

BALLET GÉNÉRAL[1].

1. Variante 371.

FIN DU CINQUIEME ET DERNIER ACTE.

Après ces mots : BALLET GÉNÉRAL, l'édition que nous réimprimons porte l'avis suivant :

S'adresser, pour la musique de l'ouvrage, à M. Baudron, Chef d'Orchestre du Théâtre-Français.

Nous avons cru inutile de reproduire cette musique, sans aucune importance d'ailleurs.

APPROBATIONS.

J'ai lu, par ordre de Monsieur le Lieutenant de Police, la Piece intitulée : *la Folle Journée, ou le Mariage de Figaro*, et je n'y ai rien trouvé qui m'ait paru devoir en empêcher l'impression et la représentation. A Paris, ce vingt-huit Février mil sept cent quatre-vingt-quatre.

Signé : COQUELEY DE CHAUSSEPIERRE.

J'ai lu, par ordre de Monsieur le Lieutenant Général de Police, la Piece intitulée : *la Folle Journée, ou le Mariage de Figaro*, et je n'y ai rien trouvé qui m'ait paru devoir en empêcher la représentation et l'impression. A Paris, ce vingt-un Mars mil sept cent quatre-vingt-quatre.

Signé : BRET.

Vu les Approbations; Permis d'imprimer et représenter. A Paris, ce vingt-neuf Mars mil sept cent quatre-vingt-quatre.

Signé : LENOIR.

Achevé d'imprimer pour la première fois le 28 Février 1785.

A PARIS,
DE L'IMPRIMERIE DE PH.-D. PIERRES,
Imprimeur Ordinaire du Roi.

VARIANTES

VARIANTES

RELEVÉES

SUR LE MANUSCRIT DE LA COMÉDIE-FRANÇAISE ET SUR CELUI DE LA BIBLIOTHÈQUE IMPÉRIALE.

Nous indiquons le premier de ces manuscrits par les initiales C. F. et le deuxième par celles B. I. — Les mots entre guillemets « » sont les passages raturés qu'il nous a été cependant possible de lire et qui sont souvent curieux à connaître.

Variante I.

Dans la distribution, après Grippe-Soleil, on lit : M. de Saint-Uzure, notaire. (C. F. et B. I.)

Var. II.

Dans le manuscrit B. I., le premier acte commençait par une scène toute différente de la scène première de la pièce imprimée. Voici cette scène, biffée ensuite pour laisser place à la scène I de l'édition princeps.

FIGARO, BAZILE, CHÉRUBIN.

Figaro, avec une toise, mesure le plancher. « Bazile et Chérubin tiennent un papier de musique. »

FIGARO.

Eh non! ce n'est pas cela, Bazile, encore une fois ce n'est pas cela! Quelle musique enragée! il y a de quoi gâter toute une fête! On lui demande un quatrain en chorus, et parce qu'il y trouve malheureusement les mots : *Gloire et Victoire*, voilà mon benêt qui vous part et fait à tous heurter[1] « pendant deux heures » la Gloi, oi, oi, oi, oi. Comme ces messieurs qui composent ont du goût à faire pleurer! Et le couplet, Chérubin, pour ma fiancée?

CHÉRUBIN.

J'ai fait les paroles.

BAZILE.

Et moi l'air.

FIGARO.

Avec des oi, oi. Eh! des vaudevilles, mes amis, des Séguedilles. (*Il chante.*)

Je préfère à richesse
La sagesse
De ma Suzon.
Zon, zon, zon, zon, zon, zon,
Zon, zon, zon, zon, zon, zon.

BAZILE.

Nous avons pris un autre ton, il dit avec noblesse. (*Il veut chanter.*) Jeunes beautés... (*Il parle à Chérubin.*) Chantez-le, vous, c'est dans votre rôle.

CHÉRUBIN *chante.*

Jeune beauté modeste et sage,
Qu'Amour conduit au mariage,
Est à son époux glorieux
Un diamant si précieux,
D'une eau si pure,
Que la nature
En produit très-rarement :
Suzanne est ce diamant.

FIGARO.

Quelle diable de platitude emmiellée viens-tu nous débiter?

1. C'est sans doute le mot *hurler* que l'auteur a voulu mettre.

BAZILE.

« Eh! quel diable d'homme. » On la compare à ce qu'il y a de plus beau.

FIGARO.

Comment Suzanne est-elle un diamant? Il est très-dur, elle est fort tendre; il est inaltérable, elle peut changer demain. (*A Chérubin.*) N'es-tu donc aussi, toi, qu'un enfileur de mots rimés? Quand on compare, on montre les rapports, on les développe, on les suit. Si tu disais : Les belles femmes sont comme les pierres précieuses que la nature nous offre plus ou moins parfaites; l'éducation est le lapidaire qui les taille à notre goût, notre imagination est la feuille qui les brillante; l'amour est le metteur en œuvre qui les enchâsse au fond des cœurs; enfin, l'hymen est le brocanteur qui les pousse dans le commerce et les vend *le plus cher* qu'il peut : on voit ce que c'est, cela marche et se gradue. A l'application, si tu veux. (*Il récite.*) Mais de tous ces diamants qu'on nomme femmes, ou de toutes ces femmes diamant, Suzanne est le seul à qui je permettrai d'orner ma tête, ou dont je me ferai une bague au doigt. Pif, paf, « toc, choc, » rapidement on sent l'idée, on voit le but...... Ah! voici ma fiancée; allez-vous-en tous deux, j'ai quelque chose à lui dire qu'il ne faut pas que vous entendiez.

Var. III.

Suzanne, devant une glace. (B. I.)

Var. IV.

.... le trouves-tu mieux « comme cela? ». (B. I.)

Var. V.

.... à l'époux dont l'œil amoureux plonge avec joie dans l'avenir. (B. I.)

Var. VI.

Pourquoi « donc? ». (B. I.)

Var. VII.

.... en deux temps, ... (B. I.)

Var. VIII.

Eh! qu'est-ce qu'il y a donc? (B. I.)

Var. IX.

Semble déjà germer. (B. I.)
Cette variante se trouvait dans le manuscrit C. F.; *elle a été effacée.*

Var. X.

« Pourquoi cela? » Eh! quel danger? (B. I.)

Var. XI.

La crainte, apparemment? (B. I.)

Var. XII.

Dans le manuscrit C. F., *la réplique de Figaro finit sur ce mot, et le jeu de scène :* (On sonne à l'intérieur), *vient après. La fin de la tirade existait, mais elle a été raturée. Elle se trouve dans le manuscrit* B. I., *et offre avec le texte imprimé les variantes suivantes :*

Car d'entrer chez quelqu'un la nuit, d'y rafler une bourse, souffler sa femme, et d'y recevoir cent coups de fouet ou pendu pour la peine, il n'est rien....

Var. XIII.

« Tu me retrouveras ici, dépêche. » (B. I.)

Var. XIV.

Ce jeu de scène n'est pas dans le manuscrit C. F.

Var. XV.

La charmante fille! la jolie petite Suzanne à dessuzaniser! toujours riante, verdissante, « fleurissante, » pleine de gaieté....

(B. I.) *Les mots :* En se frottant les mains, *ne se trouvent dans aucun des deux manuscrits,* on y lit simplement : Il marche vivement.

Var. XVI.

Un chemin du diable. (B. I.)

Var. XVII.

Et vous travaillant paix et aise à l'accroissement de la mienne... (B. I.)

Var. XVIII.

« Et de mes autres viscères. » (C. F.)
Et autres viscères (B. I.)

Var. XIX.

BARTHOLO.

Et vous me le rappelez ingénument.

FIGARO.

Le motif a dû me justifier à vos yeux?

BARTHOLO.

Pourrait-on l'apprendre de vous?

FIGARO.

C'est pour mon intérêt que je le fis.

BARTHOLO.

Que la rouge grattelle vous en paye!

FIGARO.

On reconnaît un bon cœur à ses souhaits.

BARTHOLO.

Avez-vous autre chose à nous dire?... (B. I.)

Cette variante se trouvait aussi dans le manuscrit C. F., *elle n'y a pas subsisté. Toutefois, au lieu de la* rouge grattelle, *c'était la* rouge double fièvre *que Bartholo souhaitait à Figaro.*

Var. XX.

« Bartholo. »

« Eh! mon Dieu! n'en ayez nul souci! »

« Figaro. »

« Est-ce toujours cette bonne Castagnarda? »

Bartholo, *en colère.*

.... (B. I.)

Var. XXI.

Elle vous le contera de reste. Ah çà, Docteur! pendant que je vais faire mettre l'autre mule à l'écurie, mettez-nous, je vous prie, celle-ci à la raison.... Elle est d'un entêtement!... (*Il sort.*) (B. I. *et* C. F.) *Cependant dans ce dernier manuscrit cette variante n'a pas subsisté.*

Var. XXII.

Dans le manuscrit C. F. *la phrase de Bartholo finit là; le reste s'y trouvait mais a été effacé sans être rétabli.*

Var. XXIII.

« Marceline. »

« Elle ne prend plus de nourriture. »

« Bartholo. »

« Elle en servira donc bientôt. Point de milieu dans l'ordre universel. Telle est la loi : manger ou se résoudre à l'être. »

« Marceline. »

« Ils sont consolants ces médecins! »

« Bartholo. »

« Allons au fait. »

MARCELINE.

Elle languit, elle s'attriste. (B. I.)

Var. XXIV.

Par ragoût. (B. I.)

Var. XXV.

Avec la manie. (B. I. et C. F., *mais effacée dans ce dernier manuscrit.*)

Var. XXVI.

« Réside ici? » (B. I.)

Var. XXVII.

« Est une » ennuyeuse passion qu'il a « prise » pour moi, depuis « quatre ou cinq ans ».

BARTHOLO.

« Comme » je me serais débarrassé vingt fois de sa poursuite.

MARCELINE.

Eh! de quelle manière? (B. I.)

Var. XXVIII.

.... ne me le devez-vous pas?

BARTHOLO.

J'irais, grison apoplectique, agacer risiblement la mort avec les jeux printaniers qui donnent la vie? Vous me prenez pour un Français.

MARCELINE.

« Je vous prends » pour un homme injuste et dur comme tous le sont; très-circonspects avec leur sexe, qui les punirait de lui manquer, et se faisant avec le nôtre un jeu bien lâche de leurs outrages. Où est le souvenir de vos « anciens » engagements?

« Bartholo. »

« Prenez un porte-voix ! »

« Marceline. »

« Il n'y a personne. »

Bartholo, *plus bas.*

Il ne fallait pas l'abandonner, votre Emmanuel.

Marceline.

L'abandonner ! Oui, l'homme en est capable. Mais une mère ! Un fils ! Va, Docteur « ignorant », la femme inexperte ou sensible peut quelquefois manquer aux lois de la « décence ou de la société », jamais à celles de la nature. (B. I.)

La variante fournie par le manuscrit C. F. offre beaucoup d'analogie avec la précédente, bien que moins étendue.

Toutefois elle a été supprimée pour devenir conforme au texte imprimé. La voici :

Marceline.

.... ne le devez-vous pas ?

Bartholo.

J'irais, grison apoplectique, agacer « risiblement » la mort avec les jeux « printaniers » qui donnent la vie ? Vous me prenez pour un fou !

Marceline.

Pour un homme injuste et dur comme tous le sont ; très-circonspects envers leur sexe, qui les punirait de lui manquer, et se faisant avec le nôtre un jeu bien lâche de leurs outrages. Où est le souvenir de vos engagements ? Qu'est devenu celui de notre petit Emmanuel, ce fruit d'un amour oublié qui devait nous conduire à des noces ?

Bartholo, *plus bas.*

Il ne fallait pas l'abandonner, votre Emmanuel.

Marceline.

L'abandonner ! Oui, l'homme en est capable ; mais une mère !

Un fils! Va, Docteur ignorant, la femme inexperte et sensible peut quelquefois manquer aux lois de la société, jamais à celles de la nature.

BARTHOLO, *ôtant son chapeau.*

. . . .

Var. XXIX.

« Qui me plaît. » (B. I.)

Var. XXX.

Mais, « si ce n'est pas Bazile », quel mortel abandonné du ciel et des femmes « et de l'amour »? (B. I.)

Var. XXXI.

Dans le manuscrit B. I. on ne trouve ni cette réplique de Bartholo ni la première phrase de celle de Marceline qui la suit.

Var. XXXII.

BARTHOLO.

L'épouser?

MARCELINE.

En très-bonne forme.

BARTHOLO.

C'est-à-dire appuyée de quelques privautés?

MARCELINE.

Hélas! je n'ai pas même eu le mérite d'un refus! Il ne m'a demandé que de l'argent.

BARTHOLO.

Que tu lui as donné?

MARCELINE.

Prêté.

BARTHOLO.

C'est la même chose avec ces Messieurs.

MARCELINE.

Malgré l'éloignement de celui-ci, je ne sais quel « fatal » attrait m'obstine à l'enlever à sa Suzanne.

BARTHOLO.

L'esprit de contradiction.

MARCELINE.

Soit! Mais si vous m'aidez à tromper cette mijaurée « je vous pardonne tout »......

BARTHOLO.

Le jour de son mariage. (B. I.)

La variante qu'offrait tout d'abord le manuscrit C. F. est en tout point semblable à celle du manuscrit B. I. Cependant au lieu de cette phrase : C'est-à-dire appuyée de quelques privautés? *Bartholo disait simplement :* Est-ce tout? *Plus loin, après ces mots de Bartholo :* L'esprit de contradiction, *Marceline répliquait :* Soit, mais si vous m'aidez à triompher d'elle, nous aurons de notre parti son oncle Antonio, qui ne consent que malgré lui et pour ne pas déplaire à Monseigneur.

Var. XXXIII.

Pour vous, « Docteur! » (B. I.)

Var. XXXIV.

Une voix « importune ». (B. I.)

Var. XXXV.

« Nous » mènera-t-il?

Var. XXXVI.

BARTHOLO.

O lumineux esprit de Satan, je te salue! C'est dans les cerveaux féminins que tu brilles, et jamais tu ne leur manques au besoin. Elle a raison..... (B. I. *et* C. F., *mais effacée ensuite dans ce dernier manuscrit.*)

Var. XXXVII.

C'est un bonheur que de faire épouser ma vieille servante au coquin qui fit enlever ma jeune « pupille ». (B. I.)

Var. XXXVIII.

BARTHOLO, *vite.*

Et qui s'est mille fois moqué de moi depuis cette avanie.

MARCELINE, *vite.*

Et qui sur l'appât de notre union m'a escroqué tout mon argent.

BARTHOLO.

Et qui m'a volé.... (B. I. *et* C. F., *mais n'ayant pas subsisté dans ce dernier manuscrit.*)

Var. XXXIX.

Dans le manuscrit B. I. *la scène continuait ainsi :*

BARTHOLO.

Et cet amour que tu me gardes?

MARCELINE, *en riant.*

Heureusement que l'amour n'est pas comme le secret; il est bien mieux gardé lorsqu'on est deux.

BARTHOLO.

Fort bien, ma vieille passion! il y a du plaisir à t'entendre, et si le cœur a souffert par-ci par-là quelque brèche, au moins l'esprit est-il resté sain, agréable et bien entier. Je veux parbleu t'aider à l'épouser!

Var. XL.

« Eh! » pourquoi non! « Madame Orbêche? » Vous l'épousez bien! (B. I.)

Var. XLI.

De vous obtenir. (B. I. *et* C. F.)

Var. XLII.

SUZANNE.

Qu'il procure « Madame Orbêche ».

MARCELINE.

« Assurément oui, Pimbêche, » et qu'en forçant les gages il ait sous la même clef son homme d'affaires et sa dame de plaisir.

SUZANNE.

Heureusement...., etc. (B. I.)

*Le manuscrit C. F. offrait les mêmes variantes, excepté cependant les qualifications d'*Orbêche *et de* Pimbêche.

Var. XLIII.

Après ces mots : A la façon de Madame, *on lisait dans le manuscrit* B. I. *ce qui suit :*

« .... mais tels qu'ils sont !.... Entrons, Docteur, votre pupille sera charmée de vous voir.

BARTHOLO, *saluant*.

Adieu, jolie fiancée....

Var. XLIV.

Cette dernière phrase de Marceline manque dans le manuscrit C. F.

Var. XLV.

Qui vous méprise beaucoup, Madame.

MARCELINE, *une révérence*.

Me fera-t-elle aussi le plaisir de me haïr un peu, Madame ?

SUZANNE.

A cet égard.... (B. I.)

Var. XLVI.

Allons, Docteur, car je la souffletterais !... (B. I.)

Var. XLVII.

La fin de ce monologue de Suzanne se lisait ainsi qu'il suit dans le manuscrit B. I.

.... Voyez cette vieille Sibylle, parce qu'elle a fait un méchant livre et commencé l'éducation de Madame, elle se croit en droit de tout dominer au château !.... etc.

Var. XLVIII.

Aussi fière que le soleil, elle ne souffre point qu'on la regarde en face (B. I. et C. F., *mais effacée dans ce dernier manuscrit*).

Var. XLIX.

Les « beaux » cheveux... (B. I.)

Var. L.

.... Donne-le-moi mon cœur, donne-le-moi ! (B. I.)

Var. LI.

Mon cœur est comme un ouragan, il palpite... (B. I.)

Var. LII.

« Une femme ! une fille ! Fille ! Femme ! » Ah que... (B. I.)

Var. LIII.

« Mais, pour qu'il ne soit pas dit qu'il est dérobé, je veux le payer par-dessus mille baisers. » (B. I.)

Var. LIV.

Eh ! quelle frayeur ! (*Le Comte la prend à bras le corps, elle fait un cri de surprise et se dégage.*) (B. I. et C. F., *mais effacée dans ce dernier manuscrit.*)

Var. LV.

Ce jeu de scène n'est pas dans le manuscrit B. I.; il est remplacé par celui ci-dessus. (Variante 54.)

Var. LVI.

.... Mon amour et mes intentions. Je n'ai qu'un instant pour les confirmer : écoute. (B. I.)

Var. LVII.

N'est-ce pas? Ah! Suzette, ce droit charmant, s'il m'était permis de le racheter de toi, j'y mettrais un tel prix! (B. I.)

Var. LVIII.

« Je m'échapperai de mon mieux. » (B. I.)

Var. LIX.

En dehors, criant. (B. I.)

Var. LX.

Il est ressorti. (B. I.)

Var. LXI.

L'aparté du Comte n'est pas dans le manuscrit B. I.

Var. LXII.

Cette réplique de Suzanne fait défaut dans le manuscrit B. I.

Var. LXIII.

« Qu'on dit si jolie. » (B. I.)

Var. LXIV.

Me laissez-vous « enfin? » (B. I.)

Var. LXV.

Le Comte quittant brusquement le derrière du fauteuil et s'approchant. (C. F.) Le manuscrit B. I. dit simplement : *Le Comte se levant.*

Var. LXVI.

J'allais chercher ton oncle; je frappe... (B. I.)

Var. LXVII.

(*Il lève la robe du fauteuil.*) Et je vois! Ah! (*Il laisse tomber la robe de surprise.*) Ah!

BAZILE.

Quoi donc?

LE COMTE.

Regarde.

BAZILE *lève la robe tout à fait.*

Ha! ha!

LE COMTE.

Ce tour-ci...... (B. I. et C. F. *mais effacée dans ce dernier manuscrit.*)

Var. LXVIII.

Que vous désiriez tant... (B. I.)

Var. LXIX.

BAZILE.

Il me pousse au front des oreilles.

SUZANNE, *outrée.*

(B. I. et C. F. *La variante n'a pas subsisté dans ce dernier manuscrit.*)

Var. LXX.

On entre. (B. I.)

Var. LXXI.

...... Et qu'un beau quatrain chanté en chœur fixe à jamais l'idée. (B. I.)

Var. LXXII.

Ma vertu : c'est un jeu.... (B. I.)

Var. LXXIII.

(*Tous ensemble.*)

Vivat !

LE COMTE, *à part.*

Fais vite..... (B. I. et C. F., *mais effacée dans ce dernier manuscrit.*)

Var. LXXIV.

LE COMTE, *embarrassé.*

« Eh mon Dieu! le droit du Seigneur. » (B. I.)

Var. LXXV.

FIGARO.

« De quoi donc? » Qu'entend-il « par là? » (B. I.)

Var. LXXVI.

Pour joindre « le Corps » en Catalogne. (B. I.)

Var. LXXVII.

Ne te fasse prendre avec le corps la mesure de ton dernier habit. (B. I. *et* C. F. *Effacée dans ce dernier manuscrit.*)

Var. LXXVIII.

Dans le manuscrit B. I, cette réplique de Bazile est dans la bouche de Figaro avec la suivante.

Var. LXXIX.

Monsieur le Docteur « la tenait sous le bras ». (B. I.).

Var. LXXX.

FIGARO.

Dans les cas épineux, mon Galant, il faut imiter les cordiers.

CHÉRUBIN.

Que font-ils?

FIGARO.

C'est en reculant qu'ils avancent. Point de murmures. (B. I. et C. F. *où cette variante n'a pas subsisté.*)

Var. LXXXI.

BAZILE.

Que diable lui montrez-vous donc depuis huit jours, que vous ne la quittez plus?

CHÉRUBIN.

« Elle a la conception si neuve que c'est toujours à recommencer. »

FIGARO.

Tu n'as rien.... (B. I.)

Var. LXXXII.

BAZILE *le retourne.*

Elle s'emplit.

FIGARO.

Elle s'emplit ?

BAZILE, *en s'en allant.*

Elle s'emplit.

FIGARO, *en s'en allant.*

Pas si bête...., etc.

(B. I. et C. F. *Cette variante n'a pas subsisté dans ce dernier manuscrit.*)

Var. LXXXIII.

LA COMTESSE, SUZANNE, *entrent par la porte fermante* (B. I. et C. F. *Ce jeu de scène fut supprimé ensuite dans ce dernier manuscrit.*)

Var. LXXXIV.

Le fauteuil des malades. (B. I.)

Var. LXXXV.

Mais aussi fière que le soleil, elle ne souffre point qu'on la regarde en face ! (B. I. et C. F. *Variante qui n'a pas subsisté dans ce dernier manuscrit.*)

Var. LXXXVI.

Comme votre belle bague. On ne l'aura qu'avec ma vie, disait-il,.... (B. I. et C. F., *mais effacée dans ce dernier manuscrit.*)

Var. LXXXVII.

Madame par-ci, je voudrais bien par l'autre ; et parce qu'il ne peut rien baiser à Madame, il veut toujours me baiser quelque chose. (B. I.)

Var. LXXXVIII.

Que ton honnêteté te nuise, et tu épouseras Figaro, « mais » lui seul..... (B. I.)

Var. LXXXIX.

LA COMTESSE, *en rêvant.*

Sans cette constance à me fuir, mon cœur occupé de lui seul et repoussant toute autre idée....... Les hommes sont bien coupables.

SUZANNE; *elle crie.*

Ah! voilà Monseigneur..... (B. I. *et* C. F. *Toutefois cette variante n'a pas subsisté dans ce dernier manuscrit.*)

Var. XC.

SUZANNE.

« Comment » naturel?

FIGARO.

Et pour en user plus librement à Londres, il laisse ici Madame sous la garde honnête de la duègne Marceline et du cuistre Bazile.

LA COMTESSE.

Ah! le monstre!

FIGARO.

Il ne saurait moins faire; « mettons-nous à sa place. »

SUZANNE.

Es-tu fou?

FIGARO.

Puis il m'a....... (B. I. *et* C. F., *effacée dans ce dernier manuscrit.*)

Var. XCI.

« Un peu » sur les siennes. (B. I.)

Var. XCII.

Monsieur le Comte étant de sa nature libertin comme un Français et jaloux comme un Espagnol, opposant le furieux orgueil de l'époux aux feux guillerets de l'amant; je vous ai fait...... (B. I. et C. F. *Cette variante n'a pas subsisté dans ce dernier manuscrit.*)

Var. XCIII.

Or dites-moi.... (B. I.)

Var. XCIV.

Tu couvriras l'enchère du bel esprit.

SUZANNE.

En disant?

FIGARO.

Que destinée à moi depuis longtemps et vaincue par mes instances, l'amour nous a menés si loin, si loin...

SUZANNE.

Insolent!

LA COMTESSE.

Eh! fi donc!

FIGARO.

Ou bien tu feras dire...

(B. I. et C. F., *mais effacée dans ce dernier manuscrit.*)

Var. XCV.

Celui-là aussi tu le comptes?
(B. I. *et d'abord aussi* C. F.)

Var. XCVI.

FIGARO.

Ma vie contre une orange, Madame, que sur la seule promesse il lui remet la dot et commande le festin. Au pis aller, je fais endosser... (B. I. et C. F., *mais effacé dans ce dernier manuscrit.*)

Var. XCVII.

On lit dans le manuscrit B. I., sur un fragment de papier collé à cet endroit, la phrase suivante :
J'étais né pour jouer un grand rôle.

Var. XCVIII.

FIGARO.

« Eh quoi ? » Recevoir, prendre et « puis » demander : voilà « tout » le secret en trois mots : « aussi c'est un charme de voir comme tous nos messieurs y sont habiles ! » (B. I.)

Var. XCIX.

SCÈNE III.

LA COMTESSE, SUZANNE.

SUZANNE.

« Dansez, Monseigneur ! » Soit ! mais, pour qu'il n'y ait point d'erreur la dessus, j'aurai grand soin de les surprendre moi-même.

LA COMTESSE, *tenant...*, etc.

(B. I. *et aussi tout d'abord* C. F.)

Var. C.

Dans le manuscrit B. I, cette romance est écrite avec le plus grand soin sur une double feuille petit in-8°, et y est jointe sous ce titre : Romance du petit page dans le *Mariage de Figaro*.

Dans le manuscrit C. F. la romance se lisait d'abord sans coupures ; dans la suite on a biffé les couplets qui, selon la note de l'édition princeps, ne se chantent pas au théâtre.

Var. CI.

SUZANNE, *se mesurant.* (B. I.)

Var. CII.

Les scènes V, VI, VII et VIII du texte imprimé font partie de la scène IV dans le manuscrit B. I. Le manuscrit C. F. était d'abord en cela conforme au manuscrit B. I., mais des notes au crayon ont ensuite rétabli l'ordre conformément à l'édition princeps.

Var. CIII.

La Comtesse, *le lisant.*

Var. CIV.

Suzanne *regarde.*

Var. CV.

« Chérubin se met à genoux. »

Ces mots ne se trouvent pas dans le manuscrit B. I. Bien que dans l'édition princeps l'aspect typographique de cette phrase ne soit point conforme à celui de la désignation des jeux de scène, il faut certainement la lire comme telle.

Var. CVI.

Arrange son collet, qu'on voie un peu le dégagement de l'épaule. (B. I.)

Var. CVII.

Ce jeu de scène ne se trouve pas dans le manuscrit B. I.

Var. CVIII.

La Comtesse, *l'ayant déroulé.* (C. F.)

Var. CIX.

Ce jeu de scène n'est pas dans le manuscrit B. I.

Var. CX.

La Comtesse.

C'est du taffetas d'Angleterre qu'on met, non un ruban. (B. I.)

Var. CXI.

Elle détache le ruban.
(B. I. et C. F. *Cependant ce jeu de scène a été effacé ensuite dans ce dernier manuscrit.*)

Var. CXII.

Ah! ma chère mère! qu'il a le bras blanc. (B. I.)

Var. CXIII.

Scène V dans le manuscrit B. I.

Var. CXIV.

Scène VI dans le manuscrit B. I.

Var. CXV.

Suite de la scène VI dans le manuscrit B. I.

Var. CXVI.

Scène VII dans le manuscrit B. I.

Var. CXVII.

La Comtesse, *un peu émue.* (B. I.)

Var. CXVIII.

La Comtesse, *déconcertée.* (B. I.)

Var. CXIX.

La scène XIII de l'imprimé est la suite de la scène VII dans le manuscrit B. I.

Var. CXX.

Le Comte.

Ils en sont plus aisés à détruire. Sortez, Suzon, je vous l'ordonne. (*Suzanne, qui rentrait avec des hardes par la porte du fond, s'arrête auprès de l'alcôve en entendant la dispute.*) (B. I.)

Var. CXXI.

Nue ou vêtue, je la verrai. (B. I.)

Var. CXXII.

LE COMTE.

Fort bien, madame; en effet, « je suis bon seul. » J'en vais prendre une à l'antichambre : mais, pour que tout reste au même état « pendant mon absence », voudrez-vous.... (B. I.)

Var. CXXIII.

Ou qu'elle saute par la fenêtre (*montrant celle du fond*), et c'est le moindre mal... (B. I.)

Var. CXXIV.

Scène VIII dans le manuscrit B. I.

Var. CXXV.

Comme un ver! (B. I. et C. F., *effacée dans ce dernier manuscrit.*)

Var. CXXVI.

Cette scène, dans le manuscrit B. I., *est la suite de la scène* VIII. (*XIV et XV*èmes *scènes dans l'imprimé.*)

Var. CXXVII.

Scène IX dans le manuscrit B. I.

Var. CXXVIII.

Une fois « deux fois », voulez-vous l'ouvrir?

Var. CXXIX.

Ou je vais avec cette pince!... (B. I. et C. F., *mais n'ayant pas subsisté dans ce dernier manuscrit.*)

Var. CXXX.

LA COMTESSE.

Ce jeune... Chérubin, que vous croyez parti. (B. I. et C. F., *effacée dans ce dernier manuscrit.*)

Var. CXXXI.

Il jette la pince. (B. I.)

Var. CXXXII.

.... et l'éloignant. (B. I.)

Var. CXXXIII.

Les manuscrits B. I. et C. F. disent simplement :
La Comtesse, *à genoux.*

Var. CXXXIV.

La Comtesse, *lui présentant la clef.* (B. I.)

Var. CXXXV.

Le Comte *la repousse.* (B. I.)
Le Comte, *prenant la clef du cabinet des mains de la Comtesse.* (C. F.)

Var. CXXXVI.

« *Et Suzanne sort en riant.* » (B. I.)

Var. CXXXVII.

Les scènes XVII, XVIII et XIX de l'imprimé forment la scène X dans le manuscrit B. I.

Var. CXXXVIII.

Le Comte *ressort doucement d'un air confus. Après un court silence.* (B. I.)

Var. CXXXIX.

La Comtesse *a son mouchoir sur le visage pour se remettre.* (B. I. et C. F.)

Var. CXL.

La Comtesse.

J'en ai cent fois plus qu'il ne vous en est dû.

Le Comte.

Comment puis-je être plus maltraité?

La Comtesse.

Je n'avais qu'à vous laisser appeler vos gens.

Le Comte.

Vous avez raison et c'est à moi... (B. I. *et* C. F. *Cette variante n'a pas subsisté dans ce dernier manuscrit.*)

Var. CXLI.

« Il faut avouer », monseigneur. (B. I.)

Var. CXLII.

Mes fautes. (B. I.)

Var CXLIII.

Le Comte, *à genoux.*

Var. CXLIV.

Le Comte, *se relevant.*

Var. CXLV.

Ce jeu de scène de la Comtesse n'est pas dans le manuscrit B. I.

Var. CXLVI.

Qui se sent outragée. (B. I. *et d'abord aussi* C. F.)

Var. CXLVII.

(*Il rit.*) Ah! ah! ah!

Var. CXLVIII.

Ce jeu de scène du Comte n'est pas dans le manuscrit B. I.

Var. CXLIX.

Bien approfondie. (C. F.)

Var. CL.

LA COMTESSE.

Soupçonner un homme dans mon cabinet!

LE COMTE.

Vous m'en avez si sévèrement puni!...

LA COMTESSE.

Ne pas s'en fier à moi quand je dis que c'est ma camariste! (B. I. et C. F. *Cette variante a disparu dans ce dernier manuscrit.*)

Var. CLI.

LA COMTESSE, *lui tendant les mains..* (B. I.)

Var. CLII.

Ce jeu de scène n'est pas dans le manuscrit C. F.

Var. CLIII.

Scène XI, dans le manuscrit B. I.

Var. CLIV.

Entrons au grand Salon pour la cérémonie.

LE COMTE.

Je voudrais être au moins paré.

LA COMTESSE.

Pour... (B. I., *mais effacée dans le manuscrit* C. F.)

Var. CLV.

Scène XII, dans le manuscrit B. I.

Var. CLVI.

LE COMTE.

Qu'est-ce que c'est? (B. I. *et* C. F. *Dans ce dernier manuscrit, cette variante n'a pas subsisté.*)

Var. CLVII.

Par cette fenêtre. (C. F.)

Var. CLVIII.

Le mot « Monseigneur » *n'est pas dans le manuscrit* B. I.

Var. CLIX.

FIGARO.

Il dit des sottises maintenant.

ANTONIO.

Il n'y a que les muets qui n'en disent pas, et si ça vous déchire le retympan, vous savez par où que ce Monsieur a passé. Crac!

LE COMTE.

Mais réponds donc si tu peux! On a, dis-tu, jetté un homme par cette fenêtre?

ANTONIO.

Oui, tout à l'heure, en veste blanche, et qui s'est enfui, jarni, courant comme les petits chevaux de ces messieurs qui escamotent l'argent des autres à la plaine.

LE COMTE, *impatienté.*

Réponds-moi... (B. I.)

Voici la variante, beaucoup moins développée d'ailleurs, offerte primitivement par le manuscrit C. F. *et supprimée ensuite.*

« FIGARO. »

« Il dit des sottises maintenant. »

« Antonio. »

« Il n'y a que les muets qui n'en disent pas, mon neveu qui ne l'êtes pas encore ! »
Le Comte.

Mais, réponds-moi... (C. F.)

Var. CLX.

On trouvait d'abord dans le manuscrit C. F. la phrase qu'on a pu lire dans la variante précédente fournie par le manuscrit B. I.

Var. CLXI.

Ce jeu de scène d'Antonio n'est pas dans le manuscrit C. F.

Var. CLXII.

Car je sais bien, d'abord, que ce qu'on a de plus remarquable dans la physionomie, c'est le visage ; mais j'étais si loin !... (B. I. *et primitivement* C. F.)

Var. CLXIII.

« Malheureux » pot de fleurs ! (B. I.)

Var. CLXIV.

« Plus longtemps. » (B. I.)

Var. CLXV.

Quelle impatience !

Var. CLXVI.

Ce jeu de scène n'est pas dans le manuscrit C. F.

Var. CLXVII.

Dans le manuscrit C. F., ce jeu de scène finit sur le mot « poches ».

Var. CLXVIII.

Tenez, voilà le mémoire du cacao qui nous vient de Carac...

Ceci? c'est une lettre... (B. I., *et primitivement dans le manuscrit* C. F.)

Var. CLXIX.

Le Comte *rouvre le papier et lit bas.* (B. I.)

Var. CLXX.

ANTONIO.

Et vous n'entendez pas de ct'oreille-là. Mais le papier ?

Le Comte.

Vous ne vous... (B. I. et C. F., *mais effacée ensuite dans ce dernier manuscrit.*)

Var. CLXXI.

Le Comte.

L'usage de quoi ?

Var. CLXXII.

ANTONIO, *riant.*

Ha ! ha ! ha ! ha ! ha !

Le Comte.

De quoi ris-tu, coquin ?

ANTONIO.

Je ris de ma bêtise de ne pas oser rire devant vous depuis cette lettre. Tout ça est si plaisant !

Le Comte *sort avec dépit.*

C'est Figaro qui les mène, et je ne m'en vengerais pas !

Figaro, *l'arrêtant.*

(B. I. et d'abord C. F.)

Var. CLXXIII.

Cette scène est la XIIIe dans le manuscrit B. I, lequel porte comme désignation de personnages ce qui suit :

Les acteurs précédents, MARCELINE, BARTHOLO, BAZILE, ROBIN, valets du comte, ses vassaux.

Var. CLXXIV.

FIGARO.

Les choses n'étant pas entre nous sur un pied!...

MARCELINE.

Sans doute. Il t'eût fallu... l'oser.

FIGARO, *montrant Bartholo.*

Je ne suis pas si docteur que cela. (C. F.) *Le manuscrit B. I., qui donne la même variante, ajoutait aussi cette phrase supprimée dans la suite :* « Mais à qui diable en a-t elle, cette antique ? Elle ne me doit rien, je ne lui dois rien ; qu'elle se tienne en repos. »

Var. CLXXV.

D'un engagement. (B. I., *et d'abord aussi dans le manuscrit* C. F.)

Var. CLXXVI.

MARCELINE..

« Deux mille piastres », sous condition de m'épouser.

FIGARO.

Eh! vous seriez ma mère!

MARCELINE.

« Plût au Ciel que je le fusse ! » au moins tu m'aimerais !

FIGARO.

Je ne vous hais pas, mais... Suzon ?

MARCELINE, *au Comte.*

Vous êtes...

(B. I.) *Le manuscrit C. F. offre les mêmes variantes, exception faite toutefois de celles entre guillemets.*

Var. CLXXVII.

Ils sont certains.

FIGARO.

Autre fou!

LE COMTE, *en colère.*

Ah! voilà... (B. I.)

Var. CLXXVIII.

Raté. (B. I.)

Var. CLXXIX.

Pour en être le galopin. (B. I.)

Var. CLXXX.

LE COMTE.

Ah! d'amuser ma compagnie.

GRIPE-SOLEIL... (C. F.)

Var. CLXXXI.

Dans le manuscrit B. I., cette réplique a tour à tour été mise dans la bouche des personnages suivants, non indiqués cependant dans la distribution qui est en tête du manuscrit.

« ROBIN. — UN BERGER NIAIS. »

Puis en dernier lieu et définitivement dans celle de Gripe-Soleil.

Var. CLXXXII.

Cette réplique de Gripe-Soleil et le jeu de scène de Suzanne qui la suit ne sont pas dans le manuscrit B. I. De plus, à cet endroit même, est intercalée la note suivante:

NOTE: *Bazile sort à la fin du deuxième Acte avec Gripe-Soleil pour aller chercher les gens du Siége et le paysan qui a remis le billet au Comte.*

L'audience se donne dans le troisième Acte, Bazile et Gripe-Soleil reviennent à la fin du quatrième Acte sans qu'il soit fait mention de l'objet important de la commission donnée à Bazile de retrouver le paysan.

Var. CLXXXIII.

Suite de la scène XIII dans le manuscrit B. I.

Var. CLXXXIV.

ANTONIO.

Ah ! c'est connu ! (B. I.)

Var. CLXXXV.

Scène XIV dans le manuscrit B. I.

Var. CLXXXVI.

Comme un diamant où l'on a jeté l'haleine, mais... (B. I. et d'abord C. F.)

Var. CLXXXVII.

La Comtesse *se lève*. (B. I.)

Var. CLXXXVIII.

Scène XV dans le manuscrit B. I.

Var. CLXXXIX.

Scène XVI et dernière de l'Acte II dans le manuscrit B. I.

Var. CXC.

Ce jeu de scène n'est indiqué, ni dans le manuscrit B. I., ni dans celui C. F. Toutefois, dans ce dernier, on lit, écrite sans doute par le souffleur, la note suivante :

« Long Entr'acte ; habillement du Comte. »

Il devait être long, en effet, car pour calmer probablement son impatience, le souffleur a dessiné au crayon, sur le manuscrit, le portrait en pied d'un personnage qu'à son costume nous supposons être le Comte Almaviva.

Var. CXCI.

Ces derniers mots *ne se trouvent pas dans le manuscrit* B. I.

Var. CXCII.

Les scènes I, II, III de la pièce imprimée forment la scène I dans le manuscrit B. I.

Var. CXCIII.

La colère n'est bonne à rien... *Ce membre de phrase ne se lit pas dans le manuscrit* B. I.

Var. CXCIV.

Dans le manuscrit B. I. *la tirade du Comte finit sur le mot :* « Adroitement. »

Var. CXCV.

Scène III dans le manuscrit B. I.

Var. CXCVI.

Figaro *a entendu les dernières phrases, il s'arrête.* (A part.)
Telle est la manière dont est indiqué le jeu de scène dans le manuscrit B. I.

Var. CXCVII.

Au cratère du Vésuve. (B. I. *et d'abord aussi* C. F.)

Var. CXCVIII.

A mon objet. (B. I.)

Var. CXCIX.

Dans le manuscrit B. I. *on ne lit pas ces trois derniers mots.*
Dans le manuscrit C. F. *cette réplique est suivie des deux suivantes :*

LE COMTE.

Figaro?

FIGARO.

Monseigneur.

LE COMTE.

Quel motif, etc....

Var. CC.

(*A part.*) Le voilà qui me pompe! *Cette réflexion un peu triviale de Figaro se lit aussi, mais effacée, dans le manuscrit C. F.*

Var. CCI.

A sa place, moi, je ne dis pas ce que je ferais.

LE COMTE.

Je te le permets.

FIGARO.

Quelque sot!

LE COMTE.

Je l'ordonne.

FIGARO.

Instruit de vos faits et gestes et prenant conseil de l'exemple, je vous solderais « tous » vos petits bâtards « paysans » d'un bon gros « noble » enfant légitime, et puis.... cherche!

LE COMTE.

Insolent!

FIGARO.

V'la-t-il pas!

LE COMTE.

Autrefois...(B. I., *mais n'ayant pas subsisté dans le manuscrit C. F.*)

Var. CCII.

FIGARO (*à part*).

A mon tour à pomper. (B. I. *et effacée dans le Manuscrit C. F.*)

Var. CCIII.

Ce passage se lit ainsi dans le manuscrit B. I.

Le Comte.

Avec l'esprit que tu as, tu pourrais un jour trouver place en mes bureaux, il ne faudrait qu'étudier un peu sous moi..., etc.

Cette variante se lisait de même dans le manuscrit C. F., *où elle n'a pas subsisté.*

Var. CCIV.

Dans les manuscrits B. I. *et* C. F. *on lit :* Jouer bien ou mal la comédie.

Var. CCV.

Dans le manuscrit B. I. *on lit :* La pauvreté des moyens.
Dans celui C. F. *on lisait d'abord :* « La bassesse. »

Var. CCVI.

Le Comte, *à part.*

Il veut rester... on m'a trahi.

Var. CCVII.

Figaro.

Assurément vous prononcez. La justice est la dette du magistrat, et tout client qui la réclame est certes bien son créancier. Me feriez-vous... (B. I.)

Var. CCVIII.

Figaro.

Indulgente aux grands, dure aux petits ; « voilà toujours ma chanson de soldat qui revient.

Le Comte.

Quelle chanson de soldat ?

Figaro.

C'est qu'un jour je m'avisais de commenter l'ordonnance d'un général très-sévère et tant soit peu pillard, sous les ordres duquel j'avais l'honneur de commander un fusil.

LE COMTE.

Et la chanson disait?

FIGARO *chante.*

(AIR : *C'est l'ouvrage d'un moment.*)

Soldat qui vole un bracelet
Est pendu sans rémission ;
Mais, pour la contribution
Qu'un général met en sa poche,
C'est une noble action!

Il se mit en colère!

LE COMTE, *sèchement.*

Il n'en fit pas assez puisque vous voilà!

FIGARO.

Monseigneur se fâche aussi? »

LE COMTE.

Crois-tu donc... *Ce qui précède, entre guillemets, se lisait d'abord dans le manuscrit B. I., mais n'y a pas subsisté.*

Var. CCIX.

Qui je dois aimer ou haïr?

LE COMTE, *à part.*

Je vois qu'on lui a tout dit; il épousera la duègne.

FIGARO, *à part.*

Quand on a un corps de verre, il ne faut jeter de cailloux à personne; il a joué... (B. I.)

Var. CCX.

Scène IV dans le manuscrit B. I.

Var. CCXI.

Suite de la scène IV dans le manuscrit B. I.

Var. CCXII.

Hé, qu'est-ce qu'il faut tant ? (B. I.)

Var. CCXIII.

... Une bonne chaise au Prud'homme. (B. I.)

Var. CCXIV.

« Faire entrer » *dit au contraire le manuscrit* B. I.

Var. CCXV.

Scène V dans le manuscrit B. I.

Var. CCXVI.

Et vous touche de partout comme un habit trop juste. (B. I.)

Var. CCXVII.

Scène VI dans le manuscrit B. I.

Var. CCXVIII.

« J'ai perdu la clef du coffret aux boules, on va me gronder. » J'accourais... (B. I.)

Var. CCXIX.

Que je t'ai promise, moi ? (B. I., *et primitivement* C. F.)

Var. CCXX.

Oui, si tu consentais à m'entendre toi-même. (B. I.)

Var. CCXXI.

Ce matin ! Et ce petit page ? (B. I.)

Var. CCXXII.

Scène VII dans le manuscrit B. I., *où on lit la désignation suivante des personnages :*

SUZANNE, FIGARO ; LE COMTE, *caché.*

Var. CCXXIII.

Suite de la scène VII dans le manuscrit B. I.
Le monologue finissait d'abord sur les mots : « de façon » ; *à l'aide d'un raccord adapté au manuscrit, il est devenu entièrement conforme au texte imprimé.*

Var. CCXXIV.

Sène VIII dans le manuscrit B. I. *La scène commence ainsi :*

SCÈNE VIII.

(*Les frotteurs rangent les siéges de l'audience.*)

BARTHOLO, MARCELINE, DON GUSMAN.

Don Gusman, *en robe et bégayant un peu.*

Eh bien ! Pa... arlons..., etc.

Nous faisons remarquer ici qu'au lieu du nom de Brid'oison, *on lit dans tout le manuscrit* B. I. *celui de* don Gusman.

Var. CCXXV.

La fin de cette scène se lit comme il suit dans le manuscrit B. I.

« Le mérite alors tiendrait lieu d'argent. » Contre qui plai-aidez-vous ?

« Marceline. »

« Cela serait bien différent. »

Don Gusman.

« Contre qui plai-aidez-vous ? »

Var. CCXXVI.

Scène IX *dans le manuscrit* B. I.

Var. CCXXVII.

« (*Aux frotteurs.*) Dépêchez-vous, vous autres... (*Ils sortent.*) » (B. I., *et d'abord aussi* C. F.)

Var. CCXXVIII.

Des juges. (C. F. *et* B. I.)

Dans le manuscrit B. I. *on lisait d'abord ce qui suit* :

DON GUSMAN.

Pas mal, pa... as mal !

FIGARO.

Hé ! sans la bienheureuse forme, Monsieur le Conseiller, les mouchards, les huissiers, auraient-ils crédit au cabaret ? Les pillards procureurs, des campagnes ? L'avocat braillard, des maîtresses ? Le greffier parcheminier, des maisons ? L'épicier rapporteur, des rentes sur le sac, et le secrétaire à l'extrait, des monts d'or ?

DON GUSMAN.

Il faut que tout le monde vive !

FIGARO.

Robins et autres.

DON GUSMAN.

Ce garçon-on là...

Var. CCXXIX.

Dans le manuscrit B. I. *la scène finit sur ce mot.*

Var. CCXXX.

Scène X *dans le manuscrit* B. I.

Var. CCXXXI.

L'habit de campagne. (B. I.)

Var. CCXXXII.

Scène XI dans le manuscrit B. I.

Var. CCXXXIII.

Dans le manuscrit B. I. la scène commence ainsi :

Double-main *se lève et lit parlant du nez.*

On demande remise dans la cause de demoiselle de Seintendre. Un tuteur veut la marier au vieux baron Desayeux, son voisin. Sa mère entend qu'elle épouse le sieur de l'Or en sac, trésorier. On devait plaider aujourd'hui pour accorder sa mère et son tuteur, le sieur de l'Or en sac et le baron Desayeux. La demoiselle de Seintendre vient de disparaître avec un chevalier Des Soupirs, son cousin.

Figaro.

Elle a dit en partant qu'elle allait voir son oncle.

Le Comte.

Attendons qu'elle en revienne.

Double-main *lit un autre papier.*

Cette variante se lisait aussi dans le manuscrit C. F. Elle en a été retranchée plus tard, et ce passage est devenu conforme au texte imprimé.

Var. CCXXXIV.

Et d'endormir le Grand-Banc. (B. I.)

Var. CCXXXV.

Double-main, *parlant du nez.* (B. I.)

Var. CCXXXVI.

Au lieu de ce jeu de scène, le manuscrit B. I. indique celui ci-dessus de la variante 235.

Var. CCXXXVII.

Cette réplique restée célèbre, de don Gusman Brid'oison, ne se lit pas dans le manuscrit B. I.

Var. CCXXXVIII.

« Don Gusman. »
« Ça peut bien être ! » (C. F.)

Var. CCXXXIX.

Dans les manuscrits B. I. et C. F., ces deux phrases de la réplique de Bartholo sont séparées par ce qui suit :

L'Huissier, *glapissant.*

Silence !

(*Le manuscrit C. F. ajoutait le mot :* « Messieurs. »)

Var. CCXL.

Figaro.

Point du tout, la phrase est dans le sens de celle-ci : Vous chanterez telle ariette de Gluck OU telle autre de Piccini; ou bien telle autre. Je parerai de fleurs l'antre de votre hymen, OU vous prendrez ce soin vous-même. Toujours ou bien. Ainsi : Je la payerai dans ce château, virgule, OU je l'épouserai : c'est virgule, Messieurs, ou bien je l'épouserai. L'homme qui épouse est-il tenu de rembourser ?

Bartholo.

Oui, nous nous marions...

(*B. I. et aussi C. F. avant que le texte devînt conforme à celui de l'édition imprimée.*)

Var. CCXLI.

Figaro *se rassied.*

Vous saurez qu'un homme qui se marie ne fait aucun déboursé.

DOUBLE-MAIN, *parlant du nez.*

Silence, messieurs. (B. I. *et aussi d'abord* C. F.)

Var. CCXLII.

« Si la Cour y consent. » (B. I.)

Var. CCXLIII.

Que peuvent-ils avoir tant à dire ?

Var. CCXLIV.

MARCELINE.

Ce qui me console, effronté, c'est que nous le perdons tous deux ; car, si je n'ai pas le garçon que je voulais, tu n'auras pas non plus la fille que tu croyais. Le juge y a mis bon ordre.

DOUBLE-MAIN *se lève, etc.*

(*Cette variante se lisait dans le manuscrit* B. I.; *elle n'y a pas subsisté.*)

Var. CCXLV.

« Qu'il veut livrer sa bourse » et garder sa personne. (B. I.)

Var. CCXLVI.

... Dans ce jour deux mille piastres fortes à la demanderesse, ou bien à l'épouser avant le retour du soleil.

(*Telle est la variante qu'offrait primitivement le manuscrit* C. F. *Le manuscrit* B. I. *remplace les mots :* Dans le jour *par ceux :* Avant le retour du soleil.)

Var. CCXLVII.

ANTONIO, *riant aux éclats.*

Ah ! ah ! ah ! ah ! (B. I. *et* C. F.)

DOUBLE-MAIN.

Superbe arrêt !

FIGARO.

Qui te mène au gibet! En quoi superbe? (B. I. *et primitivement*, C. F.)

ANTONIO, *le retournant.*

En ce que tu n'es plus mon neveu. Ah! ah! ah! ah! ah! Je vais tout conter à ma nièce. (*Il sort.*) (B. I.)

Var. CCXLVIII.

Scène XII, dans le manuscrit B. I.

Var. CCXLIX.

BARTHOLO, *riant.*

Tu chanteras ce soir l'hymne au bonheur avec elle.

FIGARO.

Plutôt chanter le fausset à la chapelle du Roi.

DON GUSMAN.

Vou....ous? N'executez pas l'arrêt!

FIGARO, *outré.*

Je vous le donne en dix, à vous.

BARTHOLO.

De bons huissiers t'y assisteront tant que force demeure à la justice.

FIGARO, *à part.*

Et ce Bazile, voyez comme il revient!

LE COMTE, *à part.*

Au moins je suis vengé, cela soulage. (*Il veut sortir.*)

FIGARO.

Ah! monseigneur, vous nous quittez?

LE COMTE, *ironiquement.*

Le cœur percé de regrets!

Figaro.

Écoutez-moi !

Le Comte.

Tout est jugé.

Figaro, *à Brid'oison.*

C'est ce gros enflé de conseiller qui vient ici... (B. I.)

Var. CCL.

Le manuscrit B. I. offre avec le texte imprimé deux variantes curieuses, mais fort différentes toutes deux l'une de l'autre : la première fait suite au texte même, la deuxième se lit sur une feuille volante collée à cet endroit du manuscrit.

PREMIÈRE VARIANTE.

Figaro.

Sans doute, est-ce que je ne suis pas gentilhomme ? Mes nobles parents désapprouvent cette mésalliance.

Don Gusman.

Vous l'épouserez !

Figaro.

On ne peut m'y forcer sans leur aveu !

Bartholo.

Vous l'épouserez ! Nommez-les... Montrez-les... Mais vous l'épouserez.

Figaro.

Je ne l'épouserai pas. Pour mes parents, je suis bien près de les revoir..... etc.

DEUXIÈME VARIANTE.

Don Gusman.

Vou...ous l'épouserez.

Figaro.

Mes nobles parents s'opposeront.

BARTHOLO, *riant.*

Ah ! vous l'épouserez.

FIGARO.

On ne peut m'y forcer sans leur aveu.

BARTHOLO.

Nommez-les, montrez-les..., etc.

Variante CCLI.

« Montre d'abord si j'en impose. » (B. I.)

Var. CCLII.

MARCELINE.

Soutiens-moi, Docteur. (*On l'assied.*) Dieux ! c'est lui ! (B. I. et C. F.)

Var. CCLIII.

MARCELINE.

Oui, mon cher fils !

FIGARO.

Expliquez-vous ! (B. I.)

Var. CCLIV.

Voici comment se lit ce passage dans le manuscrit B. l. :

FIGARO, *désolé.*

Oo oh ! aye de moi.

DON GUSMAN.

C'est clair..... il ne l'épousera pas.

LE COMTE, *à part.*

Sot événement qui me dérange.

MARCELINE, *à Figaro.*

Est-ce que la nature ne te l'a pas dit mille fois ?

Figaro.

Jamais !... Comment une fille de condition.....?

Bartholo.

Bah !

Marceline, *péniblement.*

J'étais fille en condition chez un gros chanoine Andaloux, lui jeune frater et major chez un chirurgien Bayonnais : je tombai malade, il me saigna ; cela me rendit faible, il en abusa ; je pleurai longtemps, il me consola. Tu vis le jour dans la maison, le Prebandier me mit à la porte : on allait arrêter ton père, il te fit cette marque et se sauva. Ce qui m'avait perdue servit à me consoler, tu me restais, mon fils ! On te vola. Je courus en pleurs chez le juge ; épris de ma figure, il m'emprisonna. Longtemps à l'école du malheur, mon esprit enfin se forma. Depuis ton père est devenu riche, il m'a fait sa servante, et me voilà.

Le Comte, *à part, impatienté.*

Il suffit que je désire une chose.

« Figaro, *à part.* »

« Il en tient à son tour, monseigneur. »

Don Gusman, *à Figaro.*

Et la noblesse et le château ?... etc.

Faisons ici une observation. Ce qui dans le texte imprimé est enfermé, selon la note, entre deux index, ne se trouve nulle part dans le manuscrit C. F., et cela se conçoit, puisque c'est un passage retranché par les Comédiens de Paris.

Dans le manuscrit B. I., le passage se lit, mais modifié.

———

Var. CCLV.

Ainsi « l'homme » le plus vertueux qui s'ignore est toujours entre deux périls ! S'il est aimé d'une dame un peu majeure, et s'il rosse un honnête inconnu ! Mais puisque le ciel... etc. (B. I.)

———

Var. CCLVI.

(*Bartholo hoche la tête.*) (B. I.)

Var. CCLVII.

Scène XIII *dans le manuscrit* B. I.

Var. CCLVIII.

Dans le manuscrit B. I. *ce jeu de scène du Comte ne se lit pas.*

Var. CCLIX.

Suite de la scène XIII *dans le manuscrit* B. I.

Var. CCLX.

SUZANNE, *en colère.* (B. I.)

Var. CCLXI.

FIGARO, *gaiement.* (B. I.)

Var. CCLXII.

SUZANNE.

A quelle fin l'embrasser à mes yeux?

FIGARO.

Comme tu vas l'embrasser aux miens.

SUZANNE, *s'en allant.*

C'est pousser trop loin la moquerie.

FIGARO, *la retenant.*

Mais, ma Suzanne, un petit moment.

SUZANNE *lui donne un soufflet.* (B. I.)

Var. CCLXIII.

A la suite de la réplique de Figaro on lisait ce qui suit dans le manuscrit B. I., *mais cette variante n'a pas subsisté.*

Mais si ce baiser était le remercîment d'un sacrifice entier, comment la trouverais-tu?

SUZANNE, *regardant tout le monde qui rit.*

Je la trouverais !... Je la trouverais !...

DON GUZMAN.

Vous la tourmentez, que diable !

MARCELINE, *les bras ouverts.* » (B. I.)

Var. CCLXIV.

« LE COMTE, *à part.* »

« Voilà ma vengeance perdue ! »

« FIGARO. »

« Et la coupable main qui a couvert la face de l'homme ! »

« SUZANNE, *riant.* »

« Tiens, je la livre à la justice. (*Il la baise.*) »

« LE COMTE, *à part.* »

« Tous mes projets sont détruits. »

MARCELINE.

Malgré ses duretés, ma fille, tu as vu comme il m'était cher ! Mon cœur entraîné... (B. I.)

Var. CCLXV.

Ces deux derniers mots de Figaro ne se trouvent pas dans le manuscrit B. I.

Var. CCLXVI.

MARCELINE, *exaltée.*

Que ta voix est puissante, ô nature ! A travers mon empressement je ne sais quelle amertume empoisonnait tous mes efforts pour l'arracher à sa Suzanne. A présent je lis dans mon cœur. On croit aimer dans la jeunesse, on se tourmente sans objet. Fille assez malheureuse, j'allais devenir la plus misérable des femmes, et je suis la plus fortunée des mères. Embrassez-moi, mes deux enfants, j'unis dans vous toutes mes tendresses ; « et si l'austérité de nos relations, ô mon fils, retient les épanchements de mon cœur, je les verserai dans le sien. » Heureuse autant que je puis l'être, ah ! mes enfants, combien je vais aimer ! (B. I.)

Le manuscrit C. F. renferme une variante moins étendue, laquelle supprime d'abord la première phrase et aussi ce qui se lit depuis ces mots : « On croit aimer » *jusqu'à ceux :* « Embrassez-moi.... », *etc.*

Var. CCLXVII.

Ce jeu de scène et cette réplique de Brid'oison ne sont pas dans le manuscrit B. I.

Var. CCLXVIII.

Ah ! pardon, Monseigneur, si ma joie !...

Le Comte, *amèrement.*

Elle est vive et bruyante.

Marceline, *à Figaro.*

Elle est juste. Après avoir vu le Docteur plaider pour moi contre toi même, deviens mon avocat auprès de lui. A qui lui rend un fils de ton mérite, assurément il doit sa main.

Bartholo.

Ma main puisse-t-elle se dessécher en tâtant le pouls du premier riche malade, si jamais je la donne à la mère d'un tel drôle.

Antonio.

Vous n'en ferez pas votre épouse ?

Bartholo.

On me coupera plutôt les veines.

Antonio.

Vous n'êtes donc qu'un père marâtre ?

« Figaro. »

« Allez, mon cher père, allez. (*Bartholo sort.*) Tout le mal-

« heur que j'y vois, c'est qu'au lieu de me nommer Emmanuel
« de Bartholo, je signerai Figaro de Verte-Allure, et si je sou-
« tiens bien l'honneur de ce nom-là, maman, je n'en plairai
« peut-être pas moins à ma jolie fiancée.

« SUZANNE. »

« Oh! de toutes façons, mon ami. »

Scène XIV dans le manuscrit B. I., *dans lequel l'Acte finit ainsi* : Tous les acteurs précédents, excepté Bartholo.

ANTONIO *continue.*

En ce cas je retire ma parole.

SUZANNE.

Ah! mon oncle, attendez, « je vous prie. »

ANTONIO.

Irai-je donner l'enfant de notre sœur à s'ti qui n'est l'enfant de personne?

DON GUZMAN.

E... Est-ce que cela se peut, imbécile? On est toujours l'enfant de quelqu'un.

ANTONIO.

Tarare!

LE COMTE, *à Antonio, en riant.*

Quoi! sérieusement?

SUZANNE, *priant.*

Vous qui êtes mon oncle.

ANTONIO.

Et du côté le plus sûr, car je suis frère de ta mère; c'est pour ça que je nous révoltons.

« DON GUZMAN. »

« Signor Antonio! »

« ANTONIO. »

« C'est mon nom, où qu'est le sien? »

« Figaro. »
« A ton ami Figaro ! »
« Antonio. »
« Un beau nom de bal, pour t'en vanter. »

Le Comte, *à part.*

Ceci pourrait fort bien ramener...

Suzanne, *au Comte.*

Monseigneur, vous ne l'engagez pas?

Le Comte.

Je ne puis blâmer sa répugnance, elle est celle d'un homme de bien.

Figaro, *désolé.*

Antonio !

Antonio.

Qu'est-ce qu'il a fait?

Figaro.

Entends donc la raison, morbleu !

Antonio.

N'y en a pas, morbleu, dans tout ça, gentilhomme anonyme !

Le Comte, *bas à Antonio.*

Va-t'en.

Don Guzman, *à Antonio.*

Fils d'un fameux médecin.

Antonio.

Fût-il d'un grand orateur, et c'est ce qu'il y a de plus beau dans ces qualités-là.

Le Comte, *bas à Antonio.*

Mais va-t'en donc!

Antonio.

Je m'en vas. (*Il sort.*)

FIGARO, *désolé.*

Non. Tous les sots de l'univers sont déchaînés contre ce mariage.

MARCELINE, *à Figaro.*

Allons, mon fils, trouver le Docteur; à moins qu'il n'ait banni tout sentiment honnête, je pense avoir un moyen sûr de le ramener. (*Elle sort.*)

SUZANNE.

Ma mère, on ne le gagnera point. (*Elle sort.*)

DON GUZMAN.

Vou...ous l'avez entendu. (*Il sort.*)

FIGARO, *au désespoir.*

C'est un mulet! (*Il sort.*)

LE COMTE, *en s'en allant.*

C'en est bien deux! Oh ce cher imbécile d'Antonio! avec son bienheureux obstacle, il me rend toutes mes espérances. Qui m'eût dit qu'un pareil appui?... Allons fomenter son aigreur. Dans le vaste champ de l'intrigue il faut savoir tout cultiver, jusqu'à la vanité d'un sot.

FIN DE L'ACTE III.

Var. CCLXIX.

Cette dernière phrase n'est pas dans le manuscrit B. I.

Var. CCLXX.

Au-lieu de : « de ce bon résultat » *on lisait d'abord* (B. I.) « de cette folle Journée. »

Var. CCLXXI.

Je sois le bon chien frétillant qui te conduise à ta jolie mignonne porte en disant (*Prenant le ton piteux*) : Faites la charité, belle dame, au pauvre aveugle, et n'oubliez pas le bon chien. (*Prenant le ton féminin.*) Entrez, bonhomme Amour, entres aussi, bon Toutou, et nous voilà logés pour la vie. (B. I. et d'abord C. F.)

Var. CCLXXII.

SUZANNE.

En quel sens? (B. I. et primitivement C. F.)

Var. CCLXXIII.

Une exception à tout ton sexe. (*Il l'embrasse.*) (B. I. et d'abord C. F.)

Var. CCLXXIV.

Mais pour alléger ma faute à leurs yeux, je vais... (B. I. et primitivement C. F.)

Var. CCLXXV.

Dans les manuscrits C. F. et B. I. la Comtesse disait : « Qu'une bête. »

Var. CCLXXVI.

SUZANNE *écrit.*

Fort bien! (*Elle cherche.*) Je n'ai pas d'épingle. (B. I.)

Var. CCLXXVII.

SUZANNE *le met dans sa pochette.* (B. I.)

Var. CCLXXVIII.

Dans le manuscrit B. I. la scène continuait d'abord ainsi :

SUZANNE.

Je lui donnerai.

LA COMTESSE, *impatientée.*

Non, non. (*Elle reprend le ruban et le tient à sa main.*)

Var. CCLXXIX.

La Comtesse, Suzanne, Fanchette *et beaucoup de jeunes filles en blanc tenant des bouquets;* Chérubin, *en fille.*

Telle est la désignation des personnages dans le manuscrit B. I.

Var. CCLXXX.

Le Comte, *avec dépit.*

« On a jeté un sort entre ce démon-là et moi. » (*A Chérubin.*) Pourquoi... etc. (B. I.)

Var. CCLXXXI.

Chérubin *ôte son chapeau timidement.* (B. I.)

Var. CCLXXXII.

Le Comte *est atterré.*

« Antonio. »

« Oui! que je le voye approcher là, ce bel embryon panaché. »

La Comtesse.

Hé bien!

Telle est la variante offerte par le manuscrit B. I. *Ce passage, dans le manuscrit* C. F., *est semblable au texte imprimé; toutefois, au lieu de lire :* « Le Comte, à part, » *on lit :* Le Comte *est attéré.*

Var. CCLXXXIII.

Vous voulez lui faire prendre ce pli. (B. I. *et primitivement* C. F.)

Var. CCLXXXIV.

On lisait d'abord ce qui suit dans le manuscrit B. I., *à la suite de cette réplique du Comte :*

Réellement leurs apprêts ont un air de fête qui réjouit. Mais le plus plaisant est de voir ce gros, grave et lourd Docteur, un bouquet au côté, le ruban au chapeau. A propos de chapeau, la nudité du mien ne vous semble-t-elle pas bien sévère pour la gaîté de l'occasion? Le ruban que vous tenez l'aurait orné.

LA COMTESSE, *baissant les yeux.*

Fort mal, il est taché de sang.

LE COMTE, *galamment.*

Raison de plus, si c'est le vôtre !

LA COMTESSE, *avec embarras.*

Oui... je m'étais piquée en l'ajustant, mais il est sale et tout fripé. Je vous en ai choisi un charmant dans mon plus beau carton anglais. (*Elle roule le ruban*). Voici les deux noces,... etc.

Var. CCLXXXV.

Aussi l'a-t-il jetée avec colère. Il lui faut toujours double intrigue. En poursuivant Suzanne il en avait une autre. (B. I., *et primitivement* C. F.)

Var. CCLXXXVI.

« Et sans doute il n'en faut rien perdre. » Le voilà,... etc. (B. I.)

Var. CCLXXXVII.

« A l'instant où l'on va chanter le chœur » *ajoute le manuscrit* B. I.

Puis on lit ce qui suit :

SCÈNE X.

TOUS LES ACTEURS PRÉCÉDENTS; *on entend une guitare et une voix;* BAZILE *entre avec* GRIPE-SOLEIL, UN NOTAIRE *et* QUELQUES PAYSANS; BAZILE *chante, en s'accompagnant, un couplet du Vaudeville de la fin.*

Couplet connu.

Cœurs sensibles, cœurs fidèles,
Qui blâmez l'amour léger,
Cessez vos plaintes cruelles.
Est-ce un crime de changer?

MARCELINE, *à Figaro.*

Je n'arrive jamais que pour nuire. (*Elle va s'asseoir dans un coin.*)

FIGARO.

Ah! je m'en vais vous le faire déchanter.

BAZILE *finit son couple*.

Si l'amour porte des ailes,
N'est-ce pas pour voltiger? (*Ter.*)

FIGARO.

Oui, c'est pour cela justement..., etc.

(*Pour ce qui suit, voyez l'imprimé, Scène X.*)

Var. CCLXXXVIII.

Ici se placent, dans le manuscrit C. F., les répliques de Marceline et de Figaro qui terminent la Scène IX dans le texte imprimé.

Dans le manuscrit C. F., elle finit sur la sortie de la Comtesse.

Var. CCLXXXIX.

LA COMTESSE, *au Comte, en se levant.*

Ordonnez-moi de me retirer.

LE COMTE.

Je n'oublie pas votre complaisance.

LA COMTESSE, *en prenant le chapeau du Comte.*

Ni moi ce que je vous ai promis. Suzanne? Elle reviendra. ... (*A part, à Suzanne.*) Allons changer d'habits. (*Elles sortent.*)

« SUZANNE, *au Comte en passant.* »

« Je ne puis souffrir ce Bazile. »

SCÈNE XI.

Tous les Acteurs précédents, *excepté la Comtesse et Suzanne.*

Le Comte, *à Bazile.*

Enfin que demandez-vous?...

(*Variante offerte par le manuscrit B. I. Pour ce qui suit voyez l'imprimé, Scène X.*)

Var. CCXC.

Figaro, *vivement.*

Il n'y a plus personne ici de ce nom. Réprimez vos ardeurs nuptiales et respectez une mère de famille dont les descendants pourraient bien, un jour ou l'autre,...

Bazile.

Ses descendants, s'il en est, ne devront respect qu'à moi.

Figaro *s'avance à lui.*

Y a-t-il longtemps... etc. (C. F.)

Var. CCXCI.

La première dent qui vous tombera sera la mâchoire, et voyez vous mon poing fermé, voilà le dentiste.

Bartholo.

Eh! pourquoi? (B. I. *et primitivement* C. F.)

Var. CCXCII.

Figaro.

Je venais, Monsieur Échaudé...

Bazile.

Que Monsieur soit branché seulement...

Figaro.

Parce qu'il fait..., etc. (B. I. *et d'abord* C. F.)

Var. CCXCIII.

BAZILE.

J'ai de bons titres.

MARCELINE.

Il n'en a point.

FIGARO.

Moi je dis qu'il n'en eut jamais.

DON GUZMAN.

C'est ce qu'il faudra voir au Siége.

BAZILE.

Comment diantre est-il devenu si subitement amoureux ? (*A Marceline.*) M'avez.... etc.

Cette variante est offerte par le manuscrit B. I.; celui C. F. place tout simplement la phrase ci-dessus dans la réplique de Bazile.

Var. CCXCIV.

« FIGARO. »

« Allez donc vous coucher, Bazile. »

« BAZILE. »

« Elle est pourvue. »

« BARTHOLO. »

« Elle ne l'est point. »

MARCELINE, *à Bazile, sans se lever.*

A quelle condition l'ai-je promis ? Parlez.

BAZILE.

Voudrais-je manquer aux considérations ?

MARCELINE.

Les grandes ici font taire les petites.

BAZILE.

Un mot de plus accuse votre jeunesse.

MARCELINE.

Il honorera ma bonne foi; c'est tout ce qui m'importe aujourd'hui. Parlez donc.

BAZILE.

Que si vous retrouviez..... etc. (B. I.)

Var. CCXCV.

BAZILE, « *à Bartholo* », *montrant Figaro*.

Partout où Monsieur est quelque chose, observez que je ne suis plus rien.

La Scène X de l'imprimé finit ici. La Scène XI du manuscrit B. I., dans laquelle elle se trouve en partie, continue ainsi après la réplique de Bazile.

BARTHOLO.

Par saint Esculape, et moi donc! Mal sur mal, est-il remède? Messieurs, arrangez-vous : moi je l'ai dit, si l'un de vous ne la colloque pas, néant au mariage de ma nièce.

FIGARO, *frappant du pied*.

Malédiction !

LE COMTE.

Laisse, mon bon Antonio, laisse marier ces deux jeunes gens.

ANTONIO.

Vous vouliez tantôt le contraire. Et vous dites non, et vous dites oui, virant avec le vent qui souffle. Il ne l'aura pas.

LE COMTE.

Moi, je te chasserai.

ANTONIO.

Ça le rendra-t-il plus légitime?

LE COMTE.

Non, mais cela te rendra plus traitable.

ANTONIO.

Est-ce que je m'en irais!

LE COMTE.

Il est fort.

ANTONIO, *se touchant le front.*

Si vous n'avez pas assez de ça pour garder un bon domestique, je ne suis pas assez bête, moi, pour renvoyer un aussi bon maître.

(*Voyez Acte II, scène* XXI.)

LE COMTE *le presse de ses bras en riant.*

A travers toutes ses insolences, il est un pauvre excellent diable. Allons, rends-toi, l'ami, rends-toi!

DON GUZMAN.

Qu...quelle prenne s'tila qu'elle croit le plus sûr.

ANTONIO.

Ça m'est encore bien égal.

FIGARO.

Libérale maman, parlez donc; me voilà de nouveau sur le pavé.

BARTHOLO.

Qu'elle parle ou non, je me retire.

FIGARO, *les ramenant dessous le bras.*

Non, s'il vous plaît, non pas. Savez-vous bien, Messieurs, que la patience m'échappe à la fin! Me prenez-vous pour un volant à cul de liége, de me ballotter sur vos raquettes en faisant manquer mon mariage! Si je ne puis obtenir ma femme à moins d'un mari pour ma mère, entre vous deux le débat, ou qu'elle choisisse. Mais, morbleu, maman, sois tranquille: je jure devant Monseigneur et par celui qui t'épousera, que j'assomme l'autre à l'instant pour purger toute incertitude.

LE COMTE, *appuyant fièrement.*

Hors les voies de fait, j'approuve tout.

Don Guzman.

Sans assommer, on peut plaider.

Bartholo.

Franchement ce n'est pas lui, Messieurs, qui m'éloigne le plus de ce mariage; il a de l'esprit, des talents, de la figure et le respect d'un autre état peut quelque jour en faire un honnête homme; mais c'est la mère. Une jeunesse si déplorable !...

Marceline *se lève et parle avec dignité, s'échauffant par degré.*

(*Ici se place ce qui, dans la Scène* xvi *de l'Acte III, est dit par Marceline : la tirade commençant par les mots :* « Oui déplorarable, » *et finissant par ceux-ci :* « dix infortunées. »)

Le Comte, *vivement.*

Certes, à moins d'être sans mémoire, on ne peut être sans indulgence pour leurs fautes.

Don Guzman.

Chacun sait cela par lui-même.

Marceline.

A qui les reprocher, ces fautes? A qui rapporter celles de tout mon sexe ?...

(*Ici se place la tirade commençant par ces mots :* « Hommes plus qu'ingrats » *et finissant par ceux :* « de l'autre sexe. »)

Figaro.

Ils font broder jusqu'aux soldats.

Marceline.

Qu'est-il resté pour vivre aux malheureuses nées sans fortune? Ont-elles de l'énergie? les pénibles travaux du théâtre. En manquent-elles absolument? l'esclavage des gens sans mœurs.

(*Voyez encore Acte III, Scène* xvi, *la tirade commençant par ces mots :* « Dans les rangs... » *Elle se place ici.*)

ANTONIO.

Elle a raison.

FIGARO.

Oui, oui! raison.

DON GUZMAN.

Elle a mon... on Dieu raison!

MARCELINE.

Mais que nous font..... à ta mère.
(*Voyez* Scène XVI *de l'Acte III.*)

FIGARO.

Tu parles..... nous attendrons.
(*Voyez* Scène XVI *de l'Acte III.*)

BARTHOLO.

Non, vous n'attendrez pas; j'ai trouvé Marceline si raisonnable, sa plainte si juste et ses réflexions si frappantes, que je veux réparer autant qu'il est en moi le tort que j'ai fait à sa jeunesse. Oublions tout, ma vieille amie... Je vois qu'une jeune fille égarée peut devenir une femme essentielle. Consens à m'épouser, je fais mon héritier de ton fils.

BAZILE.

Ah! ah! ah! bien. J'en dis autant et lui fais la même offre.

MARCELINE.

Vous m'avez refusé l'un et l'autre, et moi je vous refuse tous les deux.

DON GUZMAN.

Beau..... au trait pour une personne du sexe.

ANTONIO.

Par la vertubleu, ma mie! vous en refuseriez trois. Il n'y a qu'une brave femme qui puisse vous dire tout ça. Je n'ai ni toux, ni goutte, ni gravier, moi; ferme sur mes pieds comme un ânon tant que j'ai soif, et ne me portant jamais si bien que quand je ne puis plus me porter du tout, je vous trouve ce soir appétissante à ravir. Avisez-en autant, Antonio : j'y passe.

FIGARO, *sautant de joie.*

Pour le coup j'aurai ma femme.

LE COMTE, *à part.*

Moi ma maîtresse.

DON GUZMAN.

Et tout le monde est satisfait.

MARCELINE, *vivement, à Antonio.*

Serviras-tu de père à mon Figaro ?

ANTONIO.

Il assomera donc les deux autres ?

FIGARO.

Oncle, papa, c'est un peu dur !.... On peut plaider.

ANTONIO.

Puis-je la prendre pour veuve pendant qu'ils sont debout ?

FIGARO.

Si l'on y regardait de si près, on n'épouserait personne.

LE COMTE.

Vous en serez plus heureux, elle aussi. J'ai besoin d'une heure de retraite. Qu'on dresse les deux contrats, j'y signerai.

TOUS ENSEMBLE.

Vivat !

(*Ils sortent tous.*)

FIGARO, *avec joie, à sa mère.*

Maman, vous avez mis mon entreprise à fin.

SCÈNE XII.

Marceline *retient Figaro.*

Deux mots encore.

Gripe-Soleil, *à Figaro.*

Et moi je vais aider..... etc.

(*Voyez l'imprimé, Scène XII.*)
Cette longue variante est fournie par le manuscrit princeps B. I.

Var. CCXCVI.

Figaro.

Eh bien maman ! nous voilà seuls. Je vous regarde avec une surprise !...

Marceline.

Tu le vois, mon ami, telle était rejetée peut-être avec justice, et qui l'instant d'après a pu refuser trois maris.

Figaro.

Apprendre à posséder son âme est le chemin d'en dominer bien d'autres, ma mère.

Marceline.

Je veux m'acquitter..., etc. (B. I.)

Var. CCXCVII.

Je lui ai prêté mille défauts qu'elle n'a point. (B. I. *et d'abord* C. F.)

Var. CCXCVIII.

Le manuscrit B. I. *ajoute :*

J'aurais trop à rougir de te laisser de tels soupçons. En général, mon fils, ne crois pas légèrement ce qu'une femme dit d'une autre, il n'y a pas un être aussi sévère à son semblable ; et pourtant ce n'est pas à vous de les punir de ce défaut. Si les hommes se déchirent pour la fortune ou les honneurs, c'est toujours, mon fils, pour le cœur d'un homme qu'une femme cesse d'être juste envers une autre femme.

FIGARO.

Ah! s'il en est une excellente au monde, je puis jurer que c'est maman. Mais elle connaissait mal son fils... etc. (C. F. *et effacée dans la suite, mais ayant subsisté dans le manuscrit* B. I.)

Var. CCXCIX.

Sans être le Nestor du siècle, je puis défier... etc. (B. I.)

Var. CCC.

FANCHETTE.

Je voudrais ne l'avoir jamais vu !

FIGARO.

Qu'a-t-il fait ?

FANCHETTE.

On dit que nous ne pouvons nous marier.

FIGARO.

Ma chère, un gentilhomme ! Il faudrait une grande fortune, des terres immenses, un beau château.

FANCHETTE.

J'en achèterai.

FIGARO.

C'est bien dit, mais tu n'as pas d'argent.

FANCHETTE.

J'en achèterai.

FIGARO.

Pour en acheter, il faudrait avoir quelque chose à vendre.

FANCHETTE.

Est-ce que je n'ai rien à vendre, mon cousin?

FIGARO.

Éloignez-le de vous, Fanchette; en grandissant la barbe croît aux petits garçons.

FANCHETTE.

Et aux petites filles?

MARCELINE.

La langue! Eh! quelle morveuse avec ses questions! Qui cherchez-vous donc ici?

FANCHETTE.

Ce n'est pas lui, Madame, car je sais.... etc. (B. I.)

Var. CCCI.

Et d'une telle adresse qu'il n'y a rien, en effet, qu'on ne puisse attendre d'elle.

FANCHETTE.

A qui donc?... etc. (B. I. *et d'abord* C. F.)

Var. CCCII.

On est ensemble et tiens... (B. I.)

Var. CCCIII.

Qui fermait ce perfide billet dont je riais sottement, le croyant de quelque autre fille, et qui n'était, comme vous le voyez, qu'un rendez-vous sous les marronniers. (B. I. *et primitivement* C. F.)

Var. CCCIV.

Chacun raisonne comme il est affecté. (B. I.)

Var. CCCV.

Notre artifice allait déranger le sien! (B. I.)

Var. CCCVI.

Jetons la maison par les fenêtres, abîmons tout sur un soupçon! Rien ne pouvait ébranler mon sage, et le voilà d'un saut à l'autre bout de l'horizon. Qui t'a prouvé..... etc. (B. I.)

Var. CCCVII.

Si tu n'as, comme les autres, qu'une philosophie insupportable en bavardages et sans principes, ni lois pour te conduire, il vaudrait mieux, mon fils, être un sot avoué couramment qu'en imposer aux autres et à soi par une aussi ridicule existence.

FIGARO, *frappant du pied*.

Elle a raison... etc. (B. I. *mais effacée dans le manuscrit* C. F.)

Var. CCCVIII.

Si le premier mot fut d'un fou, les autres seront d'un homme. Examinons... etc. (B. I. *et d'abord* C. F.)

Var. CCCIX.

Le monologue de Fanchette n'existe pas dans le manuscrit B. I., dans lequel la Scène II *de l'Acte V de la pièce imprimée forme la Scène* I.

Var. CCCX.

Ces deux mots manquent dans le manuscrit B. I.

Var. CCCXI.

FIGARO.

La noce d'un Figaro, surnommé l'adroit, le spirituel, l'ingénieux, le triple habile homme.

ANTONIO.

A la bonne heure!

FIGARO.

Eh bien, Messieurs, c'est moi!

BAZILE.

Ne vous trompez-vous pas?

DON GUZMAN.

A..... à qui donc en veut-il?

BAZILE.

Il déraisonne avec emphase.

ANTONIO.

Nous allons.... etc. (B. I. *et primitivement* C. F.)

Var. CCCXII.

BAZILE, *à part.*

Nos deux amants d'accord sans moi, je ne suis pas fâché... etc. (B. I.)

Var. CCCXIII.

Je le casse comme une pipe. (B. I. *et d'abord* C. F.)

Var. CCCXIV.

Scène II dans le manuscrit B. I.

Var. CCCXV.

Vous ne l'aurez pas.

Ces mots ne sont pas répétés dans le manuscrit B. I.

Var. CCCXVI.

Le mot « seulement » ne se lit pas dans le manuscrit B. I.

Var. CCCXVII.

C'est eux. (B. I.)

Var. CCCXVIII.

Plus honnête. (B. I.)

Var. CCCXIX.

J'étudie gratis à Salamanque. On vante mon esprit, mes ta-

lents, mon sçavoir, et je ne puis être percepteur au quart d'appointements d'un mauvais cuisinier. J'apprends la chimie.....
(B. I. *et primitivement* C. F.)

Var. CCCXX.

Jusqu'à la barbarie. (B. I.)

Var. CCCXXI.

Seringue. (B. I.)

Var. CCCXXII.

On lisait d'abord dans le manuscrit B. I.: « Je fais une tragédie. »

Var. CCCXXIII.

On lisait d'abord dans le manuscrit B. I. : « Et voilà ma tragédie arrêtée. »

Var. CCCXXIV.

Mon habit plissait de partout, mes bas devenaient trop larges et mon terme était échu. (B. I. *et primitivement* C. F.)

Var. CCCXXV.

Où pendant six mois rien ne me manqua, hors l'étroit nécessaire et la liberté. (B. I. *et d'abord* C. F.)

Var. CCCXXVI.

Leur. (B. I.)

Var. CCCXXVII.

Combien de fois, alors, je me suis promené le cure-dent à la bouche et les deux joues gonflées comme un gourmand qui souffle la surabondance, avec mon estomac brûlant et mon pauvre ventre exténué. Les gens qui dînent tous les jours ne savent guère ce que coûte au triste affamé l'honneur de paraître, en se promenant, avoir dîné tout comme un autre. Lassé d'écrire et de ne point dîner, je recueille mes forces et j'invente une loterie bien plus ruineuse que toutes les autres. On l'examine, on l'accueille, on l'aurait reçue; mon malheur veut qu'on vînt d'en adopter une autre plus damnable que la mienne. Le désespoir... etc. (B. I. *et d'abord* C. F.)

Var. CCCXXVIII.

Me rempâter. (B. I. *et d'abord* C. F.)

Var. CCCXXIX.

A ceux. (B. I.)

Var. CCCXXX.

D'affreux parents... etc. (B. I.)

Var. CCCXXXI.

Avec dédain. (B. I.)

Var. CCCXXXII.

Vais-je enfin être un homme? Un homme! Il descend comme il est monté,... se traînant où il a couru,... puis les dégoûts, les maladies..... une vieille et débile poupée..... une froide momie..... un squelette.... une vile poussière et puis..... rien!

(*Il laisse tomber sa tête sur sa poitrine. — Revenant à lui.*)

Brrrr! En quel abîme de rêveries suis-je tombé, comme dans un puits sans fond? J'en suis glacé... J'ai froid. (*Il se lève.*) Au diable l'animal! Suzon, Suzon, que tu me causes de tracas! J'ai, sans mentir, du noir un pied carré dans la poitrine. J'entends marcher... etc. (B. I. *et primitivement* C. F.)

Var. CCCXXXIII.

Les Scènes IV *et* V *de la pièce imprimée forment, comme il suit, la Scène* III *dans le manuscrit* B. I. :

LA COMTESSE, *avec les habits de Suzon;* SUZANNE, *avec ceux de la Comtesse;* FIGARO, *caché.*

SUZANNE, *bas.*

Oui, Marceline m'a dit que Figaro y serait. Ainsi, l'un nous écoute et l'autre va venir. Commençons. (*Haut.*) Madame tremble, est-ce qu'elle aurait froid?

La Comtesse, *à part.*

La soirée est humide... etc.

(*La Scène finit comme la Scène v de l'imprimé.*)

Var. CCCXXXIV.

Scène IV. (B. I)

Var. CCCXXXV.

Après l'à-parte du Comte, on lisait dans le manuscrit B. I. *la réplique suivante de Chérubin :*

« Chérubin. »

« Je me suis bien douté que ma présence t'empêchait d'accepter son offre. »

Var. CCCXXXVI.

Le Comte.

C'est mon Euménide, et sur moi comme un *Cerbère*, il me poussait... Mais laissons... etc. (B. I. *et d'abord* C. F.)

Var. CCCXXXVII.

Le Comte.

Je l'aimerais beaucoup si elle n'était pas ma femme. Après trois ans d'union l'hymen devient si respectable et l'on a tant vu le soleil ! (B. I.)

Var. CCCXXXVIII.

J'ai encore quelque chose à te dire. (B. I.)

Var. CCCXXXIX.

..... Avec vous ? (B. I.)

Var. CCCXL.

Dans le manuscrit B. I. on lisait cette réplique de la Comtesse :

« LA COMTESSE. »

« Je ne sais pas trop si je fais bien. »

———

Var. CCCXLI.

Le père et la mère du chafouin de Tabellion qui fit le contrat de mariage du matou cornu d'imbécile qui épousa la première chatte miauleuse de femme. (B. I. *et primitivement* C. F.)

———

Var. CCCXLII.

Coquine qui veut m'attraper. (B. I.)

———

Var. CCCXLIII.

Le manuscrit B. I. *indique ici le jeu de Scène suivant :*
(Pendant ce temps on lève la rampe.)

———

Var. CCCXLIV.

Le manuscrit B. I. *ajoute :* clarinette.

———

Var. CCCXLV.

Voilà nos étourneaux d'intrigue croyant tout rouler en avant. Ils sont taillés en boules de Siam. (B. I. *et primitivement* C. F.)

———

Var. CCCXLVI.

Scène VI. (B. I.)

———

Var. CCCXLVII.

..... et damnation. (B. I.)

———

Var. CCCXLVIII.

Scène VIII. (B. I.)

———

Var. CCCXLIX.

Scène IX. (B. I.)

Var. CCCL.

LE COMTE, *montrant le pavillon à droite.*

Pédrille, empare-toi de cette porte. (*A un autre.*) Toi, veille à celle de l'autre côté.

FIGARO, *d'un ton glacé.*

Moi aussi, Pédrille, je t'en prie.

LE COMTE.

Et vous, tous mes vassaux... etc. (B. I.)

Var. CCCLI.

(*On l'entoure.*) (B. I.)

Var. CCCLII.

Après la réplique de Baʒile on lit ce qui suit dans le manuscrit B. I.:

FIGARO.

Comme il vous plaira, mes amis. Vous savez tous ce qui m'arrive.

LE COMTE, *furieux.*

Répondez-m'en!

ANTONIO.

Qu'a-t-il donc fait?

DON GUZMAN, *à demi-voix.*

Monseigneur le Comte..... un mot. Nous allons tâcher d'arranger.....

LE COMTE, *emporté.*

Homme absurde!... Arranger!...

ANTONIO.

Quelqu'un dont on lui prend la femme!

LE COMTE.

Une femme de ce rang!... un valet!

DON GUZMAN.

On sait...ait bien que...ue ce n'est qu'un valet. Mais enfin tout homme est sensible.

LE COMTE.

Serais-je endormi? On l'excuse! Ils périront tous deux!

BARTHOLO.

Qui tous deux?

BAZILE, *touchant son front.*

Il n'y est plus!

DON GUZMAN.

Cha...acun forcé de déposer.

BARTHOLO.

Moi tout le premier.

ANTONIO.

Nous aussi.

LE COMTE, *criant.*

Troupe d'insensés!... (*Il fait un tour sur lui pour se calmer.*)

DON GUZMAN.

La forme, alors, la forme!

FIGARO, *à part.*

S'ils démêlent cet écheveau!

LE COMTE, *les dents serrées, prenant Guzman à l'estomac.*

Maudit bavard ès-lois, ce n'est pas votre avis que je veux, c'est votre concours.

DON GUZMAN.

Tous deux vous sont acquis; mais encore faut-il éclairer...

LE COMTE, *furieux.*

Taisez-vous donc... etc.

Cette longue variante se lisait aussi dans le manuscrit C.
F., elle n'y a pas subsisté.

Var. CCCLIII.

BAZILE, *surpris.*

Amenée par lui?

LE COMTE, *frappant du pied avec feu.*

Mais paix donc! (B. I.)

Var. CCCLIV.

Scène X. (B. I.)

Var. CCCLV.

BARTHOLO.

Quel sot amphigouri nous a donc fait Bazile?

BAZILE.

Explique ma foi qui pourra! Je vois que c'est de même partout; personne ne s'entend nulle part. Le monde, heureusement, va son train.

Puis vient la Scène XI (Scène XIV de l'imprimé). (B. I.)

Var. CCCLVI.

DON GUSMAN.

Quoi, c'est le ten...dron que vous vous disputez?

BAZILE, *à part.*

Je vois clair à la fin. (B. I.)

Var. CCCLVII.

..... qu'il faut bien aussi qu'à votre tour,....

LE COMTE, *furieux.* (B. I. *et primitivement* C. F.)

Var. CCCLVIII.

Scène XII. (B. I.)

Var. CCCLIX.

BAZILE, *à part.*

Eh bien! je n'entends plus. (B. I.)

———

Var. CCCLX.

Scène XIII. (B. I.)

———

Var. CCCLXI.

FIGARO.

Messieurs, il est furieux. (B. I.)

———

Var. CCCLXII.

ANTONIO, *à sa fille.*

Mais qu'est-ce que tu faisais avec lui dans ce salon? (B I. *et d'abord* C. F.)

———

Var. CCCLXIII.

Scène XIV. (B. I.)

———

Var. CCCLXIV.

Hé! quelle chienne de folie..... etc. (B. I.)

———

Var. CCCLXV.

Scène XV. (B. I.)

———

Var. CCCLXVI.

Scène XVI et dernière. (B. I.)

———

Var. CCCLXVII.

LA COMTESSE, *en riant.*

Qui n'est pas même assez généreuse pour se reprocher la supercherie qu'elle vous a faite.

LE COMTE, *à lui-même.*

Ils étaient tous d'accord et je suis joué!...

Sous jambe.

FIGARO, *à part, se relève.*

LE COMTE, *après avoir hésité.*

Quoi, c'était vous, Comtesse?... etc. (B. I. *et primitivement* C. F.)

Var. CCCLXVIII.

A écorcher. (*A Marceline.*) Mais vous, maman, par quel hasard?...

MARCELINE.

Ta jalousie m'avait conduite ici, Suzanne m'a tout confié; je suis entrée dans ce cabinet où le page:...

ANTONIO, *à Fanchette.*

Et toi, coquine?

FANCHETTE.

Papa, j'étais venue pour qu'il me fît remplir mon petit rôle d'innocente, puis Marceline est arrivée, puis ma cousine a ouvert le pavillon.

BAZILE.

Si madame eût pris l'un pour l'autre, il avait ma foi rafle entière.

(*Chérubin, un peu retourné, se mord le doigt en riant. La Comtesse, qui le regarde en écoutant Fanchette, brise avec colère son éventail, mais sans parler.*)

MARCELINE, *à Antonio.*

Est-ce que vous l'écoutez? Appelez donc le notaire!

ANTONIO, *au Notaire.*

Avancez, Monsieur de Saint-Usure. (*Figaro présente la plume et le contrat à Suzanne, qui signe.*)

GRIPPE-SOLEIL.

Et la jarretière..... etc. (B. I. *et d'abord* C. F.)

Var. CCCLXIX.

MARCELINE, *à Figaro qui tient la plume.*

Pourquoi donc ne signe-t-il pas?

FIGARO, *hésitant.*

Je regarde... la singulière plume... elle est fourchue comme un y grec.

MARCELINE.

Déjà des visions mentales!

BARTHOLO.

C'est le mal du pays!

SUZANNE.

Je l'en guérirai.

BARTHOLO.

Votre recette est?...

SUZANNE.

De la sagesse, de la réserve, de la solitude et des soins.

FIGARO.

Voilà ce qu'on peut appeler un vrai remède de bonne femme.

LE COMTE, *frappant sur l'épaule...* etc.

(B. I. et primitivement C. F.)

Var. CCCLXX.

Ici se placent dans le manuscrit B. I. les couplets suivants de Bartholo et de Fanchette :

BARTHOLO.

Quand le mal n'est pas extrême,
Fermons l'œil de la rigueur
Sur les torts de qui nous aime,
Et disons dans notre cœur :
Si chacun rentre en lui-même,
Nul mortel de bonne foi
N'est homme de bien pour soi..... *Bis.*

FANCHETTE.

Robin dit, Robin répète :
Si l'amour t'était connu,
Que ton sein, jeune Fanchette,
De plaisir serait ému.
Dans tous nos yeux il le guette,
Je l'ai donc vu, cher Robin,
Dans les yeux de Chérubin......... Bis.

Puis suit le couplet de Figaro, c'est-à-dire le VIIeme de l'imprimé.
Le manuscrit C. F. offrait aussi cette variante.

Var. CCCLXXI.

(*L'on danse.*) (B. I.)

Certains passages du *Barbier de Séville*, mal reçus à la première représentation de cette comédie et disparus à la seconde, furent dans la suite intercalés par Beaumarchais dans la comédie de *la Folle Journée*. Voici quels sont, d'après M. de Loménie, les principaux. Nous les citons, ici seulement, pour ne pas faire de confusion avec les deux manuscrits compulsés par nous.

La scène où Figaro, reconnu par Brid'oison, lui demande avec insolence des nouvelles de sa femme et de son fils, se trouvait primitivement dans le *Barbier*, mais plus forte encore et d'une crudité plus grande.

La tirade sur le mot *Goddam* disparut aussi de la comédie du *Barbier de Séville* à la seconde représentation, pour aller ajouter à *la Folle Journée* une scène charmante de plus. Les bravos qui l'accueillirent en 1784 dédommagèrent amplement Beaumarchais des sifflets et des protestations du public de 1775.

(Voyez l'ouvrage de M. de Loménie, Tome Ier, pages 463 et suivantes.)

ERRATUM.

Page xxv, ligne 9, au lieu de *partialité*, lisez : *impartialité*.

TABLE

Notice sur *la Folle Journée*.
                                                                      Pages.

   I. La journée du 27 Avril 1784   I

  II. Conception de la comédie de *la Folle Journée*. — Lecture et réception au Théâtre-Français. — Lutte de Beaumarchais avec le Roi et les censeurs (1781-1784).   IV

 III. Conséquences du succès de la comédie de *la Folle Journée*. — Satires contre Beaumarchais.— Manœuvres de Suard. — Beaumarchais à Saint-Lazare. — Sa réhabilitation(1784-1785).   XXIV

 IV. La comédie de *la Folle Journée* et la critique. . . .   LXII

  V. L'édition originale de la comédie de *la Folle Journée*. — Le tirage de Paris et celui de Kehl. — Les contrefaçons et les manuscrits.   LXX

 VI. La mode et la parodie.   LXXXII

Préface.   5
Caractères et Habillemens de la pièce.   34

	Pages.
La Folle Journée, ou *le Mariage de Figaro*.	41
Variantes relevées sur le manuscrit de la Comédie-Française et sur celui de la Bibliothèque Impériale . . .	297
Errata	376

Imprimé par D. Jouaust

A Paris

Pour l'Académie des Bibliophiles

Et achevé le 15 juin

M DCCC LXX

www.ingramcontent.com/pod-product-compliance
Lightning Source LLC
Chambersburg PA
CBHW060516230426
43665CB00013B/1536